U0678710

权威·前沿·原创

皮书系列为
"十二五""十三五""十四五"时期国家重点出版物出版专项规划项目

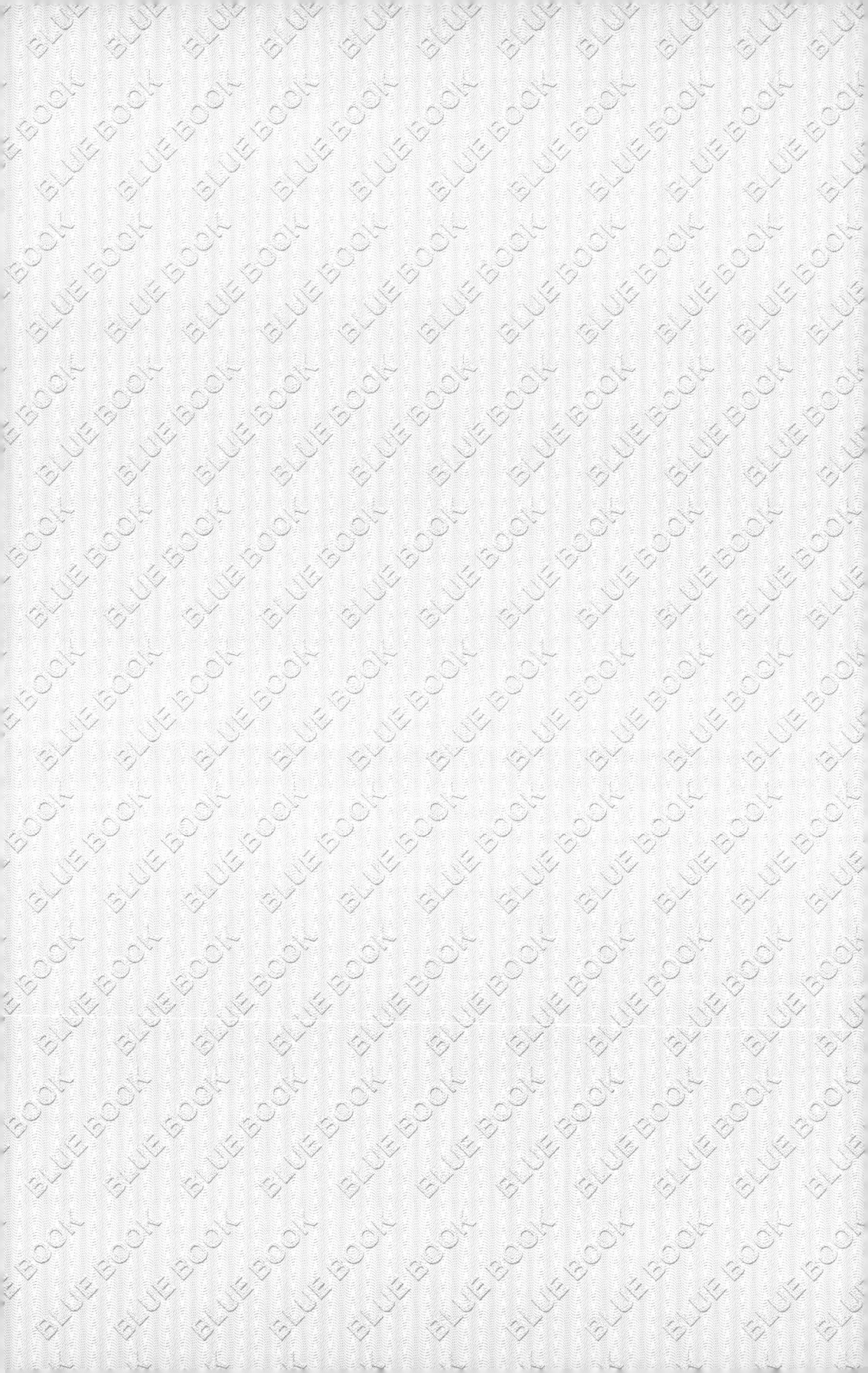

BLUE BOOK

智 库 成 果 出 版 与 传 播 平 台

横琴蓝皮书

BLUE BOOK OF HENGQIN

横琴粤澳深度合作区发展报告（2022）

REPORT ON THE DEVELOPMENT OF GUANGDONG-MACAO IN-DEPTH
COOPERATION ZONE IN HENGQIN (2022)

主　编／王振朋　宣建国

副主编／袁　超　张　旭　陈晓冬

社会科学文献出版社

SOCIAL SCIENCES ACADEMIC PRESS (CHINA)

图书在版编目（CIP）数据

横琴粤澳深度合作区发展报告 . 2022 ／ 王振朋，宣
建国主编；袁超，张旭，陈晓冬副主编 . --北京：社
会科学文献出版社，2023.4
　（横琴蓝皮书）
　ISBN 978-7-5228-1524-4

Ⅰ.①横… Ⅱ.①王… ②宣… ③袁… ④张… ⑤陈
… Ⅲ.①区域经济合作-研究报告-珠海、澳门-2022
Ⅳ.①F127.653 ②F127.659

中国国家版本馆 CIP 数据核字（2023）第 040883 号

横琴蓝皮书

横琴粤澳深度合作区发展报告（2022）

主　　编／王振朋　宣建国
副 主 编／袁　超　张　旭　陈晓冬

出 版 人／王利民
责任编辑／薛铭洁
责任印制／王京美

出　　　版／社会科学文献出版社·皮书出版分社（010）59367127
　　　　　　地址：北京市北三环中路甲 29 号院华龙大厦　邮编：100029
　　　　　　网址：www.ssap.com.cn
发　　　行／社会科学文献出版社（010）59367028
印　　　装／三河市东方印刷有限公司

规　　　格／开　本：787mm×1092mm　1/16
　　　　　　印　张：19.25　字　数：288 千字
版　　　次／2023 年 4 月第 1 版　2023 年 4 月第 1 次印刷
书　　　号／ISBN 978-7-5228-1524-4
定　　　价／168.00 元

读者服务电话：4008918866

▲ 版权所有 翻印必究

横琴蓝皮书编委会

主　编　王振朋　宣建国

副主编　袁　超　张　旭　陈晓冬

编　委　（按姓氏笔画排列）

王建恺　王　涵　邓　思　左　楠　朱幸赟

任兴洲　刘景松　刘耀文　关小婧　许文杰

余渭恒　张云霞　张　雪　张　锐　陈建新

陈　姝　林洁芝　胡学雅　姚　澜　夏俊英

徐劲飞　徐嘉勃　唐诗雅　黄挚欢　傅承哲

褚　晓　蔡琦海　廖　了

主编简介

王振朋　横琴粤澳深度合作区创新发展研究院副院长，大湄公河次区域经济走廊（GMS）省长论坛专家委员会副主任委员，全国港澳研究会会员，亚洲开发银行项目咨询专家，湖南、云南、黑龙江等省自贸试验区改革咨询专家。带领团队全程参与粤港澳大湾区、广东自贸试验区、珠海建设现代化国际化经济特区、横琴国际休闲旅游岛、横琴粤澳深度合作区等国家重大开发开放战略的研究规划工作。主持及参与国家级、省级重大课题成果 30 余项，在各级期刊、报纸及媒体发表研究论文 60 余篇，其中在核心期刊发表学术成果 5 篇，参与市场化制度创新、产业规划及研究项目 200 余项。

宣建国　在横琴创新发展研究院从事政策研究、规划研究等工作。其间，主持开展横琴优化"分线管理"政策论证、澳门单牌营运车入出合作区的政策论证、横琴新区"十四五"规划系列项目、鹤洲新区（筹）规划前期研究及总体规划等项目。

袁　超　在横琴创新发展研究院从事政策研究、区域发展、规划研究等工作。主持参与《横琴粤澳深度合作区建设总体方案政策论证报告》《横琴国际休闲旅游岛建设方案》《横琴新区"十四五"发展规划》等 20 余项重要课题，独立与合作撰写 20 余篇决策参考、工作报告、专项研究和重要文稿。

张　旭　横琴粤澳深度合作区创新发展研究院智库产业发展部部长，东北师范大学经济学硕士、副教授，参与起草横琴粤澳深度合作区建设总体方案，横琴粤澳深度合作区总体发展规划，广东省支持珠海建设现代化国际化经济特区以及珠海市关于进一步与深圳市、广州市深化合作协同推进粤港澳大湾区建设的行动方案等政策。

陈晓冬　横琴粤澳深度合作区创新发展研究院综合行政部部长，高级研究员，2019 年 1 月至今在横琴创新发展研究院从事政策研究、规划研究工作，曾深度参与《广东省委、省政府关于支持珠海建设新时代中国特色社会主义现代化国际化经济特区的意见》《珠海市国民经济和社会发展第十四个五年规划和二〇三五年远景目标纲要》《珠海市委、市政府关于支持珠海西部地区加快建设　打造高质量发展新引擎的意见》等多项省、市级发展战略研究起草工作。

摘　要

《横琴粤澳深度合作区建设总体方案》（以下简称《横琴方案》）颁布以来，粤澳共商共建共管共享理念深入践行，琴澳一体化发展进程加快，琴澳民生深度融合持续促进，规则衔接、机制对接和资源要素互联互通全方位推动，开启了特色化区域创新实践的新模式构建。2022 年横琴粤澳深度合作区（以下简称"合作区"）进入全面实施、加快推进的新阶段，围绕法律与规则衔接、产业发展、通关便利化、基础设施及公共服务配套、机构建设均实施了重要的改革安排与任务部署。

《横琴粤澳深度合作区发展报告（2022）》由横琴粤澳深度合作区创新发展研究院策划，澳门及内地多位学者、一线研究人员参与研创，是国内迄今为止第一本以全面反映横琴粤澳深度合作区建设发展全貌为主题的研究书籍。报告以粤澳深度合作、琴澳一体化发展为主题，由总报告、制度创新篇、多元产业篇、合作交流篇、民生融合篇五部分共 15 篇专题报告组成，深入分析合作区联动澳门在产业发展、民生融合、规则衔接、制度创新等有关领域现状、问题与特征，并提出有关策略建议。

本报告注重理论与实践相结合，主要专题包括如何推动合作区打造中国式现代化先行示范、跨境要素便捷流动、多元文化交流、高新技术产业、澳门青年创业就业、城市宜居与公共服务跨境衔接等，系统挖掘合作区独特的政治价值、创新价值、开放价值、经济价值，通过具体深入的调查研究，为合作区高质量发展实践提出富有建设性的策略建议。

加快横琴粤澳深度合作区建设是以习近平同志为核心的党中央作出的重

大决策部署，对于丰富"一国两制"实践，为澳门长远发展注入重要动力，推动澳门长期繁荣稳定和融入国家发展大局具有重要意义，是新时代推动形成我国全面开放新格局的新举措。报告认为，推进合作区建设是是中国式现代化伟大实践的先行之示范，是丰富"一国两制"伟大实践的应有之义，是促进澳门经济适度多元发展的必由之路，有效拓展澳门居民生活就业新空间的民之所盼，是助力粤港澳大湾区加快发展的关键之举，提出聚焦四大产业方向、大力发展新技术新产业新业态新模式，推进民生融合发展、营造趋同澳门的宜居宜业生活环境，推动规则衔接机制对接、完善琴澳一体化发展格局，发挥重大战略平台作用、支撑大湾区澳门-珠海极点能级提升。

目 录 ↖

Ⅰ　总报告

Ⅱ　产业篇

Ⅲ　专题篇

Ⅳ　澳门篇

皮书数据库阅读**使用指南**

总 报 告
General Report

B.1
2022年横琴粤澳深度合作区
发展形势与展望

王振朋 王建恺 姚 澜*

摘 要： 2022年横琴粤澳深度合作区已进入全面实施、加快推进的新阶段，围绕法律与规则衔接、产业发展、通关便利化、基础设施及公共服务配套、机构建设均实施了重要的改革以及任务部署。在遵循宪法和澳门特别行政区基本法前提下，正在推动构建民商事规则衔接澳门、接轨国际的制度体系，向改革开放的"深水区"持续探索，推动合作区打造具有中国特色、彰显"一国两制"优势的区域开发示范，为中国式现代化建设探路制度新优势、发展新动能、规则新机制、区域发展新发展模式示范。本报告系统总结阐释了合作区发展的历史必要性与现实

* 王振朋，横琴粤澳深度合作区创新发展研究院副院长，主任研究员，研究方向为公共政策、区域开发及跨境合作；王建恺，横琴粤澳深度合作区创新发展研究院研究专员，研究方向为产业及金融领域创新政策；姚澜，横琴粤澳深度合作区创新发展研究院研究专员，研究方向为社会治理创新及跨境数据流通与应用。

实践性,总结了成立以来取得的体制、制度、产业、民生等方面的主要建设成果,并提出了面向未来进一步发展的相关建议。

关键词: 中国式现代化　一国两制　横琴粤澳深度合作区　先行示范

习近平总书记在党的二十大报告中指出:"以中国式现代化全面推进中华民族伟大复兴。"横琴粤澳深度合作区承载着粤港澳大湾区、粤澳深度合作及国内国际双循环枢纽节点等重要使命,承载着改革开放先行探路、排头创新、试验示范等功能,是中国式现代化建设进程中的重要组成部分和关键力量之一。

一　习近平新时代中国特色社会主义思想的科学指引、深远擘画,为合作区发展行稳致远提供根本遵循

2021年9月5日,《横琴粤澳深度合作区建设总体方案》(以下简称《总体方案》)正式发布,9月17日,横琴粤澳深度合作区(以下简称合作区)正式揭牌运作。一年多来,合作区紧紧围绕促进澳门经济适度多元发展这一主线,对标《总体方案》推进具体工作落实,实现了良好开局、稳健起步,开启了特色化区域创新实践的新模式构建。

(一)推进合作区建设是中国式现代化伟大实践的先行之示范

合作区是改革开放的典范,是习近平总书记治国理政思想的精彩演绎。党的二十大报告提出,从现在起,中国共产党的中心任务就是团结带领全国各族人民全面建成社会主义现代化强国、实现第二个百年奋斗目标,以中国式现代化全面推进中华民族伟大复兴。中国式现代化的论述,对于构建双循

环新发展格局、深入实施区域发展战略有着重大指导意义。横琴开发建设的历史性成就，充分体现了中国式现代化的基本特征，诠释了中国式现代化的核心要义。加快合作区建设是以习近平同志为核心的党中央做出的重大决策部署，对于丰富"一国两制"实践、为澳门长远发展注入重要动力、推动澳门长期繁荣稳定和融入国家发展大局具有重要意义，是新时代推动形成我国全面开放新格局的新举措。毫无疑问，中国式现代化的相关论述为合作区开发开放提供了重要理论指导，为开拓粤港澳大湾区发展新境界注入了强大的精神动能，在落实习近平总书记提出的"用好横琴合作区这个不同规则和机制交错共存的区域，积极探索两地规则衔接和机制对接，为粤港澳大湾区市场一体化探索经验"的同时，也为中国式现代化建设探索构建了新的样板和示范。

（二）推进合作区建设是丰富"一国两制"伟大实践的应有之义

横琴的开发开放揭示了"一国两制"实践的深层逻辑，彰显了"一国两制"的强大生命力和制度优势。习近平总书记指出："澳门要谱写有澳门特点的'一国两制'新篇章。要抓住粤港澳大湾区建设重大历史机遇，推动三地经济运行的规则衔接、机制对接"。"一国两制"是中国特色社会主义的伟大创举，是澳门回归后保持长期繁荣稳定的最佳制度安排。只有全面准确、坚定不移贯彻"一国两制"、"澳人治澳"、高度自治的方针，才能支持澳门更好地融入国家发展大局，为实现中华民族伟大复兴更好发挥作用。习近平总书记和党中央布局合作区，就是要在合作区不断深化改革开放、大力开展先行先试，持续推进两地的规则衔接、机制对接，用最优"试验场"来探索实践两种制度有机融合，最终逐步构建琴澳一体化发展格局，为粤港澳大湾区的制度机制融合发展提供有力借鉴。

（三）推进合作区开发建设是促进澳门经济适度多元发展的必由之路

习近平总书记强调："建设横琴新区的初心，就是为澳门产业多元发展创造条件。"澳门作为微型经济体，其经济的最大特色及结构性风险均来自其单一的产业机构和以"博彩"一业独大造成的发展路径依赖，一旦面临外部环境恶化，所受冲击巨大，而解决其脆弱性的方法就是充分发挥澳门自由贸易港优势，以横琴为重要链接点大力推进开发开放，衔接内地及海外广阔市场、资源、技术、人才，为促进澳门经济适度多元发展创造条件。近几年受疫情冲击，澳门经济社会面临一些困难和挑战，但经济发展长期向好的基本面没有改变，随着《总体方案》落地实施，合作区建设进入全面实施、加快推进的新阶段，一年来取得了阶段性丰硕成果。在中央的大力支持下，合作区牢记初心使命，粤澳双方同心同德、携手奋进，必将不负总书记嘱托，为服务澳门经济适度多元发展取得更大成效。

（四）推进合作区开发建设是有效拓展澳门居民生活就业新空间的民之所盼

习近平总书记强调："澳门要坚持发展的目的是为广大市民创造更加美好的生活，采取更加公正、合理、普惠的制度安排，确保广大市民分享发展成果。"澳门30多平方公里的土地面积承载近60万澳门居民，是世界上人口密度最高地区之一。在博彩业支撑下，虽然澳门经济实现快速繁荣，人均收入位居世界前列，但如何让澳门居民更好地分享发展成果、营造更加公平公正的社会环境是一个值得长期思考的问题，发展不平衡不协调以及住房、教育、医疗、养老等一系列社会深层次的矛盾和问题均亟待破解。澳门要保持长期繁荣稳定、逐步融入国家发展大局，最关键的就是依托合作区来实现好、维护好、发展好广大澳门居民的根本利益，紧紧抓住澳门居民最关心、最直接、最现实的民生问题，坚持在发展中携手澳门特区政府奋力保障和改善民生，采取更多惠民生、暖民心的举措，着力解决好澳门居民急难愁盼问题，对照国际一流标准，全面提升合作区的教育、医疗、社会服务水平，不断拓展澳门居民生活就业新空间。

（五）推进横琴粤澳深度合作区开发建设是助力粤港澳大湾区加快发展的关键之举

习近平总书记指出："要促进粤港澳三地人员、货物等各类要素高效便捷流动，提升市场一体化水平。"推进粤港澳大湾区建设是习近平总书记亲自谋划、亲自部署、亲自推动的重大国家战略，横琴作为重大合作平台之一，在粤港澳大湾区建设中肩负着深化改革、扩大开放、促进合作的试验示范作用。合作区处于"咸淡水"交汇处，中国特色社会主义的改革实践与澳门独特的社会制度之间产生了新的对话模式与行动转化机制，聚焦重点领域和关键环节，充分挖掘制度创新潜力，为大湾区资源要素便捷流动不断探索经验。立足重大平台资源禀赋和比较优势，用好用足澳门自由港和珠海经济特区等有利因素，发展布局科技研发和高端制造、中医药等澳门品牌工业以及文旅会展商贸、现代金融等重点产业，加快提升综合实力和竞争力，为粤港澳大湾区建设提供有力支撑。

二　合作区进入全面实施、加快推进的新阶段

合作区统计局官网数据显示，合作区挂牌一年来，立足服务澳门，合作区澳门元素实现"六个明显增长"。一是澳企澳资明显增长，新设澳资企业近 600 户，实有澳资企业近 5100 户，实现营业收入 120.74 亿元，同比增长 39.3%[①]；二是在横琴生活的澳门居民明显增长，达到 3632 人，同比增长 9.5%[②]；三是澳门单牌车明显增长，全面取消澳门单牌非运营小客车配额总量限制，澳门单牌车经横琴口岸出入境达 53.95 万辆次，同

---

① 合作区统计局：《澳资企业发展情况》，http：//www. hengqin. gov. cn/stats/tjsj/azqyfzqk/content/post_ 3458094. html，2022 年 11 月。

② 《南海潮头又东风！写在横琴粤澳深度合作区成立一周年之际》，《南方日报》，http：//www. hengqin. gov. cn/macao_ zh_ hans/ztjh/hzqyzn/jjyzn/content/post_ 3428652. html，2022年 9 月。

比增长 18.1%①；四是享受医疗服务的澳门居民明显增长，横琴医院为澳门居民提供诊疗服务超 8000 人次，同比增长 1.5 倍②；五是就读的澳门籍学生明显增长，现有澳门籍学生 199 人③；六是澳门社会关注度明显增长，《澳门日报》、澳广视等主流媒体关于合作区的报道均有明显增加。

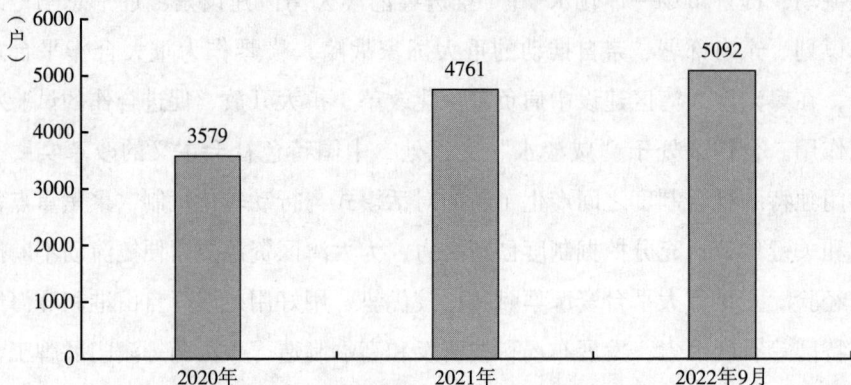

图 1　合作区澳资企业数（2020~2022.9）

资料来源：合作区统计局：《澳资企业发展情况》，http：//www. hengqin. gov. cn/stats/tjsj/azqyfzqk/content/post_ 3458094. html，2022 年 11 月。

2022 年上半年，合作区高效统筹疫情防控和经济社会发展工作，妥善应对珠海、澳门多轮疫情影响，实现地区生产总值 223.93 亿元，同比增长 2.5%④；1~9 月，合作区全口径一般公共预算收入 84.19 亿元，扣除留抵退税后同比增长 2.6%⑤，经济运行保持稳中有进；截至 2022 年 9 月末，合作区实有就

① 合作区统计局：《人口社会统计专题快报》，http：//www. hengqin. gov. cn/stats/tjsj/mssj/content/post_ 3456090. html，2022 年 11 月。
② 《南海潮头又东风！写在横琴粤澳深度合作区成立一周年之际》，《南方日报》，http：//www. hengqin. gov. cn/macao_ zh_ hans/ztjh/hzqyzn/jjyzn/content/post_ 3428652. html，2022 年 9 月。
③ 合作区统计局：《人口社会统计专题快报》，http：//www. hengqin. gov. cn/stats/tjsj/mssj/content/post_ 3456090. html，2022 年 11 月。
④ 合作区统计局：《主要经济指标》，http：//www. hengqin. gov. cn/stats/tjsj/azqyfzqk/content/post_ 3458094. html，2022 年 7 月。
⑤ 合作区统计局：《主要经济指标》，http：//www. hengqin. gov. cn/stats/tjsj/jjzb/content/post_ 3444870. html，2022 年 10 月。

业登记人数 66722 人，同比增长 1.0%，就业形势整体稳定①；1~9 月，社会消费品零售总额 10.66 亿元，同比下降 24.1%，但保持 4 月以来降幅逐月收窄的趋势②，消费品市场逐月回升（见图 2）。

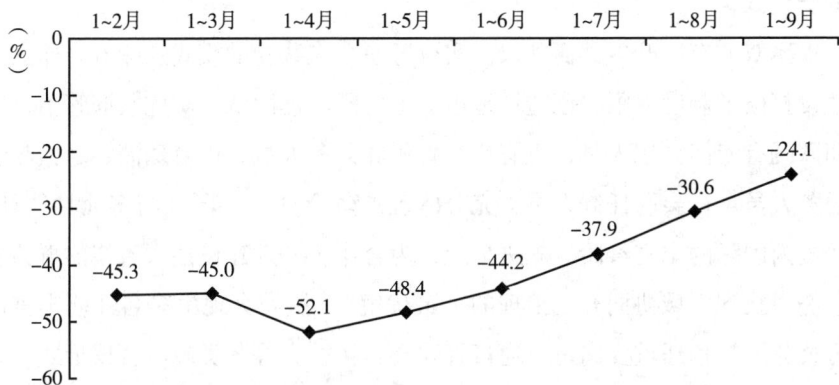

图 2　合作区社会消费品零售总额同比累计增速（2022.1~9）

资料来源：合作区统计局《社会消费品零售总额》，http://www.hengqin.gov.cn/stats/tjsj/xfplsze/con tent/post_ 3473351.html，2023 年 1 月。

（一）健全共商共建共管共享新体制，建设新活力全面激发

《总体方案》提出："健全粤澳共商共建共管共享的新体制。合作区管理委员会下设执行委员会，履行合作区的国际推介、招商引资、产业导入、土地开发、项目建设、民生管理等职能。广东省委、省政府成立派出机构，集中精力抓好党的建设、国家安全、刑事司法、社会治安等工作，履行好属地管理职能。"自 2021 年 9 月合作区挂牌成立以来，管理委员会正式施行双主任制，由广东省省长和澳门特区行政长官共同担任主任。而合作区执行委员会主任由澳门经济财政司司长担任，粤澳各自委派 3 名副

---

① 合作区统计局：《人口社会统计专题快报》，http://www.hengqin.gov.cn/stats/tjsj/mssj/content/post_ 3456090.html，2022 年 11 月。

② 合作区统计局：《社会消费品零售总额》，http://www.hengqin.gov.cn/stats/tjsj/xfplsze/con tent/post_ 3473351.html，2023 年 1 月。

主任。合作区现有组织架构的融合力度使粤澳合作从形式变为实质，尤其是让澳门更深入地参与合作区开发建设，可以说在行政体制机制方面的创新力度在国内国际都是前所未有的，开创了跨境、跨区域、跨机制协同治理的新模式。

粤澳双方有序开展共商共议。实行粤澳合作共管的模式意味着合作区开发建设打破了制度界限，创造性地组成了协同治理团队，实施共同管治，管理团队既有澳门公职人员，也有广东省派驻公务人员，以及珠海、原横琴新区公务人员、社会聘任制人员，充分体现了融合性、协同性与多元性特征，依照国内国际的丰富经验、先进理念，为合作区开发建设注入粤澳的群力智慧，努力找到区域协同开发治理的"最优解"。执委会现由多名经验丰富的澳方公务人员担任重要岗位，通过管委会、执委会等各类政府会议形式，确保涉及合作区开发建设的有关行政决策能够经粤澳双方充分协商、达成共识。比如，合作区产业、民生等政策出台前，不仅需要充分征求粤方管委会成员单位意见，更需要着重吸收澳门特区政府部门的意见和建议，这种做法一方面能够为合作区指明更符合澳门实际需求的最优路径，另一方面，也能确保与澳门施政政策方针进一步做好衔接，更有利于构建跨区域协同治理的发展格局。

粤澳双方努力促成互学互鉴。粤澳两地行政管理体系制度差异巨大，通过合作区这块"试验田"，双方秉持开放包容的心态，互相借鉴各自行政管理体制的优长，对于推行行政管理体制创新突破以及进一步加大粤澳融合力度具有更为充分且广泛的实践价值。比如，合作区成立以来，澳方人员能够积极主动参与合作区防疫、安全生产等澳门少有的应急工作，学习借鉴内地社会治理经验；同时，执行委员会因地制宜创新推行澳门本土的重大会议备忘录制度，进一步衔接澳门行政部门有关习惯做法；设立直属党委及各局党支部，持续创新国际化环境下党的建设工作方式方法。总而言之，合作区共商共建共管共享新体制在遵从宪法与基本法的前提下，超越了普通开发开放区域所实施的"单一管理模式"，将"一国之本"与"两制之利"的价值充分彰显，充分尊重了粤澳双方主体地位，以全过程协同合作推动两地深度融合，体现了党中央、国务院为合作区建设量体裁衣的深谋远虑和良苦用心。

（二）深化规则衔接与机制对接，政策优势更加凸显

一年来，合作区扎实推动《总体方案》赋予的一系列含金量高、改革力度大的重点配套政策渐次落地，聚焦市场准入、市场监管、经济管理和民生服务等重点领域，加快推进两地的规则衔接、机制对接，工作取得了显著的成绩，为加快构建与澳门一体化高水平开放的新体系、逐步打造琴澳一体化发展格局奠定了重要基础。

在法治建设方面，《总体方案》提出"要研究制定合作区条例，为合作区长远发展提供制度保障"。可以预见，待条例出台后将围绕体制机制、财政管理、职权法定等方面，为合作区新发展阶段注入强劲动力、提供更为坚实的法治保障。

在重点配套政策方面，"双15%"税收优惠政策已成功落地实施，对在合作区工作的境内外高端人才和紧缺人才，其个人所得税负超过15%的部分予以免征，与前海、海南等国内其他地区相比，优惠范围更广、创新力度更大，有利于合作区加快打造海内外高端人才集聚高地；同时，在合作区工作的澳门居民，其个人所得税负超过澳门税负的部分也同样予以免征，于合作区而言，进一步营造了趋同澳门的税负环境，对于建设便利澳门居民生活就业的新家园具有重要促进作用；放宽市场准入、首批授权事项清单、"分线管理"、金融支持合作区意见等重点政策正由国家相关部门牵头推进，将结合合作区开发实际需要，推动合作区"1+1+1+N"政策体系加快夯实筑牢，进一步激发经济产业、社会民生的发展活力。

在规则衔接、机制对接方面，琴澳要实现一体化发展，意味着更要加快消融两地差异习惯，在规则、机制、体系方面实现加速融通。合作区坚持问题导向、需求导向，紧密结合琴澳居民当前面临的紧迫诉求，聚焦合作区营商就业生活等领域堵点问题，采取"小切口、深挖掘"的方式系统地开展琴澳两地规则衔接、机制对接及改革创新工作。比如，合作区2022年共计

制定规则衔接及改革创新事项 61 项，全面提振了市场主体的信心预期，也极大地提升了琴澳居民的幸福感、获得感。

（三）推动琴澳一体化高水平开放，产业特色更加凸显

《总体方案》提出："要加快发展促进澳门经济适度多元的新产业。"合作区产业发展的关键点在于真正立足琴澳资源禀赋和发展优势，选准产业发展主攻赛道、久久为功，以澳门为链接平台、横琴为载体空间，深度衔接海内外高端人才、技术等资源要素，着力推动区内经济产业脱虚向实，加快打造琴澳特色产业集群。

一年来，琴澳产业发展已形成协同，粤澳集成电路设计产业园于 2022 年初正式投入运营，芯耀辉、一微半导体等集成电路企业与澳门大学集成电路国家重点实验室共建联合实验室，为推进琴澳产学研转化、加快培养琴澳半导体人才提供了重要载体支撑；中国—葡语系国家技术交流中心正式落户琴澳，未来将带动深化中葡科技领域的交流合作；协同澳门共同培育元宇宙生态链，以"一基两翼+四个空间+N 个配套活动"为体系，谋划建设元宇宙超级试验场，推动更多元宇宙关键企业在合作区创新创业创造；发布首批"琴澳联合旅游产品"，通过加大对琴澳"一站多程"旅游产品的宣传推广力度，进一步打造澳门世界旅游休闲中心的延伸拓展区。

产业专项扶持政策更加精准，全年合作区围绕集成电路、生物医药大健康、现代金融等领域出台实施了一批极具含金量的政策措施，为相关产业发展提供全周期支持的发展环境，并特别针对澳企加大相关扶持力度，目标是更好地支持澳资企业在合作区发展壮大；金融类政策组合已初步构建，年内出台了促进金融产业发展的综合性政策，同时还正式实施上市挂牌扶持、企业赴澳发债扶持及促进中小微企业融资等 4 类专项政策，从加大对产业融资支持力度角度，为合作区实体经济发展注入源源活水，推动其更好地服务实体经济发展，同时进一步助力澳门加快培育发展债券市场。

科技创新要素正加快集聚，广东省智能科学与技术研究院进入实质性运营阶段，超百名科研人员入驻办公，启动研究脑机接口、类脑超算晶圆等前

沿项目，将成为合作区人工智能产业实现弯道超车的重要平台；澳门大学科技研究院获得广东省新型研发机构认定，澳门科技大学研究院与盈科瑞等企业开展产学研合作，未来将成为澳门布局发展高新技术产业的重要载体；目前已建成国家级、省级科技创新平台达到 26 家，当年有效发明专利 2311 件，同比增长 17.8%，科技创新元素整体呈现高速增长态势。

商事登记准入制度进一步优化，商事主体登记材料流程进一步优化简化，住所登记管理制度进一步规范化，合作区商事主体注册、上岛经营吸引力进一步增强，主体结构有望进一步优化。

（四）推进民生融合、民心相通，新家园功能更加凸显

《总体方案》提出："要建设便利澳门居民生活就业的新家园。"为达成这一目标任务，合作区应聚焦澳门居民最关心、最直接、最现实的民生问题，加快落地趋同澳门的公共服务和社会保障措施，尽力消融澳门居民异地生活所带来的隔阂感、陌生感。

一年来，琴澳互联互通建设日新月异。横琴口岸"一线"二期工程及"二线"7 个海关监管场所已基本完成主体工程，正同步推进信息化建设，创新实施粤澳客货车通道"合作查验、一次放行"模式，谋划开通合作区金融岛至澳门内港码头水上航线，待海关监管办法及相关税收配套政策成熟后，将正式实施封关运作，届时将极大地便利琴澳间货物、物品、人员的流动，赴合作区生活就业的澳门居民显著增加。平稳推进智慧口岸公共服务平台建设，实现查验单位与多个相关部门信息互通，进一步推进了合作区封关工作进展。同时，积极探索横琴口岸客货车通道查验模式创新，加速车辆过境手续高效化、集成化，进一步提高民众跨境通关体验。

民生配套"硬基础"加快建设，以"澳门新街坊"项目为例，该项目已完成主体结构封顶，作为合作区内首个服务澳门居民的综合性民生项目，建成后将面向澳门居民以成本价发售超过 4000 套住宅，同步配备从幼儿园至小学的教育设施，以及能够满足基本医疗卫生需求的卫生站，还将进一步创新实施便利澳门教师、医疗技术人员等专业人士跨境执业的相关措施，进

一步营造趋同澳门的民生服务环境，真正实现澳门居民在合作区乐有所居。此外，目前境外电视频道在合作区加密传送已获得上级部门支持并将逐步开放，民众将可在合作区收看丰富的境外电视节目。

大力促进澳门青年创新创业。2022年以来，合作区通过持续开展"澳门青年实习及交流计划"等活动，设立澳门居民招聘专区，不断推动区内外更多优质企业为澳门青年提供内地工作及实习岗位，促进澳门青年前往内地参加交流实践活动，目前已有超千名建筑、设计、旅游、医疗等领域的澳门专业人士获合作区跨境执业资格，澳门青年创业谷等青创基地累计孵化澳门创业项目超600个。

琴澳民生融合不断深化。合作区正全面推进"粤澳社保一窗通"投入营运，届时澳门居民在合作区即可办理澳门社会保障业务；全面取消合作区非营运澳门单牌车配额总量限制，并根据内地车辆投保费用高的现实情况，有效推动内地商业保险机构实施降费最高约30%，进一步降低澳门居民在合作区的生活交通成本；单向认可澳门机动车驾驶证工作已报上级部门开始推动，届时澳门居民持有澳门驾照将可免试换领内地机动车驾驶证；澳门妇女联合总会澳门中华总商会广东办事处等澳门爱国爱澳社会组织在合作区成立揭牌，澳门街坊总会、南粤家政等社会服务机构累计服务琴澳居民超30万人次，不断引入澳门社会公共服务相关经验、理念、模式。

三 推动合作区建设迈上新台阶

中国式现代化"横琴实践"，就是聚力于促进澳门经济适度多元发展新平台的构建、便利澳门居民生活就业新空间的打造、丰富"一国两制"实践新示范的探索、推动粤港澳大湾区建设新高地的创造，是对澳门特色"一国两制"成功实践相关制度安排的提升，对爱国爱澳核心价值的凝聚，对国家治理体系创新的新实践。《总体方案》确立了到2024年澳门回归祖国25周年的发展目标，也就是"粤澳共商共建共管共享体制机制运作顺畅，创新要素明显集聚，特色产业加快发展，公共服务和社会保障体系与澳门有序衔接，在合作区居住、就业的澳门居民大幅增加，琴澳一体化发展格局初步建立，促进澳门经济适度多元发展的支撑作用初步显现"。这是横琴和澳门历史性阶段的"大考"。做好粤澳合作开发横琴这篇大文章的关键仍然在于坚守初心、坚持创新，创新是合作区血脉重点基因，也是横琴开发开放12年最重要的动力引擎。合作区身处两种制度、两种规则、两种行政管理体制下的"制度接合部"，是国内国际双循环交汇的地方，是制度型开放的高地，是对接国际的"咸淡水"交汇点，是制度创新、规则衔接的一个富矿，担当着大湾区经济发展的新引擎和粤港澳合作的试验田，为深化改革开放、体制机制创新探路"排头兵"的重任。

（一）精准锚定四大产业方向，大力发展新技术新产业新业态新模式

最适合合作区的产业发展模式应当是能够充分利用横琴平台与政策优势，体现澳门特色，整合国际资源，同时能够让多方共享发展成果的模式。横琴应当进一步吸引集聚国内外高端人才、技术等要素，在国际社会形成一定的产业竞争力，重点在以下方面。加大资源投入扶持区域集成电路产业在国际上形成一定竞争力；紧抓元宇宙前沿技术研发应用机遇，规划布局横琴元宇宙超级应用场景，在合作区形成元宇宙产业生态；整合粤澳两地中医药优势，支持形成有竞争力的中医药产业；扶持澳门本地品牌企业来合作区发展，协助澳门解决产业空间问题；推进长隆景区升级建设，与澳门旅游业形成协同发展，并在国际社会形成一定产业竞争力，吸引游客前来消费，并加速打造澳门文旅会展产业的延伸区、拓展区；可由政府部门主导支持举办国际高品质消费博览会，打造"买全球、卖全球"的交易平台；建设康养医疗与旅游休闲相结合的大湾区国际医疗中心；协同澳门完善金融基础设施，对澳门前来合作区发展的财富管理、融资租赁等金融业企业，政府部门可给予一定的支持；琴澳两地政府部门应探索搭建金融电子围网系统，在风险可控原则下探索统筹发展在岸业务和离岸业务，支持在岸金融与离岸金融联动联通。

（二）深度推进民生融合发展，全方位营造趋同澳门的宜居宜业生活环境

建议合作区政府部门进一步与澳门特区政府增进沟通交流，建立合作区与澳门公共服务、社会保障等各类社会民生类服务规则的对接，为澳门居民在合作区提供与澳门趋同的民生、医疗等服务。以执业资格单边认可带动双向互认，支持专业人才在琴澳自由流通、执业。建议政府有关部门实施澳门青年合作区同步享受粤澳两地创业就业扶持政策，通过持续投入支持现有的创新创业基地等平台，结合政策扶持，支持青年创业。同时，琴澳信息流、物流、人流互通是民生融合的重要支撑，建议两地政府部门联合与电信运营商沟通，寻求实现两地移动通信服务内容与费用趋同，以及进一步便利两地民众人车来往。

（三）紧紧围绕规则衔接机制对接，持续完善琴澳一体化发展格局

规则衔接与机制对接离不开法律法规层面的变革与突破，可尝试以推动合作区条例出台实施为支撑，全面推进与澳门法律、制度、规则、标准等相衔接，寻求实现更大范围、更宽领域、更深层次的改革创新。建议政府部门推动"分线管理"配套监管办法及税收政策落地实施，同时探索建立国际互联网跨境数据管理体系，为横琴提供更加开放的信息环境。具体而言，合作区主管部门可研究探讨用足用好珠海经济特区立法权，制定包含市场监管、商事登记、知识产权、跨境执业、商事纠纷解决等民商事领域的授权清单，率先构建与澳门深度融通的法律规则体系和机制，同时用好合作区放宽市场准入特别措施，放宽各领域准入门槛。

（四）充分发挥合作区重大战略平台作用，有力支撑澳门—珠海极点能级提升

珠海、澳门拥有地理相连和区位优势要素互补的战略合作潜能，合作区对促进珠澳两地协同发展有重要的优势。因此，建议进一步发挥合作区的政

策、制度、开放三方面优势，围绕资源共享、产业协同、功能互补，联动深圳、珠海经济特区以及前海、南沙等开发开放平台，培育发展新动能，支撑澳门—珠海极点加快提升综合实力。具体而言，一是建议全力推进广珠澳科创走廊建设，吸引高新科技产业和高水平科研机构串珠成链，为澳门—珠海极点建设提供强大创新原动力；二是建议加强轻轨、高铁、大桥等对外交通基建建设，为合作区与周边地区要素流通提供更高度的便利；三是可助力粤港澳大湾区对外贸易与沟通交流，借助合作区的区位与制度优势，与葡语国家等各国交流合作，深度参与"一带一路"建设与国内国际双循环等，服务粤港澳大湾区参与全国乃至全球经济大循环。

参考文献

中共中央国务院印发《横琴粤澳深度合作区建设总体方案》，2021年9月5日。

合作区执委会官方网站公开信息，http：//www.hengqin.gov.cn/macao_ zh_ hans/hzqgl/dtyw/xwbb/index.html。

合作区统计局官方网站统计数据，http：//www.hengqin.gov.cn/stats/tjsj/jjyxjk/content/post_ 3473311.html。

合作区统计局：《合作区民生数据专报》，2022年1~11月。

合作区统计局：《合作区统计监测月报》，2022年1~11月。

产 业 篇
Industry Chapters

B.2
横琴粤澳深度合作区数字经济
发展报告

褚晓 任兴洲*

摘 要: 随着全球数字经济的快速发展,在横琴粤澳深度合作区发展
数字经济的重要意义越加凸显。本文基于对数字经济内涵和
外延的梳理,对横琴粤澳深度合作区发展数字经济进行了深
度分析,梳理存在的问题以及将要面对的挑战,接着从国际
角度出发,分析了美国作为数字经济大国的成功经验,具体
包括注重创新、平台支撑、数据驱动、普惠共享和产权保护
等,最后为横琴粤澳深度合作区数字经济的快速发展提出了
相关建议。

关键词: 横琴粤澳深度合作区 数字经济 策略研究

---

* 褚晓,商务部国际贸易经济合作研究院助理研究员,研究方向为对外投资、数字经济、"一带一路"相关内容;任兴洲,国务院发展研究中心研究员,研究方向为经济理论与政策、市场体系建立与市场规则的建立与完善、流通体制改革与流通产业发展。

随着科学技术的不断进步，数字经济已经成为世界各国加快经济社会转型的重要选择，世界各国积极加快新型基础设施布局，以 5G、人工智能、物联网、工业互联网为代表的新型信息基础设施逐步成为全球经济增长的新动能。2022 年，全球 47 个国家数字经济增加值达到 32.6 万亿美元，其中产业数字化作为数字经济的主引擎，占到增加值总量的 84.4%。美国作为最早布局数字经济的国家，其 2020 年数字经济规模已达到 13.6 万亿美元；从占比看，美国、德国和英国等国家数字经济占国民经济的比重均超过60%；从增速看，2005~2019 年美国数字经济年均增速为 6.5%，居全球首位。在十九届中央政治局第三十四次集体学习时，习近平总书记着重强调了发展数字经济的重要性，并且对如何推动我国数字经济健康发展进行了重要论述，进一步明确了我国数字经济发展的方向。横琴粤澳深度合作区具有发展数字经济最为肥沃的土壤，又恰逢全球数字经济大发展的黄金机遇，本文在深度分析数字经济发展现状、问题、机遇和挑战的基础之上，梳理美国在创新、平台、共享等方面的成功经验，针对横琴粤澳深度合作区未来发展提出具体政策建议。

一　数字经济的定义和外延

随着信息技术的不断发展，社会数字化和经济数字化的程度不断加深，特别是大数据时代的到来，数字经济一词的内涵和外延发生了重要变化。目前最为常见的数字经济定义为：使用数字化的知识和信息作为关键生产要素，以现代信息网络作为重要载体，以信息通信技术的有效使用作为效率提升和经济结构优化的重要推动力的一系列经济活动。[①] 通常将数字经济分为数字的产业化和产业的数字化两类，数字的产业化主要以信息、技术产业发展为主，其相关产业主要包括通信行业、软件服务行业

---

① 马浩、侯宏、刘昶：《数字经济时代的生态系统战略：一个 ECO 框架》，《清华管理评论》2021 年第 3 期。

和信息制造行业等；产业的数字化重点聚焦在数字技术，是对整个产业进行数字化转化，将数字技术与信息技术进行深度融合，实现赋值与赋能。经济发展离不开社会发展，社会的数字化无疑是数字经济发展的土壤，数字经济发展的环境主要包括数字社会、数字生活和数字政府等，同时数字基础设施建设以及传统物理基础设施的数字化奠定了数字经济发展的基础。

数字经济不同于传统产业，具有不同于其他产业的特性，数字经济的主要特点可以简单归纳为知识密集度高、投入高、风险高和收益高。[①] 由于数字经济是依靠大数据、人工智能、物联网、区块链、云计算等新一代信息技术进行的生产和服务，高技术人才和科研人员占比相对较高，产品技术非常复杂，知识密集度比传统产业要高得多。信息技术所具有的创新性、尖端性和超前性等特点，决定了数字经济企业的前期投入比较多，必须投入大量的研发人员和高密集度的知识。数字经济是一个不断创造新技术的产业，由于创新本身具有十分明显的不确定性，每个环节都存在技术风险，还有可能面临市场风险、管理风险、资金风险等，此外数字经济具有垄断、网络效应以及正反馈等特点。[②] 发展数字经济具有重要的意义，这不仅是促进新一轮科学技术革命创新的需要，同时也是促进国家高质量发展的需要，还是保持经济可持续增长的重要手段。[③] 未来全球数字经济发展，不仅要求具有尖端的技术，还要求具有产品、行业和发展模式协调一致的产业体系，这样才能在未来激烈的行业竞争中立于不败之地。

二 横琴粤澳深度合作区发展数字经济的深度分析

横琴粤澳深度合作区经济发展水平和对外开放程度较高，其高质量发展

① 祁怀锦：《数字经济是未来发展关键》，《国企管理》2020 年第 24 期。
② 徐鹏远、苑博、冯晓琳：《我国数字经济高质量发展的路径研究》，《财经界》2019 年第 12 期。
③ 郑安琪、汪明珠、姜颖：《中国区域和城市数字经济竞争力评价及发展路径》，《新经济导刊》2021 年第 1 期。

不仅可以促进国内大循环的构建，也可以对更高水平的对外开放进行压力测试。数字经济一方面促进我国超大规模市场的形成和内需潜力的释放，另一方面也可使我国积极参与到全球价值链重构之中，进一步打造国内国际双循环。因此，数字经济和横琴粤澳深度合作区的结合将为我国构建新发展格局提供有益的尝试。

（一）横琴粤澳深度合作区发展现状

1. 区位优势明显

横琴粤澳深度合作区位置优越，与澳门仅一河之隔，距香港也仅 41 海里。区域内交通设施完善，100 公里范围内拥有 5 个国内国际机场、4 个深水港，连通 3 条轨道交通和 8 条高速公路，与香港、澳门、广州、深圳往来便利。粤港澳大湾区科技走廊将澳门作为中心城市，横琴粤澳深度合作区与其紧邻，同时澳门还担任了横琴粤澳深度合作区联系葡语系国家的窗口，为横琴粤澳深度合作区人流、物流、资金流和信息流快速循环提供了充足的空间。

2. 政策优势突出

国家及省一级层面都出台了支持横琴粤澳深度合作区发展数字经济的相关文件。国家层面，在全国一体化大数据中心初步建立的基础之下，粤港澳大湾区在数据中心规模化建设、数据交易市场化、算力统筹协调等方面进行了先行先试。省级层面，自 2018 年以来广东省就将数字经济作为今后一段时间的发展重点，《广东省数字经济发展规划（2018—2025 年）》提出要聚焦人工智能、工业物联网、数字政府等领域的建设。澳门方面，《澳门特别行政区五年发展规划（2016—2020 年）》及历年政府工作报告中都提及数字经济、智慧城市建设等，还针对数字经济的发展明确了下一步的重点方向。

3. 产业资源丰富

粤港澳大湾区是中国 A 股上市公司分布最密集的地区，在中国资本市场占据着举足轻重的地位，截至 2020 年底粤港澳大湾区内的上市公司占到全部 A 股上市公司的 15% 左右。物联网、人工智能、新一代通信技术等催生培育了一大批重点产业项目，同时粤港澳大湾区内的企业还积极与香港、澳门的企业在人工智能、数字生物等领域进行合作，以谋求更大的发展。优良的产业基础、雄厚的资金储备，为整个珠三角地区数字经济的发展提供了丰富的资源。

（二）横琴粤澳深度合作区存在问题

1.地区极化效应太明显

地区内部极化效应严重，广州、深圳作为地区经济发展的两大增长极，虽然在整体上起到很好的示范带动作用，但在区域内部存在较为严重的极化效应，造成了区域内企业集中在这两个城市，而除这两个城市以外的地区公司数量较少，影响了数字经济发展的区域性和广泛性。"一国两制"是机遇更是挑战，各城市之间不同的管理制度，进一步催化了区域发展的极化效应。区域内资源的过度集中，一定程度上拉大了各城市间发展的差距，对数字经济的平衡性和全面性造成了影响。

2.产业结构转型不充分

横琴粤澳深度合作区的数字产业在国际上的影响力总体偏弱，主要受产业结构转型不充分的影响。受核心技术、转型时间和产业环境三重因素的影响，横琴粤澳深度合作区的数字经济与国际水平相比还有一定差距，尤其是转型时间的问题，美国的数字经济已经实现连续15年保持6%以上的增长水平，而横琴粤澳深度合作区的数字经济还处在初级发展阶段，该阶段对人力和物力的消耗较大，并且收益产出也较低。产业结构转型的不充分，还体现在具体企业的发展上，尤其是制造类企业，它更倾向于寻找税收减免、降低成本的方法，该方式对于赢利而言较为快速，而进行产业结构转型取得收益所需的时间则太长。

3.多种专业性人才缺失

数字经济的发展，不仅需要专门的技术人才，同时需要金融人才，也需要相关的科研院所及高校等塑造一个产学研相结合的发展环境。现阶段人才的使用、近期人才的引进、未来人才的培养，横琴粤澳深度合作区在上述方

面都还存在比较大的缺失。据统计，2020 年毗邻横琴粤澳深度合作区的澳门
10 所高等院校 2019 学年注册的理工类学生共有 5674 人，其中博士 1235 人，硕
士 1193 人，与横琴粤澳深度合作区数以千计的高新技术企业相比，人才缺口巨
大，数字经济专业人才的引进、储备和培养远远无法满足产业发展的需求。

（三）发展数字经济的机遇与挑战

1. 机遇一：技术创新密集活跃

全球创新的版图、全球的经济结构正在受新一轮科技革命和产业革命的
影响，各类颠覆性技术不断涌现，不断催生出新产业、新模式和新业态。[①]
科技创新催生技术革命，技术革命推进产业革命，科技创新也不再是以单一
技术为主导，而是多种技术的创新和合并，同时科技创新与产业的联系也更
加紧密，大数据、云计算、人工智能等新一代信息技术与智能制造技术、现
代物流等领域相互融合的步伐加快。现阶段粤港澳大湾区建设已经上升为国
家战略，数字经济在打破地区极化效应、促进产业结构转型升级、优化创新
元素自由流动方面具有其独特优势，有助于推动横琴粤澳深度合作区形成
"虹吸全球资源+汇聚全球智慧+协同创新"的发展格局。

2. 机遇二：国家政策大力扶持

国家"十四五"规划强调了科技创新的重要性，明确指出了创新对于
我国现代化建设的重要意义，其中重点提到大力发展数字经济产业，计划在
粤港澳大湾区建设科技创新中心，将产学研协同发展作为中心重要任务，完
善广、深、港、珠科技走廊建设，加速推动科技创新要素跨区域流动。《横
琴粤澳深度合作区建设总体方案》中也明确提出：建设中葡国际贸易中心
和数字贸易国际枢纽港，推动传统贸易数字化转型。深入推动原有贸易形式
的数字化改造，利用数字贸易国际枢纽港的建设，在不断进行产业数字化改
造的基础之上，积极进行数字的产业化发展，优先发展新能源、大数据、

---

① 李彦臻：《任晓刚科技驱动视角下数字经济创新的动力机制、运行路径与发展对策》，《贵
州社会科学》2020 年第 12 期。

VR 智能、供应链网络等产业，推进微电子产业如芯片设计、封装、测试等产业的发展。

3. 机遇三：数字经济空间广阔

《中国数字经济发展报告（2022 年）》显示，中国数字经济的发展规模在 2021 年已经达到 45.5 万亿元，占 GDP 份额已经达到 39.8%，数字经济在国民经济中的地位更加稳固、支撑作用更加明显。数字经济不仅能够作为支柱产业带动地区发展，同时还能作为助力剂，带动提升相关产业发展，其在绿色低碳等领域也具有较大的发展空间。数字经济还能在数字化消费、数字化生产、数字化网链和数字化配置方面产生影响，改变了以往以企业为主的组织生产形式，用数字技术链接到设备层面和工具层面来组织生产，将产品作为该条链路的主导，为数字经济的发展开拓了一片更为广阔的空间。

4. 挑战一：科技发展的外部环境日趋复杂

新一轮科技革命和产业革命正在飞速发展，各国综合实力的比拼已经进入一个新的阶段，和平与发展的主题得到进一步巩固，国际环境的日趋复杂、不稳定不确定性的明显增加，也为科技发展的外部环境带来了更多的不确定性。各国之间为了获取更多的国际话语权，攻克"卡脖子"的核心技术，率先占领新兴技术已经成为大国之间博弈中的重要一环。

5. 挑战二：数字贸易监管面临更为严峻的挑战

现阶段各类技术层出不穷，更迭的速度远超之前，对于各类关键技术的监管越来越成为限制产业发展的桎梏，数字经济从根本上改变了原有贸易的分工模式和利益分配模式，进而对国际贸易规则产生了深刻影响。具体到横琴粤澳深度合作区、具体到对数字贸易的监管上，数字贸易从货物总量、批次数量、产品分类等多个层面对监管提出了更高的要求，各政府部门如何实现协同监管已经成为一个十分突出的难题，更为重要的是数字贸易的更新速度远超于监管模式的更新速度，导致了数字贸易的监管面临着非常严峻的挑战。

6. 挑战三：科技创新合作的体制机制还不通畅

粤港澳三地在科技创新的合作方面还存在科研资金、科研人员等要素流动的不便利，专项资金能且只能在一地使用，无法跨多地自由流动，相关人员受体制机制等因素限制，互相之间交流还不通畅，同时科研成果的转化因三地相关法律规定的差异，在开放共享方面还有较大难度。科技创新与产业合作也无法实现顺利转化，部分科技创新成果无法落实到具体企业生产当中，使得科技创新后劲不足，同时产业的发展越来越与科技创新脱节。

三 美国数字经济快速发展的成功经验梳理

作为最早布局数字经济的国家之一，美国在过去 15 年数字经济年均增速达到 6% 以上，是整体经济增速的 3 倍。2020 年美国数字经济规模达到13.6 万亿美元，约占美国 GDP 的 65%，位居世界第一。美国在发展数字经济过程中，对创新发展、平台支撑、数据驱动、普惠共享和产权保护五个方面格外重视，总结其经验对于横琴粤澳深度合作区发展数字经济具有重要意义。

（一）创新发展

美国"创新+产品"的模式使得美国数字经济的发展始终位于全球前列。在全球十大互联网公司中，有 7 家属于美国[①]，良好的创新环境和发展成熟的企业使得美国数字经济在信息技术、应用研究和商业转化领域均处在全球第一梯队，自 1990 年以来的所有数字经济创新几乎都是从美国开始的。之所以美国的创新发展能够保持源源不断的动力，主要归功于互联网企业和传统实体企业双核心驱动，互联网行业积极带动数字产业化，而传统实体企业积极进行产业数字化，一方面互联网企业为数字经济的发展提供了尖端的技术，另一方面实体企业为数字经济的发展提供了完整的数据积累，双方形成了技术创新和数据积累的有机融合，为数字经济创新发展提供了源源不竭的动力。

---

① 曹勇、黄月月：《数字经济推动产业高质量发展的路径》，《中国外资》2021 年第 3 期。

（二）平台支撑

平台作为数字经济的"推进器"，将原有"公—铁—空"基础设施替换为"云—网—端"，实现了基础设施的数字化。之前一轮的数字化浪潮，主体为公司，通过为公司更新信息化系统，实现了公司的数字化改造，在优化公司工作模式的基础之上，使得企业获得了更为高效的办公能力，有效地降低了企业之间信息传递的成本，革命性地提高了信息的传输速度，使得企业之间的合作效率得到成倍地增加。与此同时，平台的出现也实现了数字经济的标准化，定义了数字经济的人流、物流、资金流和信息流等，为数字经济的发展提供了有力的支撑。

（三）数据驱动

数据是数字经济的"新能源"，正逐渐取代资本和技术成为新的关键生产因素。经过了之前的信息化改造，公司业务流程高度数字化，数据在公司内部实现了高效采集与储存。数据成为公司的重要资源，并帮助公司业务可查询、可调整。[①] 平台的出现，为数据的流动和共享提供了更为可靠的载体。人工智能等技术的应用，使得对数据的挖掘更深一步，在解决了数据存储和数据共享问题之后，数据挖掘成为数字经济发展的关键问题，数据驱动有效刺激了数据挖掘的需求，数据驱动能够使存储、共享的数据创造出价值，并且不断迭代并引导新产品的开发。数据驱动的成功引入，在借助平台支撑的前提下，有效促进了数据的效益性转换。

（四）普惠共享

数字经济的飞速发展带来了信息共享、技术共享和金融共享，使"共建共享"成为数字经济"新的价值"。在信息技术领域，以云计算为代表的服务业成为新的主流，进一步降低了企业经营的成本，使得其无须购买昂贵

---

① 张森、温军、刘红：《数字经济创新探究：一个综合视角》，《经济学家》2020 年第 2 期。

的设备，就能获得优良的技术服务。在金融领域，成熟的信用评价等级模型，让更多的企业享受到金融的普惠性，并借助金融工具使得公司获得了快速发展。在信息获取领域，标准化的信息、高效的传递，使得刚刚进入行业的企业也很快进入角色，并融入产业发展之中，无形中带动了新型企业的快速成长。普惠共享的发展模式，使得数字经济走上了发展快车道，并营造了一个实体企业和产业发展的良性互动。

（五）产权保护

《国家网络战略》认为："数字时代下，强大的知识产权保护能够确保经济的持续增长和创新。"美国历来重视知识产权保护，构建了《专利法》《知识产权保护法》《互联网法》等一整套知识产权保护法律体系，在行政方面则拥有专利商标局、著作权局和商务部等多机构各司其职的知识产权管理体系。[①] 通过查询世界知识产权组织国家专利报告，美国历年来国际专利申请量均位于全球前列，足以显现美国对于知识产权的重视。正因为美国如此重视知识产权的保护，寻找到知识产权保护与反垄断之间的平衡点，避免出现因过度的知识产权保护引起的行业垄断，也避免了因知识产权保护不足引起的抑制创新，因此才会在美国诞生出诸如苹果、微软等一大批互联网和高科技公司。

四　横琴粤澳深度合作区发展数字经济的政策建议

总体来看，借鉴美国的经验并结合横琴粤澳深度合作区发展现状，对于数字经济建设，可以从以下几个方面加强工作。

（一）从政策和组织架构层面大力支持数字经济创新发展

首先，加强统筹协调和组织实施，建立数字经济发展区域协调机制。立

---

① 万晓榆、罗焱卿、袁野：《数字经济发展的评估指标体系研究——基于投入产出视角》，《重庆邮电大学学报》（社会科学版）2019 年第 6 期。

足横琴粤澳深度合作区发展实际，健全工作推进协调机制，推动数字经济更好服务和融入新发展格局。强化对数字经济发展政策的解读与宣讲，充分调动各部门协调沟通积极性。其次，深化对数字技术研发的有效支持，实行数字技术精准管理模式，提高对数字技术创新的支持力度，加大对数字技术的保护和知识产权监管。[①] 最后，开展试点示范工程。统筹推动数字经济试点示范，完善创新资源高效配置机制，构建引领性数字经济产业集聚高地，采取有效方式和管用措施，形成一批可复制推广的经验做法和制度性成果。

（二）在强化数字贸易规则同盟建设中勇于先行先试

积极修订和完善数字经济相关法律。围绕数字签名、知识产权保护、相关技术共享等完善法律法规，同时深入分析横琴粤澳深度合作区内企业面临的隐私泄露及安全漏洞等问题，提出切实可行的修改建议。在完善数据分级分类等国内监管规则的同时，将横琴粤澳深度合作区作为试点区，对包括跨境数据流动等内容进行开放压力测试，以便能够加快启动中国与多个国家的双边自贸协定的谈判工作。率先研究包括数据服务税、数字经济相关数据归属权等方面的内容，为我国积极融入世界贸易规则进行试水，并发挥横琴粤澳深度合作区政策优势，为相关政策提供试错经验。

（三）从产业链上下游着手推动数字经济的协同增长

从横琴粤澳深度合作区已有产业入手，加强其与上下游产业的互动与协同。重点发展大数据、人工智能和物联网等技术，同时加大相关产业的基础设施建设力度。提高数字经济基础产业在经济社会中的应用，提高数字业务和数字应用在经济发展中的渗透与覆盖，通过上述方式提高产业数字化率，为创新发展提供条件。[②] 提高数字经济相关产业劳工参与度，发挥横琴粤澳深度合作区高校资源优势，为相关产业劳工进修和人才培养提供帮助，发挥

---

① 李晓华：《数字经济新特征与数字经济新动能的形成机制》，《改革》2019 年第 11 期。
② 张鹏：《数字经济的本质及其发展逻辑》，《经济学家》2019 年第 2 期。

人才对数字经济发展的催化作用。需求侧层面，鼓励数字经济相关产业的产品、服务和商业模式创新，鼓励数字经济基础产业的消费，实现产品与服务的创新带动。积极鼓励数字经济相关产业的产品出口，引导相关产业积极对接海外资源，挖掘对外直接投资的可能性，以此来刺激横琴粤澳深度合作区数字产品和数字服务进一步拓展国际市场。

（四）创新产学研合作模式将其转化为数字经济生产力

创新产学研合作模式，首先是注重数字经济领域的研发投资，按需调整数字经济相关产业研发经费的拨付比重，积极鼓励政府与学术界、产业界进行深度交流，挖掘可合作空间。鼓励企业资助公办大学建设实验室，积极推进设备共享，充分释放数字经济创新活力。利用"VR+AR"等数字技术，并借助横琴粤澳深度合作区人员流动的便利条件，实现区域内人才与区域外人才"云流动"。成立产业结构委员会及数字经济委员会，专门负责数字经济包括互联网平台等功能长期健康发展，理顺产业结构与数字经济的关系，提升政府对数字经济相关产业的监管能力，推动参与全球数字经济规则的制定。

（五）积极完善管理机制对数字经济发展提供有效监管和检验

建立并定期更新数字经济专家库，将制定的数字经济产业举措和年度发展目标交由专家库审阅，待评估合理之后再向外发布，同时邀请专家对产业发展进行实时跟踪，及时发现问题并提出建议，以便数字经济能够更好更快发展。制定并完善数字经济产业基础政策检验系统，对之前出台的政策、管理细则等进行模型检验，需要完善的及时出台更新文件，未明确的要进一步更新实施细则，秉持着计划、实施、检验和验证四步规范，形成一套科学有效的政策检验系统。

B.3
横琴粤澳深度合作区文化创意产业发展报告

左 楠*

摘　要： 文化产业在促进国家经济社会发展、满足人民精神文化生活需求等方面起到了重要作用。本文立足合作区文创产业发展现状，研究分析其文化创意产业发展中面临的主要问题，发现主要存在文化创意产业政策体系不完善、文化创意产业管理机制不健全、文化创意类企业及人才匮乏、文化创意产业链不健全等瓶颈，同时较为详细地列举了北京、广州、深圳在构建政策体系、打造平台载体、发展多业态等方面发展文化创意产业的主要经验做法，基于上述问题和其他城市先进经验的基础，提出合作区可通过开展文创产业发展的顶层设计工作、成立文创产业领导和协调机构、为文创企业发展提供空间场地和人才支持、打造文创品牌等对策建议，以期助力合作区文化创意产业蓬勃发展。

关键词： 文化创意产业　"文化+"产业　文化产业政策体系　文化产业园区

　　文化产业的蓬勃发展对于满足人民精神文化生活需求、提升经济发展活力等方面至关重要，是当前区域经济社会快速提升发展的重要因素。《粤港

---

* 左楠，横琴粤澳深度合作区创新发展研究院区域发展和城市规划研究所助理研究员，研究方向为区域经济社会发展。

澳大湾区发展规划纲要》提出"完善大湾区内公共文化服务体系和文化创意产业体系，培育文化人才，打造文化精品，繁荣文化市场，丰富居民文化生活"。《横琴粤澳深度合作区建设总体方案》提出发展促进澳门经济适度多元的新产业，其中提及发展文旅会展商贸产业。为促进文化创意产业快速发展，横琴粤澳深度合作区（以下简称合作区）通过出台系列政策措施、区域联动发展等方式大力推动文化创意产业发展，但从总体上来看，合作区文化创意产业的发展存在诸如政策体系不完善、管理机制不健全等问题，整体发展质量有待提高，本文立足合作区文化创意产业发展现状与问题，结合国内外城市发展经验，就合作区如何进一步发展文化创意产业提出一些对策建议。

一　合作区文化创意产业发展现状

合作区主要从出台政策措施、打造"文化+"产业、促进平台建设、开展跨境活动等方面着力促进文化创意产业发展，推动合作区文化创意产业整体发展呈现有序稳步的良好态势。

（一）出台系列政策文件，为产业发展提供重要支持

为促进广告业、文创产业快速发展，合作区陆续制定并出台《关于促进横琴新区广告产业发展的若干措施》《关于促进横琴新区广告产业发展的若干措施的实施细则》《横琴新区扶持文化创意产业发展办法（试行）》《横琴新区文化创意产业发展专项资金申报指南（试行）》《横琴新区促进文化体育产业发展办法（暂行）》等政策文件（见表1），主要以投入专项资金的方式，覆盖了文化活动、文化设施项目、文创基地建设、中小企业扶持、文创人才引进、原创文创作品等领域来支持文创产业发展，此外在同等条件下优先支持港澳文化创意企业来合作区发展。

表1　合作区出台的文创产业政策主要内容

序号	名称	主要内容
1	《关于促进横琴新区广告产业发展的若干措施》	着重加快培育专业程度高、创新能力强、具备国际竞争实力的广告龙头企业,加速集约化、专业化、国际化发展进程,将广告产业打造为促进现代服务业及文化创意产业发展新增长点。主要扶持外资广告企业、小型微利广告企业、横琴与港澳广告业紧密合作、广告业创新、公益广告、建设国家级广告产业基地等发展
2	《关于促进横琴新区广告产业发展的若干措施的实施细则》	主要对在横琴区内,成功培育国际4A广告公司、中国4A广告公司、广州4A广告公司以及国家一级、二级、三级的广告企业;获得戛纳广告奖、艾菲奖、金铅笔奖、纽约广告奖、伦敦国际广告奖等国际知名奖项,中国广告长城奖、黄河奖等国家广告奖项,广东省优秀作品大赛等省级奖项的广告创作;入驻珠海横琴国家广告产业园区的广告企业,根据其对横琴文化事业建设方面的贡献,给予入驻奖励;入驻珠海横琴国家广告产业园区满一年的广告企业举办相关广告活动等给予扶持
3	《横琴新区扶持文化创意产业发展办法(试行)》	主要扶持文化演出、文化交流、文化展览、文化产业博览会及文化产品交易会等文化活动,美术馆、博物馆、科技馆、展览馆、艺术馆、音乐厅、演剧院、实体书店及文化艺术品收藏交流交易中心等文化设施项目,数字产品、动漫游戏及网络文化等文化产业新兴业态,创意设计、文艺创作等原创文化作品发展
4	《横琴新区文化创意产业发展专项资金申报指南(试行)》	主要扶持文化演出、文化交流、文化展览、文化产业博览会及文化产品交易会等文化活动,美术馆、博物馆、科技馆、展览馆、艺术馆、音乐厅、演剧院、实体书店及文化艺术品收藏交流交易中心等文化设施项目,数字产品、动漫游戏及网络文化等文化产业新兴业态,创意设计、文艺创作等原创文化作品发展。同时适用于创作制作含有横琴元素原创文化作品的个人
5	《横琴新区促进文化体育产业发展办法(暂行)》	重点围绕在横琴举办的文化体育赛事活动、投资建设的重大文化设施项目、宣传横琴的原创文化作品、文化体育产业新兴业态,以及引进培育文化体育产业人才等方面给予支持

资料来源:横琴粤澳深度合作区执行委员会官方网站。

(二)建成多个发展载体,助力企业快速发展

产业的高质量发展,离不开园区、平台等载体的强力支撑。为加快产业

发展，合作区建成并投入运营一批重大平台载体，如横琴·澳门青年创业谷、丽新横琴创新方、香洲埠、中国紫檀博物馆横琴分馆、AHA 亚哈启圆金源国际广场等项目，其中横琴·澳门青年创业谷、AHA 亚哈启圆金源国际广场等平台聚集了一批内地与澳门的文创企业，引入了澳门品牌节庆活动和优质项目。此外，合作区建设有横琴国际广告创意产业基地，重点推动新媒体、人工智能、大数据、虚拟现实等技术在广告服务领域广泛应用。该基地于 2019 年获国家市场监督管理总局批复为国家广告产业园区，并被命名为"珠海横琴国家广告产业园区"，是促进合作区广告文化产业发展的重要载体。为提升园区专业服务和对澳服务水平、降低区域企业广告制作成本，园区总体规划建设广告创意设计服务中心、广告影音创作中心和广告宣发平台等三大围绕广告业发展的重要服务平台，主要为广告领域的企业提供广告设计、广告制作、品牌展示、产业交流、公益宣传、园区企业宣传、政策推广活动等服务。园区发展动态显示，截至 2021 年 9 月 30 日，园区实际入驻广告文创及相关企业 55 家，其中港澳企业 37 家。①

（三）联合举办文化活动，提升区域产业合作水平

近年来，合作区与澳门不断密切两地文旅交流联系，联合举办多场跨境文化、节庆、赛事活动，如依托励骏庞都广场与澳门合作举办跨境节庆活动，通过"一节两地"的方式，分别于 2020 年、2021 年国庆节期间举办了澳门国际文化美食节横琴站活动，主要提供澳门与内地特色美食，吸引近百家粤港澳大湾区餐饮企业参与；2021 年元旦期间举办首届琴澳文化艺术交流节，60 余家参展商设展，汇聚非遗文化、特色文创、美食摊位、亲子活动等精彩内容，以及经典粤剧、武术舞龙、歌舞表演等精彩节目；2021 年"五一"开启琴澳生活市集，集结文创零售、轻食调酒、绿植花卉、娱乐游戏、互动表演、创意美陈六大板块，吸引众多游客与琴澳两地市民打卡；引进了"澳门书香文化节"，搭建琴澳两地交流平台等，这些文化活动为琴澳

---

① 2021 年第三季度珠海横琴国家广告产业园区发展动态。

两地特色文化的融合提供了交流学习的平台，进一步推动琴澳多元文化广泛传播。

（四）开展前瞻性谋划工作，推动文旅产业高质量发展

《横琴粤澳深度合作区建设总体方案》提出要发展"四大产业"，其中之一便是文旅会展商贸产业，还提及要高水平建设横琴国际休闲旅游岛，支持澳门世界旅游休闲中心建设，在合作区大力发展休闲度假、会议展览、体育赛事观光等旅游产业和休闲养生、康复医疗等大健康产业。为进一步推动合作区文旅产业发展及琴澳两地文旅产业深度合作，合作区正在编制"横琴粤澳深度合作区推动文旅产业高质量发展三年行动计划"，将以推动文化和旅游高质量发展为主题、以高水平建设横琴国际休闲旅游岛为主线，抢抓合作区建设重大机遇，携手澳门打造世界级旅游目的地，为促进澳门经济适度多元做出更大贡献。

二　合作区文化创意产业发展中存在的主要问题

从总体上来看，合作区的文化创意产业虽已具备一定发展基础，但是存在一些问题和瓶颈亟须解决，如文创产业政策体系不完善、文创产业尚未形成规模、发展局面尚未完全铺开、文化企业整体实力偏弱、缺乏较强竞争力和引领带动作用的龙头企业、文化产业引才留才能力较弱、文化产业整体发展质量有待提高。这些主要问题不利于推动合作区文化创意产业的长远有序发展，文创产业对合作区经济发展的带动和推动作用有着很大的提升空间。从目前发展情况来看，合作区文化创意产业主要存在以下问题。

（一）文化创意产业政策体系不完善

从国内文化创意产业发展较好的城市来看，北京、上海、广州等地都已经出台了扶持文化创意产业发展的政策措施与相应的配套政策，还有的城市

从顶层设计层面规范并大力支持文化创意产业发展，如深圳率先出台了全国首部促进文化产业发展的地方性法规——《深圳市文化产业促进条例》，其中围绕创业发展扶持、资金、人才培养与引进等方面支持深圳文化产业发展。根据合作区出台的涉及文化创意产业的发展政策文件来看，虽有涵盖文化创意产业多个细分领域的较为全面总体性的扶持措施，但是缺乏从顶层设计上统筹好文化创意产业发展的一盘棋、缺少专门性的针对政策以及相应的配套措施未及时出台，文化创意产业政策体系的不完善是阻碍其快速发展的重要原因之一。

（二）文化创意产业管理机制不健全

为规范文化创意产业发展秩序，北京设立了文化创意产业领导小组，主要负责北京文化产业相关政策制定、研究审议相关重点项目、重大投资等事项，并设立了北京市文化创意产业促进中心，主要负责协调促进北京文化创意产业发展的相关工作，承担对全市文化创意产业集聚区、文化创意产业人才培训基地的认定，以及其相关考核、统计和日常工作。上海成立了上海市文化创意产业推进领导小组及办公室，该领导小组由上海市发展改革委、商务委、文化旅游局、市场监管局等17家成员单位组成，领导小组办公室主要承担拟制全市文化创意产业发展规划、年度工作计划并组织实施、编制全市文化创意产业发展政策以及组织落实并协调推进重大文化创意产业项目、公共服务平台建设等职能。目前合作区内暂无类似专门负责推动文化创意产业发展的机构，也缺乏文化创意产业服务类的机构，应尽快建立完善的促进文化创意产业发展的管理制度和工作机制，并配备专业的管理人员与团队，从而推动合作区文化创意产业快速发展。

（三）文化创意类企业及人才匮乏

从文化创意企业及人才数量、类型等来看，合作区内中小文化创意企业较多，龙头、领军型及骨干型文化创意企业匮乏，尤其缺乏具有较强竞争力和引领带动作用的龙头企业。文化创意人才方面，合作区与文化创意产业发展初期的一些城市同样存在人才匮乏问题，如缺少文化创意产业综合能力的领军人才、高级管理人才，特别是缺乏懂经济、懂管理、懂经营，又擅长文化产业创意设计的高素质经营管理者，还缺少文化创意产品的宣传、策划、包装及营销等专业人才。加之文化创意产业的前期投入大、营利周期长，且文化创意企业发展过程中具有不稳定性等特点，这些极易造成产业人才外流。此外，为留住用好人才，合作区关于文化创意产业相关人才的培养、管理、激励机制等措施有待进一步完善。

（四）文化创意产业链不健全

合作区内大部分文化创意企业主要聚集在横琴·澳门青年创业谷、AHA亚哈启圆金源国际广场内，但是上述园区内文化企业占比不高，难以形成文化创意行业集聚氛围与效应。而且，在合作区现有平台载体内，文化创意类企业以产品设计、服务类居多，产品生产类企业较少。发展文化创意产业的核心在于构筑文化创意产业链，并尽量拓展延伸，以形成规模，获得最大经济效益。但合作区缺少从创意开发、生产制作到营销流通开发一条龙服务的上下游产业链条，进一步影响了文化创意产业集聚效应的形成。而且，产业链条的不完整、不健全，加剧造成园区内文创企业赢利模式单一，文创衍生产品的开发和营销薄弱，而文创产业单位规模大部分偏小，小微型企业占大多数，在产业链条不完整的情况下企业更难获得好的经济效益。加之2020年以来发生的新冠疫情，对文化产业的稳定发展产生了较大影响，规模越小的文创企业受到的负面影响越为严重。

三　国内部分城市发展文化创意产业的主要经验做法

我国文化创意产业主要聚集在大城市及其周边地区，并且国内大部分城市都较早开始了文化创意产业探索之路，目前我国初步形成环渤海、长三角、珠三角、西三角、中三角、滇海文创产业六大集聚区，其中发展迅速的以广州、北京、上海等地为代表的珠三角、环渤海和长三角等东部地区为国内文化创意产业发展的三极。以下介绍北京、广州、深圳三个城市在促进文化创意产业发展的经验做法。

（一）北京促进文化创意产业发展的主要做法

北京作为全国文化中心，大力推进"科技赋能文化、文化赋能城市"，并将文化与旅游、休闲、商业、体育等多个领域融合发展，文化产业整体发展实力强劲。2021 年，北京全市规模以上文化产业法人单位 5539 家，比上年增加 368 家；收入合计 17563.8 亿元，同比增长 17.5%。①

1. 文化产业政策体系较完备

从 2006 年开始，北京市连续出台文化产业规划纲领性文件、文化金融支持、文化人才队伍建设、扶持文化产业园区发展等政策。在金融服务方面，特别是 2020 年北京市出台的《北京市文化创意产业园区和市级文化创意产业示范园区"服务包"工作方案》，其中明确设立文化金融服务中心，整合调动北京市"投贷奖"联动政策、文创金融服务平台和文创板两个平台等已有金融服务资源，打通文创金融服务领域的资源壁垒，提供"家门口"一站式服务。

2. 推动文化产业集群发展

北京将老旧厂房进行改造利用，打造供文化企业发展所需的文化气息浓厚、租金成本较低的空间，通过出台《关于保护利用老旧厂房拓展文化空间的指导意见》、相关项目管理办法等政策文件，设计并明确了涉及从项目申请、立项、施工、验收等各环节的一套规范流程，推动老旧厂房变身新型文化空间。此外，北京 2007 年设立了文化创意产业集聚区基础设施专项资金，2021 年确立"抓产业就要抓园区"思路，制定并出台了《北京市推进文化产业园区高质量发展的若干措施》，确立了五个方面的 20 项重点举措，从而大力推动文化产业集群发展。

---

① 《北京文化产业发展白皮书（2022）》，2022。

3.促进"文化+"新业态发展

主要围绕文化与旅游、商业、金融等领域深度融合,北京实施"文化商圈"计划,打造以"老字号+国潮"为特色的传统文化消费圈、以"品牌+品质"为特色的时尚魅力消费圈、以"国际+休闲"为特色的时尚娱乐圈;探索金融服务模式,推动设立文化发展基金,发展文创银行、文化产业保险市场、北京基金小镇等平台,并大力发展"文化+科技",依托虚拟现实、场景塑造、全息投影、智能交互等技术,打造沉浸式文旅消费模式等,加快推动"文化+"新业态发展。

(二)广州发展文化创意产业的主要做法

广州大力发展红色文化、岭南文化、海丝文化等特色文化,不断激发城市活力,持续推进文化强市建设。2021年,广州共有规模以上文化及相关产业法人单位3074家,同比增加252家;实现营业收入4807.76亿元,同比增加19.4%。①

1.制定形成"1+N"的文化产业政策体系

广州为加快推动文化产业发展,不仅制定了重要的纲领性文件,即《广州市关于加快文化产业创新发展的实施意见》,还围绕动漫游戏、实体书店、文化产业园区、电影等制定了一系列配套政策文件,形成"1+N"的文化产业政策体系,并在财政、税收、金融等方面大力支持文化产业发展。

2.引导数字文化产业集群式发展

广州市"十四五"规划提及"五大新兴优势产业发展重点",其中涉及了数字创意产业,明确重点发展电竞、游戏、创意设计、动漫、网络影音、时尚文化、公共文化数字服务等领域。政策方面,2022年8月广州市出台了《关于推进数字文化创意产业高质量发展的实施意见》,提出构建数字文化创意产业特色体系、培育数字文化新型业态、培育数字文化良好生态等三方面16条具体任务。

---

① 广州市文化广电旅游局关于政协十四届广州市委员会第一次会议第1014号提案答复的函。

3. 聚集众多发展平台载体

文化产业园区是助力区域文创产业发展的重要载体，一些相关产业政策主要通过赋能产业园区来落地实施，以充分发挥园区具有的产业集聚和孵化功能。广州在建设文化强市、促进文化产业发展方面，提出实施如文化创意产业"百园提质"计划，并以政策扶持强化园区产业集群发展。据不完全统计，2021 年广州市文化产业园区（基地）数量超过 600 个，其中国家级文化产业园区（基地）22 个，省级文化产业园区（基地）20 个，市级文化产业示范基地有 41 个。[①]

（三）深圳发展文化创意产业的主要做法

深圳不断健全文化产业体系，培育发展文化新业态，大力推动文化产业园区和平台发展，文化产业整体发展态势良好。2021 年深圳市文化产业增加值为 2566 亿元，年均增速超过同期全市 GDP 增速，占全市 GDP 的比重提高到 8.37%。[②]

1. 构建了较为完备的产业体系

深圳于 2011 年明确把文化创意产业作为战略性新兴产业，出台了《深圳文化创意产业振兴发展规划（2011—2015 年）》《关于加快文化产业创新发展的实施意见》《深圳市文化产业专项资金资助办法》《关于推进文化与金融深度融合发展的意见》等系列政策，每年市财政安排专项资金用于支持文化产业发展，既通过支持原创研发、新业态等项目鼓励文化企业创新突破、做大做强，又通过房租补贴、贷款贴息等扶持帮助企业纾困解难、健康发展。

2. 积极发展文化新业态

深圳积极推动产业融合发展，如推动发展"文化+旅游""文化+创意"

---

① 《上半年广州文化产业营收近 2210 亿元》，南方网，https：//economy. southcn. com/node_c211c569ea/3c008309bc. shtml，最后访问日期：2022 年 10 月 12 日。

② 《深圳：迈向新时代文化高质量发展典范》，深圳特区报，http：//sztqb. sznews. com/PC/layout/202210/10/node_ A02. html#content_ 1262117，最后访问日期：2022 年 10 月 12 日。

"文化+科技""文化+金融"等"文化+"产业发展新模式、新业态。2021年深圳安排专项资金1110万元，鼓励"文化+旅游""文化+科技""文化+互联网""文化+创意"等新兴业态企业创新发展。推动数字创意产业发展，制定《深圳市培育数字创意产业集群行动计划（2021—2025年）》，确立"一核一廊多中心"的产业布局；推动"文化+金融"发展，出台了《深圳市金融业高质量发展"十四五"规划》，提出支持深圳文化产权交易所合规运营、规划建设深圳金融文化中心、争取国家支持深圳建设文化与金融合作示范区等内容。

3. 大力推动文化产业园区和平台发展

深圳坚持市场导向和开放合作、政府扶持和规范引导并举，持续推动园区运营模式创新，建设了一批具有一定规模和影响力的文化产业园区，目前，深圳全市共有市级以上文化产业园区71家①，基本涵盖了深圳市重点发展的文化产业门类。此外，深圳全力建设国家级文化产业平台，"中国文化产业第一展会"中国（深圳）国际文化产业博览交易会已成功举办17届，组建深圳市文化金融服务中心，国家对外文化贸易基地（深圳）、国家版权交易中心、数字出版基地等平台落户深圳。

四　合作区文化创意产业发展的对策建议

立足目前合作区发展文化创意产业存在的主要问题，借鉴国内城市的经验做法，提出下列合作区文化创意产业发展的对策建议供参考。

（一）建立健全文创产业政策体系

充分借鉴北京、广州等城市的经验做法，开展合作区推动文创产业发展的顶层设计工作，并探索从产业融合与集聚、扶优扶强企业、人才培养与引进、优化市场环境等方面入手，建立健全合作区文创产业及相关细分领域的

---

① 《深圳聚焦高质量发展　努力塑造文化产业新优势》，广东省文化和旅游厅官网。

扶持政策。明确财政扶持政策，探索设立合作区文化产业发展专项资金，明确重点支持文化产业哪些细分领域发展。打造促进文创产业发展的金融支撑体系，参考借鉴北京组建的担保、融资租赁、小额贷款等金融机构，以及推出的"投贷奖""房租通"等支持政策，构建合作区投融资服务体系，打破小微文化企业融资难、融资贵的障碍。针对受疫情影响较为严重的行业，加大资金扶持力度，降低文化企业的经营成本，助力文化企业在疫情下渡过难关。

（二）成立文创产业统筹管理机构

文创产业综合性很强，推动文创产业发展需要文化广电旅游、发改、体育、规划、科技等多个职能部门共同努力。为大力推动文化产业发展，国内很多城市成立了文化产业领导小组统筹协调机构，建立了由地方主要领导担任组长、宣传部门统筹协调、相关职能部门共同参与的体制机制，完善部门之间的沟通机制，以工作合力推动文创产业快速发展。因此，合作区可探索成立文创产业领导和协调机构，促进文化产业管理和服务集中，并定期召开文化产业发展会议，协调解决文创产业发展中的重大事项。

（三）大力引进文创企业进入合作区

在出台文创产业政策的基础上，通过盘活利用土地资源、打造文创产业生态圈、拓展文创企业在合作区的发展空间等方式，大力吸引各类文创企业进入合作区发展。此外，探索建立企业梯度培育机制，以瞄准发展"大而强"并同时培育发展"小而优"企业的思路，推动引领产业发展方向的文创大企业、创新活力强、运行机制灵活的文创中小企业在合作区内集聚。同时充分发挥行业龙头文创企业的引领作用，协同带动产业链上下游的中小微文创企业协同发展。

（四）为文创企业发展提供空间场地、人才支持

充分利用合作区内闲置的楼宇物业，开展"共享办公""柔性办公"，推动小微规模的文创企业进驻集中办公场所。优化企业用工环境，加强企业

周边交通、娱乐等配套设施建设，并协调解决企业职工在住房、通勤、娱乐等方面的需求。充分发挥合作区人力资源服务产业园人才交流服务中心作用，强化与企业用人供需精准对接，满足企业多样化的人才需求。

（五）加快构建专业化文创产业人才队伍

文化创意行业隶属知识密集型新兴产业，主要具有高知识性、强融合性、高附加值等特征，因此发展文化创意产业需要高素质、复合型的人才。加快推动文创产业人才体系建设，大力引进文化产业各类专业技术人才，特别是文化名家、艺术大师、文化创意高端人才，以及懂经营、善管理的复合型文化人才、团队，以项目聘任、客座邀请、定期服务、项目合作等多种形式推动文创人才及其团队在合作区发展。

（六）探索建设高品质文化发展区

利用合作区人气聚集度较高和环境较好的地方，打造网红打卡地、设置艺术涂鸦墙，丰富合作区内文化设施，加快提升人气。依托香洲埠、紫檀博物馆，定期开展艺术展品展示活动，推动打造以香洲埠、紫檀博物馆为核心的艺术展品聚集区。依托横琴国家广告产业园区的服务平台，吸引更多知名文创广告、新媒体和孵化创投机构入驻，打造合作区广告产业集聚区。

（七）打造合作区文创活动品牌

依托励骏庞都广场、横琴 AHA 亚哈启圆金源国际广场等场地空间，以"文创+科技""文创+艺术"等方式举办年度性的重大文化节，邀请境内外文创企业、团队、个人参与，打造有文创市集、特色美食、音乐表演等内容的文创盛会，以展示销售文创产品、品尝创意美食、欣赏音乐表演等，形成合作区文创活动品牌。

（八）联合澳门共同举办文化赛事活动

充分发挥澳门中西文化交融并存的优势，在合作区内与澳门共同举办中葡文化艺术节、中葡艺术年展、葡语国家美食推介等活动，打造跨区域的中葡文化交流活动。与澳门联合举办如文创市集、文创手工体验等活动，探索与澳门联合举办区域性的文创大赛、旅游文创产品设计大赛等赛事，加强与澳门在文创方面的活动交流与合作。

（九）打造区域文创开放合作平台

为促进文创产业的可持续发展，探索在合作区构建区域文化创意产业开放合作平台，通过举办文创产品展、打造文创交流活动等，积极促进与内地城市文创领域从业者的交流互动，从而扩大与开拓文创产业的合作与市场。

（十）及时把握内地市场动态

建议进一步做好企业服务，为合作区文创企业定期提供国内外文创产业重要信息，主要是结合区内整体文创企业业务发展情况与实际需求，收集汇总并整理国内外文化产业发展和变革大趋势，掌握行业前沿动态，在政府官网或微信公众号发布相关信息，引导企业把握国际国内市场发展情况，以便企业开拓市场。

参考文献

《关于文化创意产业的思考》，http：//www.urbanchina.org/content/content_7277682.html，最后检索时间：2022 年 10 月 12 日。

《文化及相关产业分类（2018）》，http：//www.stats.gov.cn/tjsj/pcsj/jjpc/4jp/zk/html/zb0103.htm，最后检索时间：2022 年 10 月 12 日。

国家统计局解读 2021 年全国规模以上文化及相关产业企业营业收入数据，http：//www.gov.cn/shuju/2022-01/30/content_5671313.htm，最后检索时间：2022 年 10 月 12 日。

《中共中央　国务院印发〈粤港澳大湾区发展规划纲要〉》，http：//www.gov.cn/gongbao/content/2019/content_5370836.htm，最后检索时间：2022 年 10 月 12 日。

《横琴新区管委会办公室关于印发〈横琴新区扶持文化创意产业发展办法（试

行）〉的通知》，https：//mp. weixin. qq. com/s/pxc48OJAnpgG83hLcntqFg，最后检索时间：2022 年 10 月 12 日。

《横琴新区文化创意产业发展专项资金申报指南（试行）》，https：//max. book118. com/html/2021/0724/5133102141003314. shtm，最后检索时间：2022 年 10 月 12 日。

《中共中央　国务院印发〈横琴粤澳深度合作区建设总体方案〉》，http：//www. gov. cn/zhengce/2021-09-05/content_ 5635547. htm，最后检索时间：2022 年 10 月 12 日。

《深圳文化产业增加值年均增速近 15%》，https：//www. sznews. com/news/content/2022-06/14/content_ 25188489. htm，最后检索时间：2022 年 10 月 13 日。

《深圳聚焦高质量发展　努力塑造文化产业新优势》，http：//whly. gd. gov. cn/news_ newdsxw/content/post_ 4027406. html，最后检索时间：2022 年 10 月 13 日。

黄永林：《党的十八大以来我国文化产业政策引导成效及未来方向》，《人民论坛·学术前沿》2022 年第 19 期。

张其学、涂成林主编《中国广州文化发展报告（2022）》，社会科学文献出版社，2022。

洪晓文：《广州抓好数字文化"风口"推动文化产业高质量发展》，《21 世纪经济报道》2022 年 3 月 21 日。

北京市国有文化资产管理中心、中国传媒大学文化产业管理学院：《北京文化产业发展白皮书（2022）》，2022。

刘绍坚：《北京文化产业高质量发展路径》，《前线》2020 年第 3 期。

尹涛、杨代友、李明充：《2020 年广州文化产业发展分析及 2021 年展望》，载徐咏虹主编《广州文化产业发展报告（2021）》，社会科学文献出版社，2021。

张京成、周学政：《北京文化创意产业高质量发展格局初步形成》，载张京成主编《北京文化创意产业发展报告（2021）》，社会科学文献出版社，2021。

张京成主编《北京文化创意产业发展报告 2020》，社会科学文献出版社，2020。

张颖：《粤港澳大湾区背景下澳门文化创意产业发展机遇与路径选择》，《探求》2020 年第 5 期。

程琪：《创新驱动珠澳文化产业融合发展新方向》，《商展经济》2020 年第 10 期。

盛洁：《中国文化创意产业的现状及良性发展路径探究》，《湖北第二师范学院学报》2020 年第 7 期。

周国强：《长三角城市群文化创意产业发展格局及效应研究》，浙江宁波大学硕士学位论文，2017。

专 题 篇
Feature Chapters

B.4
横琴粤澳深度合作区允许境外专业
人才备案执业研究报告

张云霞　林洁芝 *

摘　要: 《横琴粤澳深度合作区建设总体方案》（以下简称《总体方案》）
明确提出"允许具有澳门等境外执业资格的金融、建筑、规划、
设计等领域专业人才，在符合行业监控要求条件下，经备案后在
合作区提供服务，其境外从业经历可视同境内从业经历"。目前
港澳医生、港澳导游、港澳建筑工程咨询企业及专业人士等境外
人才已可在横琴便利执业，但港澳金融、会计、税务、教育等强
监管领域专业人士仍然没法在横琴便利执业，且跨境执业部分领
域也存在执业门槛高、执业范围和执业类别受限、职称评价规则
不明晰等问题，很大程度上影响了澳门等境外专业人才来合作区
跨境执业的积极性。本文在认真研究上海、深圳、海南等地境外执

* 张云霞，横琴粤澳深度合作区法律事务局研究员，研究方向为政策、法律等；林洁芝，横琴
粤澳深度合作区法律事务局研究员，研究方向为政策、改革创新等。

业政策基础上，提出加快推动横琴粤澳深度合作区（以下简称合作区）允许境外专业人才备案执业的相关建议，以期进一步放宽澳门等境外专业人才在合作区直接提供专业服务的限制，为将合作区打造成为便利澳门居民生活就业的新空间奠定基础。

关键词： 跨境执业　境外执业资格　备案执业　境外专业人才

一　合作区境外专业人才便利执业基本情况及存在问题

（一）基本情况

目前，澳门等境外专业人士在合作区便利执业已取得一些实质性突破。比如，港澳建筑及有关工程咨询企业和相关专业人士可在合作区备案执业。港澳导游及领队在合作区通过培训认证，挂靠区内旅行社换领专用导游证后即可在横琴执业。港澳医务人员可在办理短期行医许可之后在合作区限期执业。澳门社工、澳门保险中介人员可直接在合作区执业（见表1）。截至2022年10月，通过培训认证并取得合作区专用导游证的澳门导游及领队共495人，共有66名港澳医生在合作区短期行医，已备案的澳门建筑专业人士共271人，已备案的澳门建筑及相关工程咨询企业共48家。

表1　合作区境外执业资格政策一览

文件名称	印发时间	印发层级	公开方式	执业领域	备案、考试形式及程序	部门职责
《香港、澳门特别行政区医师在内地短期行医管理规定》	2008年12月29日	卫生部	公开	医师（港澳医师）	可从事不超过3年的短期执业，属于临床、中医、口腔类别可申请注册执业	聘用港澳医师短期行医的医疗机构应当向注册机关和卫生部指定的查询机构报告港澳医师考核和执业情况。横琴卫生行政部门负责港澳医师受理、认证、核发、注销和监督管理

续表

文件名称	印发时间	印发层级	公开方式	执业领域	备案、考试形式及程序	部门职责
《香港、澳门导游及领队在珠海市横琴新区执业实施方案（试行）》①	2019年9月5日	广东省人力资源和社会保障厅、广东省文化和旅游厅联合印发	公开	文化旅游（港澳导游及领队）	培训合格后备案登记	广东省和珠海市人力资源社会保障部门负责做好本方案实施的统筹指导；省和珠海市文化旅游部门负责做好本方案实施的业务指导；珠海市横琴新区管委会及其旅游主管部门负责做好该方案的具体实施，以及香港、澳门导游及领队在横琴新区执业的受理、审核、培训、认证、发证和监督管理
《珠海经济特区横琴新区港澳建筑及相关工程咨询企业资质和专业人士执业资格认可规定》②	2019年9月27日	珠海市人民代表大会常务委员会	公开	建筑（港澳注册工程师、注册建筑师、注册测量师、注册园境师以及香港认可人士等）	备案登记	横琴新区建设行政主管部门负责备案管理，横琴新区管理机构制定备案办法

---

① 《香港、澳门导游及领队在珠海市横琴新区执业实施方案（试行）》，广东省文化和旅游厅网，http://whly.gd.gov.cn/special/xy/scgl/content/post_ 3130574.html，最后检索时间：2019年11月6日。

② 《珠海经济特区横琴新区港澳建筑及相关工程咨询企业资质和专业人士执业资格认可规定》，横琴粤澳深度合作区网，http://www.hengqin.gov.cn/macao_ zh_ hans/zw0/zcfg/hqzc/content/post_ 2978831.html，最后检索时间：2019年9月27日。

续表

文件名称	印发时间	印发层级	公开方式	执业领域	备案、考试形式及程序	部门职责
《港澳专业社会工作从业人员在珠海市执业规定（试行）》①	2020年8月31日	珠海市民政局	公开	港澳专业社会工作从业人员	备案登记	珠海市社协负责港澳社工受理、备案及监督管理，并建立港澳社工个人档案和执业情况资料库，及时将情况报市民政局。市民政局定期将情况报送相关部门
《关于印发香港法律执业者和澳门执业律师在粤港澳大湾区内地九市取得内地执业资质和从事律师职业试点办法的通知》	2020年10月5日	国务院办公厅	公开	法律（香港律师、大律师、澳门律师）	参加由司法部组织相关的法律知识培训，通过法律知识培训后即可参加考试。考试合格的人员，经过广东省律师协会集中培训且考核合格后，即可申请律师执业	司法部负责做好命题、评卷、监督管理等工作，牵头组织实施粤港澳大湾区律师执业考试,；并指导广东省司法厅配合做好组织实施报名、资格初审、培训等具体工作任务

（二）存在问题

总体来看，尽管部分澳门等境外专业人士已可在合作区便利执业，但由于琴澳两地法律制度、监管规则、行业管理等方面存在较大差异，跨境执业门槛仍过高且执业通道单一，部分领域仅通过备案便可执业仍存在较大阻力，具体体现在以下三个方面。

---

① 《关于印发〈港澳专业社会工作从业人员在珠海市执业规定（试行）〉的通知》，珠海市民生局，http://www.zhuhai.gov.cn/smzj/gkmlpt/content/2/2633/mmpost_2633192.html#6103，最后检索时间：2020年8月31日。

1.境外专业人士资格认可难

内地与港澳实行不同的专业资格认可制度，港澳实行各专业及团体自行发展原则，大多数专业资格均采取由获得法律授权的专业团体自行管理方式，这也是国际通行做法。但内地则实行严格的主管部门审批制，导致港澳诸多拥有国际竞争力专业资格的人士只能通过内地考试获取职业资格证书之后方可执业。根据内地相关法律法规规定，注册会计师、教师、银行、证券、期货及基金、知识产权专业代理等专业能力要求高和职业素质标准严的职业领域，必须通过内地相关考试才能获得执业证书，执业准入门槛明显较高。

2.部分领域执业范围和执业类别受限

比如，澳门律师可通过联营律师事务所中的澳门律师事务所派驻或直接受聘于联营律师事务所、通过粤港澳大湾区律师执业考试并经广东省律师协会集中培训且考核合格、通过内地统一的法律职业资格考试并参加内地律师实习且考核合格等三种方式在内地执业。但根据内地现行规定，联营律师事务所注册的澳门律师不得承办内地法律事务，而只能承办涉港澳特定法律事务；通过粤港澳大湾区律师执业资格考试后的澳门执业律师，只能办理适用内地法律的部分民商事法律事务（含非诉讼业务和诉讼业务）；通过内地统一的法律职业资格考试后执业的澳门律师仅能从事部分内地非诉讼法律事务、代理部分涉港澳民事案件，澳门律师在内地执业的范围仍受到较大限制。又如，港澳医务人员短期行医的执业类别需要限定为临床、中医、口腔三个类别之一，且在内地短期执业不得同时受聘于两个以上医疗机构。

3.职称评价规则不够明晰

合作区尚未建立起全面开放的职称评价体系，针对澳门等境外专业人才在合作区的职称评价规则、评价指引还不够明晰，澳门等境外人士在合作区执业后面临职称"谁能评""怎么评"等难题，影响境外专业人士进一步晋升和未来发展。比如，港澳医生的职称评价直接关系能否成为主诊医生，影响其手术资格问题；港澳建筑领域工程师职称评价将与招投标、专家技术方案论证等直接挂钩。

二　国内先进区域境外执业资格政策比较

（一）上海临港新片区

允许境外专业人才通过内地相关考试后备案执业。根据国务院《中国（上海）自由贸易试验区临港新片区总体方案》（国发〔2019〕15号）以及上海市委、市政府《关于促进中国（上海）自由贸易试验区临港新片区高质量发展实施特殊支持政策的若干意见》（沪委发〔2019〕20号），2019年12月，上海市人力资源和社会保障局等五部门联合发布《中国（上海）自由贸易试验区临港新片区境外专业人才执业备案试行管理办法》（沪人社规〔2019〕39号），允许获得中国香港、中国台湾及美国、英国14种职业资格的境外专业人才在上海临港新片区先通过中国内地相关专业考试，经备案登记后可为新片区提供相应的专业服务，涉及金融、建筑、规划、设计等领域（见表2）。

表2　上海境外执业资格政策一栏

文件名称	印发时间	印发层级	公开方式	执业领域	备案、考试形式及程序	部门职责
《中国（上海）自由贸易试验区临港新片区境外专业人才执业备案试行管理办法》	2019年12月31日	上海市人力资源和社会保障局、中国（上海）自由贸易试验区临港新片区管理委员会、上海市规划和自然资源局、上海市住房和城乡建设管理委员会、上海市地方金融监督管理局联合印发	公开	金融、建筑、规划、设计	通过中国内地相关专业考试后备案登记	根据上海市行业主管部门梳理的境外职业资格情况，上海市人力资源和社会保障局牵头汇总梳理并公布允许在新片区提供服务的境外职业资格目录清单。规划、金融、设计、建筑等领域行业主管部门参照有关执业管理规定，负责确定该行业领域境外职业资格的备案条件（包含境外职业资格及对应的执业范围）、备案材料、备案程序，并进行备案登记，加强对境外专业人才执业的监督检查。区管委会负责境外专业人才执业备案申请受理工作

资料来源：上海市人力资源和社会保障局官网。

（二）深圳社会主义先行示范区

允许境外职业资格的专业人员备案登记后执业。2021年12月，深圳市人力资源保障局会同税务、文化旅游、住建、规划、医疗等8个部门联合发布《深圳市境外职业资格便利执业认可清单》（以下简称《清单》），允许《清单》内持有境外职业资格的专业人员按照相关实施办法在深圳市备案登记后执业，并提供专业服务。首批《清单》涵盖六大领域，包含税务师、注册建筑师、建造师、注册城乡规划师、注册土木工程师、医师、船员资格、导游等20项职业资格。其中，在建筑、规划、税务领域，实现免试跨境执业，香港建筑、港澳规划专业人士办理执业备案后可在深圳市执业，港澳涉税人士（香港税务师、澳门会计师、澳门核数师）办理执业登记后可在深圳前海执业。导游领域实现以培代考，无须参加内地考试，具有香港、澳门导游及领队职业资格的专业人士在岗前培训合格、成功备案后，由深圳前海的旅行社委派即可为游客提供向导、讲解及有关旅游服务。医疗领域在全国率先开展医疗专业技术人员职称认定，在港澳籍医师已实现来深圳短期执业的基础上，试点为首批在深圳工作的37名港籍医生认定正高级职称，解决港籍医师手术资格问题。海事领域签发全国首份承认签证，在全国率先落地外国船员适任证书承认签证办理流程，实现了持外国船员适任证书船员在中国籍船舶任职的历史性突破。

目前，深圳具有20项职业资格的专业人士不需要参加内地相关考试，仅通过备案登记的方式即可执业，突破了现行行业监管要求，主要原因是深圳从三个层面较好地解决了跨境执业权限来源问题。

1. 国家集中授权突破重大政策瓶颈

中共中央办公厅、国务院办公厅印发的《深圳建设中国特色社会主义先行示范区综合改革试点首批授权事项清单》[①] 第27条明确提出，"实施高

---

① 《深圳建设中国特色社会主义先行示范区综合改革试点首批授权事项清单》，中华人民共和国中央人民政府，http://www.gov.cn/xinwen/2020-10/18/content_ 5552152.htm，最后检索时间：2020年10月18日。

度便利化的境外专业人才执业制度。赋予深圳在有关部门指导下制定境外专业人才执业管理规定权限，明确执业条件、业务范围等，允许具有境外国际通行职业资格的金融、税务、建筑、规划等专业人才按相关规定在深提供专业服务"。

2. 出台前海条例提供法治保障

2020年修订的《深圳经济特区前海深港现代服务业合作区条例》① 第31条规定："已经列入香港特别行政区政府发展局认可名册的建筑业专业机构和已经列入香港特别行政区相关注册记录册的专业人士，经管理局备案后，可以对应内地资质在前海合作区提供工程建设领域专业服务"；第46条规定："具有境外职业资格的金融、会计、法律、设计、专利代理、导游等领域符合条件的专业人才可以依法在前海合作区提供服务，其在境外的从业经历可以视同境内从业经历。"上述条例的规定为境外执业资格突破提供了有力的法治保障。

3. 制定各类规范性文件为境外专业人才执业提供具体指引

制定《深圳市前海深港现代服务业合作区香港工程建设领域专业机构执业备案管理办法》《深圳市前海深港现代服务业合作区香港工程建设领域专业人士执业备案管理办法》《深圳前海深港现代服务业合作区港澳导游及领队执业备案暂行规定》《港澳涉税专业人士在中国（广东）自由贸易试验区深圳前海蛇口片区执业管理暂行办法》等多个规范性文件，为境外专业人才执业提供详细指引（见表3）。

（三）海南自由贸易港

允许境外专业人才通过技能认定后在海南自由贸易港（以下简称海南自贸港）执业。2020年9月，海南省人民政府印发实施《海南自由贸易港境外人员参加职业资格考试管理办法（试行）》和《海南自由贸易港境外

---

① 《深圳经济特区前海深港现代服务业合作区条例》，深圳市前海深港现代服务业合作区管理局官网，http://qh.sz.gov.cn/gkmlpt/content/8/8054/mpost_ 8054840.html#2391，最后检索时间：2020年9月2日。

表 3 深圳市境外执业资格政策一览

文件名称	印发时间	印发层级	公开方式	执业领域	备案、考试形式及程序	部门职责
《深圳市推进高度便利化的境外专业人才执业制度的实施方案》①	2021年2月	经深圳市委全面深化改革委员会审议通过并印发	不公开（网上解读摘选）	金融、税务、建筑、规划、文化旅游、医疗卫生、律师、会计、海事、安全生产、教育等11个专业领域	一是放宽参加国家职业资格考试的境外专业人才的考试限制；二是畅通境外专业人才职称评价渠道；三是明确上述11个领域推进境外专业人才执业便利的具体举措	要求各行业主管部门结合本行业现状及行业特点，梳理国际通行职业资格，逐步放开境外专业人才来深的执业限制
《深圳市境外职业资格便利执业认可清单》②	2021年12月30日	深圳市人力资源和社会保障局、国家税务总局深圳市税务局、深圳市住房和建设局、深圳市规划和自然资源局、深圳市卫生健康委员会、中华人民共和国深圳海事局、深圳市文化广电旅游体育局、深圳市前海深港现代服务业合作区管理局联合印发	公开	税务（香港税务师、澳门会计师、澳门核数师）	执业登记	国家税务总局深圳市税务局负责对港澳涉税专业人士在中国（广东）自由贸易试验区深圳前海蛇口片区执业相关事项进行管理

① 《深圳市推进高度便利化的境外专业人才执业制度的实施方案》，中国侨网，https://baijiahao.baidu.com/s?id=1692643309645065799&wfr=spider&for=pc，最后检索时间：2021年2月25日。

② 《深圳市境外职业资格便利执业认可清单》，深圳市人力资源和社会保障局网，http://hrss.sz.gov.cn/gkmlpt/content/9/9510/post_9510853.html#1664，最后检索时间：2022年1月10日。

续表

文件名称	印发时间	印发层级	公开方式	执业领域	备案、考试形式及程序	部门职责
《深圳市境外职业资格便利执业认可清单》	2021年12月30日	深圳市人力资源和社会保障局、国家税务总局深圳市税务局、深圳市住房和建设局、深圳市规划和自然资源局、深圳市卫生健康委员会、中华人民共和国深圳海事局、深圳市文化广电旅游体育局、深圳市前海深港现代服务业合作区管理局联合印发	公开	建筑（香港注册土木工程师、香港注册建筑师、香港注册工程师、香港注册监理工程师、香港注册专业设备工程师、香港注册专业工程师、房地产估价师、香港注册专业测量师、香港注册电气工程师、香港造价工程师及建造师、香港注册承建商的获授权签署人等）	备案登记	前海深港现代服务业合作区管理局（以下简称前海管理局）负责专业人士的备案以及与备案相关事项的监管。相关主管部门根据有关法律法规对专业人士执业过程中的违法违规行为进行处置
				规划（香港注册专业规划师、澳门城市规划师）	备案登记	前海管理局负责专业人士的备案以及与备案相关行业对专业人士执业过程中的违法违规行为进行处理。相关行业主管部门依法对专业人士执业过程中的违法违规行为进行处理
				医疗（港澳医师、外国医师）	可从事不超过3年的短期执业，属于临床、中医、口腔类别可申请注册执业	聘用港澳医师短期行医的医疗机构应当向注册医机关和卫生部门指定的查询和执业情况。深澳医师考核和执业报告情况，深圳卫生行政部门负责港澳注销医师受理、认证、核发、注销和监督管理

续表

文件名称	印发时间	印发层级	公开方式	执业领域	备案、考试形式及程序	部门职责
《深圳市境外职业资格便利深圳执业认可清单》	2021年12月30日	深圳市人力资源和社会保障局、国家税务总局深圳市税务局、深圳市住房和建设局、深圳市规划和自然资源局、深圳市卫生健康委员会、中华人民共和国深圳海事局、深圳市文化广电旅游体育局、深圳市前海深港现代服务业合作区管理局联合印发	公开	海事（外国高级船员）	备案登记	海事管理机构应当对船员安全记录、履行职责等情况进行监督检查工作，加强对船员适任能力的监管
				文化旅游（香港导游或领队、澳门导游）	培训合格后备案登记	前海管理局负责专业人士的培训，备案以及与备案相关的监管工作。有关法规对专业人士执业过程中的违法违规行为进行处理。据法律法规对专业人士执业过程中的违法违规行为进行处理
《关于开展香港大学深圳医院医疗专业技术人员正高级职称认定试点工作的通知》①	2021年8月	深圳市人社局联合深圳市卫健委	不公开	医疗	对具有丰富临床实践经验、已注册香港特别行政区专科医师在香港大学深圳医院工作满3年的顾问医生，并且从事临床诊疗工作满5年，经认定合格后直接授予正高级职称	深圳市人力资源和社会保障局联合深圳市卫生健康委员会在港大医院开展卫生专业资格认定的试点

① 《37名港籍医生在深获评正高职称》，南方网，https：//economy.southcn.com/node_14d38ae8d1/4b5ff0d455.shtml，最后检索时间：2021年8月6日。

人员执业管理办法（试行）》，对在海南自贸港参加职业资格的境外人员放宽考试和执业管理的限制做出制度安排。其中，在境外人员执业管理方面，明确提出境外职业资格是指境外机构或组织颁发的所涉职业（工种）关系公共安全或公共利益、生命财产安全、人身健康的职业资格（法律服务、注册会计师等除外），由海南省委人才发展局、省发展和改革委员会、省人力资源和社会保障厅、省自然资源和规划厅等27个省级相关行业主管部门根据海南自贸港建设需要，制定《海南自由贸易港认可境外执业资格目录清单》（以下简称《海南清单》），并实行动态调整。境外专业人才以《海南清单》内的境外职业资格名义为海南自贸港内企业和居民提供专业服务前，须符合条件并通过技能认定，取得《海南自由贸易港境外人员技能认定合格证》。境外专业人才的技能认定，可选择采用材料审核、考试、答辩或评审等方式进行，具体方式由省级相关行业主管部门确定。2020年认可的境外职业资格涉及20多个国家和港澳台地区共219项，覆盖卫生、社工、农业、旅游、文化建筑、交通、消防、专利、金融等领域。

海南目前219项境外职业资格通过技能认定即可实现便利执业，主要原因与深圳一样，即解决了跨境执业权限来源的问题。

1. 出台《海南自由贸易港法》提供坚实法治保障

2021年6月10日，第十三届全国人民代表大会常务委员会第二十九次会议通过《海南自由贸易港法》①，其中第47条明确"海南自由贸易港放宽境外人员参加职业资格考试的限制，对符合条件的境外专业资格认定，实行单向认可清单制度"。

2. 制定出台规范性文件有效推动跨境执业

海南省政府出台《海南自由贸易港境外人员执业管理办法（试行）》②，明确"境外人员的技能认定，可选择采用材料审核、答辩、考试或评审等

---

① 《海南自由贸易港法》，中国人大网，http：//www.npc.gov.cn/npc/c30834/202106/eec9070dd18e4b0190cd2abb9345442d.shtml，最后检索时间：2021年6月10日。
② 《海南自由贸易港境外人员执业管理办法（试行）》，海南省人民政府网，https：//www.hainan.gov.cn/data/zfgb/2020/12/8961/，最后检索时间：2020年9月21日。

方式进行，具体方式由省级行业主管部门确定"。省级行业主管部门有权限对境外人员执业进行简化以适用。

表4 海南自由贸易港境外执业资格政策一览

文件名称	印发时间	印发层级	公开方式	执业领域	备案、考试形式及程序	部门职责
《海南自由贸易港境外人员参加职业资格考试管理办法（试行）》	2020年9月21日	海南省人民政府	公开	本办法适用于境外人员在海南自贸港参加的相关职业资格考试	境外人员在海南自贸港参加相关的职业资格考试，与境内考生实行统一考试标准、统一组织考试，并统一制发证书	省级相关行业主管部门依照规定，对境外持证人员专业服务活动进行监督检查工作
《海南自由贸易港境外人员执业管理办法（试行）》	2020年9月21日	海南省人民政府	公开	境外职业资格是指境外政府或机构设置的所涉职业关系公共利益或公共安全、生命财产安全、人身健康的职业资格（法律服务、注册会计师等除外）	境外人员在海南参加职业资格考试，与境内考生实行统一考试标准、统一组织考试，并统一制发证书	省级相关行业主管部门依照规定，对境外持证人员专业服务活动进行监督检查工作
《海南自由贸易港对境外人员开放职业资格考试目录清单（2020）》和《海南自由贸易港认可境外职业资格目录清单（2020）》	2020年9月22日	海南省委人才发展局等27个部门联合印发	不公开	1.开放职业资格考试涉及建筑、环保、规划、金融证券、社工等38项。2.认可的境外职业资格涉及20多个国家和港澳台地区共219多项	境外人员的技能认定，可选择采用材料审核、考试、答辩或评审等方式进行，具体方式由省级相关行业主管部门确定	

资料来源：海南自贸港人才工作网。

综上所述，上海、深圳、海南等地均在积极推行逐步放开专业领域境外人才从业限制，但在具体实现路径、形式上有所不同。一是上海临港新片区允许境外专业人才先通过中国内地相关专业考试，再备案登记后执业。该做法实际上未突破现有行业监管要求。二是深圳前海通过"授权事项清单+前海条例+规范性文件"的方式明确了跨境人才执业简化适用的权限来源难题。三是海南通过"海南自由贸易港法+规范性文件"明确了境外人才的专业技能由省级行业主管部门认定后即可执业。

三 加快推动合作区允许境外专业人才备案执业的对策建议

《横琴方案》提出"允许具有澳门等境外执业资格的金融、建筑、规划、设计等领域专业人才，在符合行业监管要求条件下，经备案后在合作区提供服务，其境外从业经历可视同境内从业经历"，据此应当从最大限度便利澳门等境外专业人才来合作区执业的角度出发，建议合作区借鉴深圳和海南相关经验做法，重点聚焦广大澳门居民尤其是澳门专业人士大众化的执业领域，根据事项的难易程度和紧迫急需要求分步骤、分阶段实施，全力争取国家相关部门支持，采用"政策突破""立法确认"等方式，推动澳门专业人才来合作区便利执业，合理降低合作区跨境执业门槛，推动跨境执业不断取得实质性突破，形成示范效应，加快建设便利澳门居民生活就业的新家园。

（一）政策突破

1.制定专项政策突破

聚焦澳门居民广泛关切、有很大获得感的执业领域，通过专项政策创新的方式重点推进、逐一攻关，以重点个案突破带动整体推进，成熟一项推出一项，积"小胜"为"大胜"，推进跨境执业便利不断取得新突破。

2. 申请国家授权，一揽子解决执业难题

为落实《横琴方案》"支持合作区以清单式申请授权方式，在经济管理、营商环境、市场监管等重点领域深化改革、扩大开放"要求，建议借鉴《深圳建设中国特色社会主义先行示范区综合改革试点首批授权事项清单》经验，将"实施高度便利化的境外专业人才执业制度"作为首批授权事项清单予以明确，争取国家相关部门同意，赋予合作区在相关部门指导下制定境外专业人才执业管理规定权限，允许具有境外国际通行职业资格的金融、税务、规划、设计、建筑、专利和商标代理等专业人才按相关规定经备案后可在合作区直接提供服务。

3. 列入市场准入特别措施中统筹推进

《横琴方案》明确提出"制定出台合作区放宽市场准入特别措施"。争取国家相关部门支持，在医药健康、科技创新、现代金融、教育文化等领域进一步放宽澳门等境外人才执业条件、执业范围等限制，将相关政策措施纳入国家出台的《关于支持横琴粤澳深度合作区放宽市场准入特别措施的意见》中予以统筹推进，解决境外专业人士准入问题，便利澳门专业人才在合作区执业。

（二）立法确认

1. 列入合作区条例予以明确

《横琴方案》明确提出"研究制定合作区条例，为合作区长远发展提供制度保障"。建议借鉴海南经验，争取国家相关部门同意，将澳门等境外人才便利执业相关条款列入合作区条例中，允许具有境外国际通行职业资格的金融、规划、建筑、税务、设计、环评、专利和商标代理等专业人才按相关规定经备案后可在合作区直接提供服务。而后再由合作区出台各行业管理具体规定，明确执业条件、业务范围等，实现便利执业。通过"合作区条例+规范性文件"的方式解决境外专业人才跨境执业的权限来源问题。

2. 边试点，边立法

对风险可控、紧迫急需且有实践基础的专业资格领域，取得国家相关部

门同意后，在相关项目试点时，同步利用珠海经济特区立法权，单向认可澳门等境外相关主体资质标准和资格。比如，根据港澳建筑及工程咨询专业人士在横琴执业经验，在争取住房和城乡建设部以及广东住房和城乡建设厅同意之后，一方面在丽新哈罗礼德学校和信德口岸通道等两个工程项目试点，另一方面通过珠海经济特区立法权制定《珠海经济特区横琴新区港澳建筑及相关工程咨询企业资质和专业人士执业资格认可规定》，便利港澳专业人士在横琴执业。

3. 先试点，再立法

对取得澳门等境外相关资质的专业人士、法人或其他组织在合作区为市场主体提供服务的，合作区相关工作机构可以在获得国家相关部门支持前提下分类选择采用备案审核、培训考试或综合评审等多种方式单向认可澳门等境外相关主体资质标准和资格。在政策措施先期探索成熟稳定情况下通过提请地方立法转化为法规。比如，根据港澳导游及领队在横琴执业经验，在争取人力资源和社会保障部、文化和旅游部同意之后，由广东省人力资源和社会保障厅、文化和旅游厅印发《香港、澳门导游及领队在珠海市横琴新区执业实施方案（试行）》，港澳导游及领队在横琴通过培训认证，挂靠区内旅行社换领专用导游证后即可在横琴执业。试行一年后，通过珠海经济特区立法权制定《珠海经济特区港澳旅游从业人员在横琴新区执业规定》，将该做法予以法定化。再如，推进澳门教师在合作区便利执业，可以探索率先在"澳门新街坊"试点，允许澳门教师经合作区教育主管部门备案后，直接在该项目试点执业，待试点经验成熟后，再通过珠海经济特区立法权制定《澳门教师在横琴粤澳深度合作区执业规定》，推进相关经验做法法定化。

B.5
区域性商圈发展影响因素与提升策略

——以横琴粤澳深度合作区为例

黄挚欢[*]

摘　要： 打造"促进澳门经济适度多元发展的新平台""便利澳门居民生活就业的新空间"是《横琴粤澳深度合作区建设总体方案》的具体要求。本报告在横琴粤澳深度合作区（以下简称合作区）建设背景下，基于城市消费理论，论述了商圈对区域经济增长的重要作用及影响因素。通过深入合作区商圈走访调研，发现合作区商圈仍存在商铺整体出租率较低、人流量远低于商家预期、经营业绩不佳、品牌定位与特色化差异不突出等问题，从解决合作区商圈眼前的现实问题到促进其今后长远发展两大方面出发，提出近期加大对商圈及实体商家纾困解难力度，中长期加强区内商圈吸引力、竞争力和影响力的具体建议，为进一步聚集区域性商圈商气、人气、烟火气提供参考。

关键词： 商圈发展　城市消费理论　粤澳深度合作

商圈是指在某个区域的购物中心或商业区域向周围散发辐射力以吸引顾客而形成的某个区域，其作为近年来新兴的综合体形式，是区域繁荣形象的主要标志。在双循环新发展格局下，以区域性商圈促进内需消费也是地方经

---

* 黄挚欢，横琴粤澳深度合作区创新发展研究院产业经济研究所高级研究员，澳门科技大学城市与区域经济博士研究生，研究方向为产业组织与竞争战略、区域创新体系。

济增长的重要支撑。对合作区而言，商圈作为消费集聚的重要空间载体，其发展是合作区高质量建设的关键。近年来，合作区商业发展一直稳步推进，区内已开业的商圈总建筑面积超 330 万平方米，商业经营面积超 100 万平方米。但与此同时，合作区内商圈发展尚不平衡不充分。根据学者[①]对我国城市商业发展三个阶段划分，目前合作区商业发展阶段尚处于积累期，存在消费结构中饮食比重大、商品缺乏明确的分类等问题。合作区成立一年，研究其商圈发展现状并提出相关建设策略对推动琴澳产业深度融合、稳步实现国家战略要求具有重要意义，对其他区域性商圈发展、推进经济发展成果与居民共享也可提供借鉴。

一　文献梳理与理论视角

（一）消费型城市

消费型城市是建立在多元化的消费社会的基础之上。当下，商品已不仅仅满足于人的生存需求，更是彰显人们生活品质的符号化物品。[②] 消费社会的多元化主要表现为需求多元化，在此基础上进一步衍生出消费业态的多元化，文化消费、绿色消费及符号消费等新兴的消费业态和文化概念的出现，创造并引领着新的消费增长点。[③] 消费行为逐步演变为一种文化态度，消费型城市能够彰显个性化的消费主义。消费型城市中的消费显著区别于工业时代里人们对流水线产品的消费，充满着鲜明活跃的个性化色彩。[④] 消费型城市具有结构化的消费需求。不同年龄层次、收入水平和种族群体的消费需求

---

① 祁萱、李亚琼：《我国城市商业发展探究——以石家庄市为例》，《新经济》2021 年第 10 期，第 66~70 页。
② 杨文毅：《新发展格局下城市消费的影响因素与提升策略》，武汉大学博士学位论文，2021，第 16~23 页。
③ 赵宇、张京祥：《消费型城市的增长方式及其影响研究——以北京市为例》，《城市发展研究》2009 年第 4 期，第 83~89 页。
④ 曾杨、杨雪：《后现代主义影响下的消费文化评析》，《华东经济管理》2006 年第 10 期，第 87~89 页。

具有各自特征，同类相似而异类不同。例如，随着中国老龄化社会的到来，"银色消费"逐渐成为一种新兴的消费类别。①

（二）城市消费流动

随着改革开放 40 余年的发展和人均收入水平的大幅度提高，我国居民消费的升级趋势不断加强，不仅表现为消费总量的持续增加，也表现为消费空间的不断扩张，短期的经常性的跨区域消费逐渐兴起。尽管当前线上贸易蓬勃发展，但很多服务性需求尚不能完全被线上贸易替代，而且由于地区产业分工和经济发展水平的不同，各地消费市场不可避免存在局限性，因此，居民为了满足自身或家庭某一方面的消费需求，就需要到经济更加发达或服务更加完善的地区进行消费。② 在当前我国社会主要矛盾出现转变的背景下③，区际频繁的人口流动和消费现象既是人们生活水平提高的表现，也是美好生活需求与地区发展不平衡不充分之间矛盾的真实体现。在实证分析中，肖挺④通过人均社会零售总额与人均消费支出的差值来衡量消费的流出与流入，从交通的角度实证分析了完善的基础设施可以有效提升地区对外的消费吸引力，但欠发达地区则会加剧消费流失而高收入地区则会成为消费流入的汇集地，导致区域性发展失衡。上述文献为研究人口流动的消费行为提供了珍贵的理论参考。

二　合作区商圈发展情况

（一）分布上呈现向东部集中态势

依据《横琴新区城市总体规划（2014—2030）》，横琴初步形成"三

---

① 孙明贵、彭晓辉：《中国"银色"消费市场的特征及营销对策研究》，《消费经济》2008 年第 2 期，第 53~56 页。
② 王磊、杨文毅：《文化差异、消费功能与城际消费流动——基于中国银联大数据的分析》，《武汉大学学报》（哲学社会科学版）2021 年第 2 期，第 102~118 页。
③ 丁任重：《深刻领会和把握新时代我国社会主要矛盾的变化与完善我国发展模式》，《经济学家》2017 年第 12 期，第 14~15 页。
④ 肖挺：《交通设施、居民的消费区域流向与消费结构——来自我国省际层面的经验证据》，《财贸研究》2018 年第 9 期，第 12~27 页。

片、十区"的功能布局，分别是商务服务片（含口岸服务区、国际居住区、中心商务区）、休闲旅游片（含休闲度假区、生态景观区）、科教研发片（含高新技术产业区、文化创意区、教学区、科教研产业区、综合服务区）（见表1）。阶段区内成规模的商业体主要集中在横琴口岸周边区域，口岸服务区土地已出让90%，中央商务区已出让约80%，已建成包括励骏庞都广场、横琴购口岸商业广场、横琴中央汇、金源国际广场在内的人流相对较多的代表性商圈，项目数量密度约是文化创意区、科教研发区的4倍左右。而合作区中部区域如丽新创新方、华润万象世界等大型商圈沿天沐河呈"零散分布"态势，而合作区西部区域受周边商业氛围、市场需求、小区等因素影响，尚未有商圈开业运营。

表1　合作区内商圈汇总

区域名称	代表项目
口岸服务区	励骏庞都广场、信德口岸商务中心、横琴购口岸商业广场、南光NKPARK、ICC、三一南方总部大厦、横琴中央汇、金源国际广场、佳景美食广场
文化创意区	丽新创新方、钜星汇商业广场
科教研发区	东西汇、华润万象世界

资料来源：根据公开资料整理。

（二）经营业态横跨众多领域

从国际商业整体情况来看，现代商业发展呈现多元的趋势，形成了批发、零售相互渗透，零售渐居主导地位，多种商业形态并存[①]的基本格局（见表2）。合作区内商圈也大都覆盖了包括零售、餐饮、休闲娱乐（包括影院、运动、书店、娱乐游玩等）、商务服务、酒店等在内的多种业态。其中励骏庞都广场除零售、餐饮、影院、书店等业态外，还通过在国庆黄金周期

---

① 王兆峰、胡郑波：《消费环境与零售企业扩张研究——基于Huff模型的商圈分析》，《消费经济》2008年第2期，第47~50页。

间举办"澳门国际文化美食节——横琴站",以"会展+商贸"这一新业态吸纳客流量超 10 万人次。横琴购口岸商业广场在一般商业业态外,新设进口商品体验中心,通过专门经营新西兰文化商贸项目以打造商圈新特色。丽新创新方聚焦于"休闲娱乐+科技",打造的全球首座狮门影业国际电影主题乐园,提供了 2.2 万平方米的室内乐园活动空间、30 项互动沉浸式游乐设施以及风靡全球的 6 部电影实景。

表 2　区内已开业商圈业态分布情况

单位:%

项目	励骏庞都广场	信德口岸商务中心	三一南方总部大厦	ICC	南光NKPARK	横琴购口岸商业广场	横琴中央汇	金源国际广场	丽新创新方	华润万象世界一期
零售	62	45	5	8	52	15	—	37	6	16
餐饮	19	25	70	55	—	40	53	43	23	64
休闲娱乐	7	12	18	—	36	10	6	—	60	7
全球商品展示馆	—	—	—	—	—	20	—	—	—	—
酒店	—	—	—	—	—	—	26	20	—	—

资料来源:根据实地调研获得资料整理。

(三)消费群体目前以本地居民为主

根据相关资料,在疫情前,每天进出合作区可达 5 万~6 万人次,其中长隆约 4 万~5 万人次/天。而在疫情下进入合作区的游客数量锐减,根据《横琴粤澳深度合作区统计监测月报》,2022 年 1~8 月,合作区内旅游景区接待游客量仅为 0.75 万人次/天,下降 49.6%,本地居民逐步成为区内商圈主要服务对象。据励骏庞都广场海上明珠餐厅负责人介绍,现餐厅主要客源来自本地居民和住在合作区的学生,游客仅占用餐人数的 30%左右(见表 3)。

表3　合作区消费群体现状分析

区域	停留时长	客户类型	客户细分	人群规模
合作区客群	短暂停留	过境旅客	往返澳门的旅客	2022 年日均流量约 2.5 万人次
			合作区游客	2019 年近 1000 万人次，2021 年近 500 万人次，长隆游客约占 80%
	长时间停留	区域客群	澳门高校师生	在校师生 1 万人次左右
			口岸服务区办公及居住人群	目前约 6 万人次
其他客群	长时间停留	偶得客群	市区及金湾区居民	—

资料来源：根据实地调研及公开收集资料整理。

三　合作区商圈问题与研究发现

（一）存在的共性问题

1. 商铺整体出租率较低

合作区内除横琴中央汇（出租率约 90%）、金源国际广场（出租率约 70%）这类以较小商业面积紧附住宅小区、办公园区的商圈外，其他商圈的商铺出租率均较低。其中，励骏庞都广场商铺出租率约为 56%，丽新创新方约为 46%，而横琴购口岸商业广场仅为 35%。丽新创新方 2022 年第一季度市场调研结果显示，区内的零售物业市场空置率达 55%，空置率短期内难以下降。从与人口的对应关系看，合作区现每万人常住人口拥有的商圈数量约为 1.8 个，人均商圈面积超过 10 平方米，而发达国家城市合理人均商圈面积是 1.2 平方米，商圈载体空间已呈现过量趋势。

2. 人流量远低于商家预期

合作区近年一直存在"仅有车流、没有人流""平时冷清、周末与节假日略有好转"的极端现象。从横琴口岸通关人流来看，口岸服务区办公及居住人群约 6 万人，加上往返澳门的旅客、学生与劳工，预期口岸人流应在 12.8 万人次/天。但实际上，2020 年以来受疫情影响，新开通的横琴口岸通关人数甚至低于过渡时期，约为1.5万人次/天。综合对比来看，励骏庞都广场2021年日均客流量约为1350人次/天，而同期华发商都约为18200人次/天，富华里约为6000人次/天，励骏庞都广场与珠海市主流商圈人气差距明显。

3. 已开业商圈经营业绩不佳

调研过程中，励骏庞都广场、横琴购口岸商业广场、ICC、丽新创新方、金源国际广场等商圈运营方均表示自开业以来，还未实现收支平衡。其中，励骏庞都广场表示2021年整体运营成本约为3000万元，未覆盖营业收入。丽新创新方表示除常规成本支出外，在IP引进上还需投入巨大成本，如狮门娱乐IP、横琴国家地理探险家中心IP等品牌使用费均十分高昂。而ICC表示虽然目前店铺签约率为70%，但开店率不到30%，40多个开店商家均处于亏损状态。金源国际广场表示目前主要收入来源于写字楼及商业出租，在租金收入由于疫情不断减免的情况下，收不敷支。

4. 品牌定位与特色化差异不突出

合作区商圈业态大多以"写字楼+购物中心+休闲娱乐"组成，在引进商家上存在趋同性，都引进有不少同一品牌的分店，如古春堂同时入驻多家商圈。同时，各商圈在业态布局与发展定位上均主要面向中低端客户，提供的消费产品和服务差异性不明显，在品牌形象、发展定位、模式等方面未形成核心竞争力。比如各商圈在彰显澳门特色时，均采用引进澳资餐饮业的方式，对引入澳门的其他商业业态、本土特色老店、澳门国际赛事、澳门传统节日文化活动做得不够。又比如在零售商品的分类上，服饰零售业品牌主要集中在婴幼儿服装类，各超市未形成差异化定位且规模普遍不大，缺少能快速吸引客流的快闪、奥特莱斯等项目。

（二）原因分析

1. 区内实际运营企业占比不高

截至2022年2月，合作区注册企业约5.4万家，其中澳资企业4781家，但在合作区开展实际经营活动的企业并不多，结合企业监管、企业年报测算和移动公司的大数据分析,仅不足 5% 注册企业实际在合作区开展经营活动。从批发零售业看,合作区限额以上批发零售业企业共计 214 家,在区内办公的企业仅占 33%,在合作区外、珠海市内办公的企业占比约 55%,在珠海市外办公企业占比约 12%,区内办公企业数量不足一半。总体上,合作区企业注册地与实际经营地分离情况较为突出,企业实体经营数量不足,特别是商务服务、贸易、旅游等服务业企业经营面临困难,难以为合作区带来大量人口和消费群体。

2. 商家综合运营成本高企

走访调研中发现,合作区内商家普遍认为店铺租金成本、通勤时效成本、职工租房成本是在合作区内运营三大主要成本。店铺租金方面,励骏庞都广场租金标准约为 $150 \sim 500$ 元/米^2,信德口岸商务中心租金标准约为 $200 \sim 850$ 元/米^2,而珠海香洲区富华里租金标准 $100 \sim 400$ 元/米^2,区内商圈租金成本比市区平均约高出 20%。通勤时效方面,珠海公交集团数据显示,连接合作区内外的公交发车间隔为 $8 \sim 25$ 分钟,合作区内微循环公交发车间隔则为 $23 \sim 30$ 分钟,区内公交平均等候时间较长。此外,合作区至珠海末班城轨晚上 20:08 即停止运营,不利于区内夜间上班员工返回市区居住。职工租房方面,以二室一厅为例,在离口岸最近的华融·琴海湾平均月租约 4500 元,而在市区约为 2800 元左右。丽新创新方表示,为缓解员工住宿成本压力,不得不将员工宿舍安排在南屏,整体成本约比在合作区低 50%。

3. 上半年疫情直接冲击区内消费

疫情以来,由于跨省管控措施长期趋严,大规模、组团式跨省市旅游被限制,合作区接待游客数量大幅下滑。长隆国际海洋度假区项目 2021 年游客接待量 847 万人次,同比下降 27.8%,且以省内游客为主,影响了合作区的人流量,也使合作区的旅游消费锐减。同时,2022 年上半年时有的小规模疫情和严格的防控措施,商圈的商家经常性被要求停业或禁止堂食,对商家经营造成极大冲击,商家大面积陷入经营困难。此外,家庭出行消费出现了露营、郊游等新趋势,对区内居民前往商圈消费休闲产生一定扰动。

4. 消费业态难以集聚强大人气

从 iMax 电影到环球影城、从虚拟现实游戏的发展到数字艺术展览的兴盛，时下的消费体验已经越来越趋于"沉浸式"，文化赋能也成为商圈转型升级的主要途径。而合作区内商圈仍以大众餐饮、商超购物等传统消费业态为主，且餐饮占据比例很高，没有提供更具吸引力的商业新业态和消费新体验，目前还没有足以引领合作区及珠海市消费的爆点和亮点，没有打造形成具有强大带动力和标杆引领性的消费目的地。丽新创新方以 VR 技术打造的"暮光之城：午夜追逐"等高端体验项目，虽曾荣获 2020 年度 TEA（世界主题娱乐协会）最佳游戏设备奖，但也因实际体验低于预期，难以获得消费者的高度认可。

5. 政策未能及时落地影响商家预期

随着《粤港澳大湾区发展规划纲要》《横琴国际休闲旅游岛建设方案》《横琴粤澳深度合作区建设总体方案》等一系列国家政策的出台，合作区战略地位进一步提升，许多商家将目光聚焦合作区。但走访调研中多家商圈表示，合作区相关产业配套政策迟迟未落地，目前各商圈的招商工作基本处于停滞。有的商家担心政策实施效果不如预期，如《横琴粤澳深度合作区建设总体方案》中关于"分线管理"政策所涉及的税收政策尚未出台，让企业难以确定自身是否满足税收减免条件；有的商家担心合作区与以前的扶持政策难以有序衔接，已有的政策不能继续实施；有的商家则对未来新政策的要求与范围有疑虑，担心在合作区经营后不能满足相关申报条件。同时，各商圈运营方还普遍担心合作区后续出台政策会更偏向对澳资企业的政策扶持而非普惠性，更加倾向支持新注册企业，而对存量企业不予扶持等。

四 合作区商圈发展策略建议

横琴开发建设至今才历经 13 个春秋，合作区从设立到现在才 1 年，从基础设施开发到实现产城融合仍需时间，目前合作区内商圈存在的运营问题只是合作区商气、人气、烟火气不足现象的具体反映，是合作区从前期基础设施建设逐步转向培育壮大产业面临的阶段性问题。虽然国家已对疫情管控放开，但在疫情第三年，我们也清楚看到合作区的商圈运营困难加剧，面临的生存现实问题极为迫切，需要尽快给予扶持。对此，从解决合作区商圈眼前的现实问题到促进其今后长远发展方面提出以下对策建议。

（一）近期：加大对商圈及实体商家纾困解难力度

合作区应统筹好民生保障与经济社会发展，进一步减轻合作区内商贸市场主体负担，发布精准"政策包"帮助区内商圈运营方渡过难关、恢复发展。

1. 促消费：积极开展各类营销活动

一是以发放普惠性消费券提振市场信心。继续开展消费刺激活动，学习澳门"2022 年全城消费嘉年华"活动经验，开展在合作区消费抽奖，探索以在合作区线下大部分实体店铺单笔消费满 68 元人民币给予抽取电子消费券的形式，与澳门活动形成呼应，叠加宣传效果。

二是合作组织展销活动吸引游客。配合澳门每年 12 月购物节活动时间，在合作区同步打造冬季购物月，吸引赴琴澳游客跨境流动。鼓励区内商圈届时加大让利促销力度，通过开展美食文化节、电商直播带货大赛等系列消费促进活动，掀起节庆消费、换季消费热潮。探索以在澳门设立全球商品消费展区、在合作区设立全球服务消费展区的"粤澳联办，一展两地"模式推动举办高品质消费博览会，以会展促消费扩内需。

2. 降成本：全面降低商圈运营成本

一是以税收减免政策缓解资金压力。加快落实《关于横琴粤澳深度合作区企业所得税优惠政策的通知》，并在疫情反复期间，对区内商圈普遍提到的因商铺空置征收的从价房产税依法减免。进一步延伸珠海市市场主体纾困相关措施，研究出台小规模纳税人阶段性免征增值税政策。

二是以租金及能源费用减免降低运营成本。切实落实《措施》中关于"商业供冷、商业用电、商业用水费用总额给予 50% 的补贴""防疫物资、消杀服务等支出 50% 补贴""减免 6 个月租金"等重大利好政策。同步加快开展非疫情特殊补贴政策研究制定，如截至 2022 年 4 月 30 日横琴政府给予冷价 0.105 元/kWh 补贴已到期，需尽快研究制定下一轮长期性补贴方案，解决合作区内用冷用户实际经营困难。

三是以金融扶持保障资金供给稳定。开设合作区因疫情受困企业融资专用绿色通道，通过续贷、展期等方式纾困解难，避免出现行业性限贷、抽贷、断贷。利用贷款贴息、保险费用补贴、融资担保费用补贴、融资租赁贴息、商业保理贴息、风险补偿等手段鼓励澳门及合作区金融机构加大对区内中小微企业扶持。同时支持区内商圈利用金融手段盘活资产，如励骏庞都广场可探索通过项目信托置换一部分闲置空间载体给值得信赖的运营方，以获得稳定现金流。

（二）中长期：加强区内商圈吸引力、竞争力和影响力

将提高商贸能级和满足人民高品质生活需求作为基本出发点和立足点，推动商圈做强做大，对内以品质消费、体验消费、时尚消费等新消费构筑核心竞争力，对外推动合作区成为粤港澳大湾区乃至全国重要的区域消费中心。

1.优规划：完善合作区现代化商圈布局

一是以空间布局引导商业分类聚集。结合合作区东西部经济发展现状、消费习惯、消费能力、基础设施建设、商业氛围等具体情况，研究制定合作区商圈建设总体规划。建议以口岸为核心打造跨境贸易商圈，发展以快捷消费和澳门特色为核心的互动性体验消费；以天沐河沿岸为纽带打造数字文化商圈，发展以 5G、元宇宙技术为基础的虚拟消费，并承担大型展销职能；以西部制造片区为支点打造康养消费商圈，发展以中医药、休闲旅游为主的低碳绿色消费。有针对性地对存量和增量载体进行统筹安排，形成产业与商业配套成熟一批、培养一批、落地一批的同步发展局面。

二是以完善周边配套营造商业氛围。优化合作区内商圈周边广场、绿地等公用环境设施布局，补充保障性住房、图书馆、学校医院等公建项目。建立多层次保障住房体系，倡导非户籍人口参与住房分配，将参与合作区建设的符合条件非户籍人口纳入住房保障范围内，按比例配租公共租赁住房，满

足其基本居住需求。优化区内商圈周边公共交通,积极与交通运输局、公交集团协调,调整公交运行时间间隔及路线,在区内商圈周围合理设置共享单车停放站点,实现区内外人员出行能够进得来、出得去,来得快、走得好。

2. 引人流:构建合作区人流集聚"强磁场"

一是以"免税购物"迅速旺人气。加快推动"分线管理"政策细则落地,研究调整横琴不予免(保)税货物清单,争取最大限度简化"一线"货物进出口备案清单申报,明确对经"二线"进入内地免税物品、免税货物、退税货物监管措施及税收政策。同时,明确进入合作区的免税货物在合作区内销售时增值税与消费税征收条件,最大限度让澳门居民和国际人才在合作区拥有与澳门趋同的生活和环境,将合作区打造为覆盖全球的免税品分拨集散中心、海内外消费者购物首选目的地。

二是以"首发首秀首映"吸引年轻人目光。以文化赋能吸引美妆、服饰、珠宝、艺术等国际优质品牌将首发新品发布会、首店落户合作区。支持区内商圈参与合作区"打造全球新品首发地"计划,鼓励品牌企业参与"合作区品牌"认证,打通绿色通道,促进澳门国际电影首映、时尚走秀、珠宝设计等资源便捷落户合作区。支持励骏庞都广场等商圈向"孵化器""加速器"功能拓展,孵化集创新设计、先进制造、时尚发布、线下体验、线上销售等一体的智慧商业新生态企业,加速转型升级。

三是以"星光经济"增加过夜游客量。鼓励合作区内商圈联动开发,举办快闪夜市、演出、健身等商旅文体多业态融合活动,如通过开办24小时书店、延长所承办展览时间、开展夜间文艺演出等,持续性地建设一批知名度高的夜间文旅示范项目,营造夜间消费氛围。进一步研究对网约车、代驾在合作区的夜间乘车补助,解决晚间用餐及娱乐后回家难问题。借鉴上海经验,建立"夜间区长""夜生活首席执行官"制度,协调政府、夜间商业经营者和居民之间的关系,协助政府管理夜间活动。

四是以多元媒体宣传提升曝光度。主动在机场、车站、广场等人流密集区,以及广播、电视、报纸等传统媒体和互联网新媒体上投放合作区各类促消费广告,注重与澳门日报——90%澳门居民每天关注的媒体合作,营造愿消费、敢消费的氛围。此外，2021 年合作区内创意谷、丽新创新方先后与浙江卫视、腾讯体育合作了《奔跑吧》节目录制以及 WUCL 高校电竞总决赛等，为合作区带来超高曝光率。基于此经验，应进一步发挥"明星效应"，通过综艺节目、直播经济等，吸引更多年轻人了解合作区，来合作区"打卡"。

3. 创模式：以"一店一品"打造独特 IP

一是支持励骏庞都广场打响"澳门品牌"。鼓励励骏庞都广场利用现有闲置空间打造澳门特色风情街，针对其引进经澳门认证的"特色老店""米其林餐厅""诚信店""星级旅游服务认可计划"等商家给予一定补贴。优先在励骏庞都广场试点，允许澳门餐饮企业使用传统食材，做好对瑶柱、葡萄牙火腿、马来西亚辛料等特殊原材料监管工作。支持其举办"澳门国际电影节""澳门美食节"分展分会及澳门元宇宙产业、中医药产业、时尚创意产业等发布会，成为澳门经济适度多元的首发站。

二是支持横琴购口岸商业广场做强交通枢纽购物。加快澳门轻轨横琴线、珠机城际轨道交通项目建设，谋划横琴口岸到鹤州新区轨道交通，增加口岸人流量。鼓励横琴购口岸商业广场发展无人便利店、无人货架等新型的零售业态，利用"智慧零售""新零售""无界零售"塑造便捷消费品牌形象，将交通人流转化为商业客流。支持其发展"快闪消费"，利用快闪店独具一格的装饰、限量、周期性等特点，刺激消费者购买欲，提高口岸活动的丰富性与话题讨论度，打造"常来常新"的活力口岸经济。

三是支持丽新创新方打造数字文旅消费示范。支持丽新创新方与科研院所、企业合作，率先将狮门娱乐天地、国家地理探险中心等项目打造成粤港澳大湾区乃至全国"VR"游乐园示范样本。积极推动优化营业性演出审批流程，探索对符合资格的演艺人员实行备案制管理，以发挥香港丽新集团在文娱板块优势。

B.6
数字经济对横琴粤澳深度合作区
高质量发展的驱动

余渭恒　邓思*

摘　要： 本文阐述数字经济与高质量发展的内涵特征，从微观、中观和宏观三个层面对两者关系进行深度分析，并以解决当前横琴粤澳深度合作区（以下简称合作区）数字经济发展面临的主要问题为基础，构建琴澳两地数字经济的共商共建共管共享机制，提出促进数字经济驱动合作区高质量发展的具体路径选择，当中包括强化合作区新型数字基础设施建设、制定琴澳一体化数字经济发展战略、促进数字技术与实体经济深度融合和挖掘琴澳两地跨境流动数据的潜力等一系列举措，推动合作区经济迈向高质量发展新阶段。

关键词： 数字经济　高质量发展　横琴粤澳深度合作区

一　引言

党的二十大报告提出高质量发展是全面建设社会主义现代化国家的首要任务，高质量发展是"十四五"乃至更长时期我国经济社会发展的主题，关系我国社会主义现代化建设全局。而数字经济是推进高质量发展的关键动力，党的二十大报告明确指示要加快发展数字经济，促进数字经济和实体经

---

* 余渭恒，澳门科技大学城市与区域经济博士生，澳门管理学院客席讲师，澳门创新发展研究会秘书长，研究方向为数字经济、区域经济；邓思，横琴粤澳深度合作区创新发展研究院高级研究员，研究方向为区域战略、合规管理。

济深度融合，打造具有国际竞争力的数字产业集群。数字经济是以数字化信息作为关键性生产要素、以当代信息网络作为其重要载体，并有效利用信息通信技术去提升经济活动效率和推动经济结构优化。数字经济作为现代市场的新业态正引领制造业向数字化、网络化、智能化转型，促进了传统产业结构向新型基础设施的转型，重构了全球经济形态的发展。

早在 2018 年，党中央和国务院有关会议就对数字经济发展提出明确要求，对新型基础设施建设范围和内容做出明确规定，也对推动数字经济的蓬勃发展发挥了关键作用。2014～2019 年，国家相继出台了网络强国战略、宽带中国战略、"互联网+"行动计划等一系列战略部署。三年疫情，经济全球化遭遇逆流，严重损害了全球 ICT 产业链的公平竞争和技术创新。机遇与挑战并行，其中以 5G、人工智能、云计算等为代表的新兴数字信息技术，有效助力我国统筹抗疫，并推动数字经济迅速发展。2022 年 1 月国务院印发《"十四五"数字经济发展规划》，明确了"十四五"时期推动数字经济健康发展的指导思想、基本原则、发展目标、重点任务和保障措施。中国如今处于经济发展方式的优化升级的关键时期，无论外部环境有多严峻，建设中国式现代化的国家发展战略目标都具有高度迫切的需求和现实意义。因此，社会经济建设必须把握好新一轮科技革命和产业变革的历史契机，做大做强数字经济。

合作区是国家战略实施的重要平台之一，合作区设立的初心是为澳门产业多元发展创造条件。"加快横琴粤澳深度合作区建设"是当前澳门发展的重要任务之一。推进横琴与澳门在数字经济发展合作，是加快合作区建设的重要一环，对跨境数据流动、产业转型升级、数字基建对接等发挥引领作用，对促进澳门产业多元发展、推进两地社会经济民生融合发展具有重要意义。2021 年 9 月，《横琴粤澳深度合作区建设总体方案》（以下简称《方案》）正式发布，合作区是促进澳门经济适度多元发展的重要平台，《方案》提出发展科技研发和高端制造产业、中医药产业、文旅会展商贸产业以及现代金融产业等四大重点产业。后疫情时期的澳门正处于经济产业多元化、产业结构优化、经济增长动力转换的战略发展期，若以新基建为抓手，以新技术、新产业、新业态、新模式等需求为导向，结合合作区发展，推动数字经济转型升级；而数字经济作为新型基础设施也将为合作区经济增长提供新动能，加快合作区四大重点产业发展，吸引相关人才、产业落地，促进数字化产业和产业数字化。合作区有着得天独厚的地理优势和以"一国两制"为基础的政策优势，本文将探讨如何借助数字经济发展的东风，提升合作区经济高质量发展。

二　数字经济与经济高质量发展

数字经济是当代经济体系的重要支柱，对一国家或地区的经济增长、生产效率、产业结构转型等方面产生了深刻的影响。当前，有不少学者专家认为数字经济能够有效驱动经济高质量发展，综合当前学界的研究，可从以下三个层面去进行分析。

（一）微观层面

从微观视角去看数字经济与高质量发展的关系，主要有以下两个视角。第一，数字经济应用可以有效降低企业营运成本。数字经济运作方式可以使数据资源、经济资源、人力资源与网络、虚拟和真实的空间进行精确地匹配。在数字经济中，企业的边际成本会下降，企业利用数字技术来实现生产规模的扩张，因此可以减少长期的平均成本；在数字经济发展迅速的今天，数据收集、存储和共享的费用大幅下降，数字经济的内容使企业决策更加科学化、合理化，减少企业的搜索、运输、追踪和确认等交易成本，提高企业的运营效率，加强了资源的控制和分配，并由此产生规模效应。同时数字经济不再受地理空间和交易时间所限制，扩大了交易能覆盖的范围，增强信息传播的效率和速度。企业的规模不再受限于自身产能和管理效率，将大部分数据要素的边际成本下降至接近零。数字技术的应用，有助企业提质增效和扩大市场规模，而数字经济通过规模经济、平台经济、网络经济和长尾效应更能有效促进经济高质量发展。

第二，数字经济有助于企业满足消费者的需求。在数字经济背景下，供需之间的交互作用大大增强，依靠数据要素带来的有效信息，企业可做出更精准的分析，提供更符合消费者需求的产品和服务，从而颠覆性改变了消费者行为和期望。过去消费者选择行为受预算所约束，消费者会倾向选择最大化效用，而现今消费者的传统决策模式被大数据和算法推荐所取代，随着人工智能等技术发展，分析和预测决策的效率大大提升，影响或塑造了消费者的选择行为。数字经济发展进一步强化了网络经济的形态，使得社会网络呈现明显的网络外部性。这代表着消费者的购买行为不仅仅来自自身偏好，还受其他消费者购买行为所影响。此外，数字经济发展丰富了产品品种，低搜索成本的特性亦满足越来越多的小众和个性化需求，从而引发更强大的"长尾效应"。数字经济的应用弱化了原有企业的生产边界，有利于企业开展多元化业务，增加了企业提供的产品和服务的种类去满足消费者日益增长的需求，扩大企业利润、增强企业韧性，助力经济高质量发展。

（二）中观层面

从中观视角去看数字经济与高质量发展两者之间的关系，主要是通过数字经济对产业层面的影响来展开，其中包括数字经济对产业的赋能效应以及转型升级等方面。促进数字产业化和产业数字化，推动数字经济与实体经济深度融合，将是实现中观层面产业高质量发展的重要路径，有以下三个重点值得关注。第一，数字经济能推动产业融合，依托数字技术应用到不同产业之中，改变固有的生产模式，有助于产业横向和纵向发展，并催生新业态。第二，数字经济能改变管理模式，数字技术应用有效提升信息传播的速度和效率，有利产业增强管理效能，促进产业迈向高质量转型升级。第三，数字经济能重构分工秩序，数字技术打破传统厂商的分工机制，由线性的上下游分工转向网络化分工，大规模协同生产可突破企业在空间和时间上的约束，利用"数据+算力+算法"实现从"串行生产"的线性分工到"并行制造"的网络化分工的转型。透过重塑产业链分配方式和组织模式，增强产业间的相互联系，形成更全面的产业体系，助力经济高质量发展。

（三）宏观层面

从宏观视角去看，数字经济主要是通过影响生产投入和产出效率从而影响经济发展，全要素生产率是检视经济发展的重要指标，发展数字经济有助于提高社会全要素生产率，赋能经济高质量发展。数字经济对宏观经济的高质量发展可体现在以下四个效应。第一，边际递增效应。数字经济时代，数据成为新的核心生产要素，由于数据具有易复制性、非损耗等特性，能够克服传统生产要素的稀缺性和排他性，突破传统资源受到约束与增长极限等问题。加上互联网的连接功能与大数据平台的有效配置能够提高生产效率，带来边际效用递增效应，引致产出的指数增长。第二，资本深化效应。技术革新会带来资源或产品相对价格的重大变化，新产业、新模式、新业态的出现，以及新基建的兴起，会影响国民经济的产业结构与投资方向。随着数字技术的进步，数字产品（或服务）的价格不断下降，居民和企业会用数字产品替代传统产品。数字产品和服务需求的增加引致的资本替代，最终将带来数字基础设施和信息产业规模的扩大，以及资本投入质量的提升，因此，数字产品（或服务）的价格下降与质量提升加速了资本深化，从而不断提升生产率。第三，技术创新效应。随着新型数字基础设施建设和投入于数字化转型的资本积累达到一定规模时，数字技术所带来的创新效应逐渐显现。数字技术的进步不仅仅是生产可能性边界的扩展，更是创新可能性边界的延伸。第四，技术扩散效应。数字革命并不是依赖信息与通信技术本身，而是信息和通信技术的大规模扩散与应用。因此，数字经济的本质特征在于通过数字经济与实体经济的深度融合，将技术创新扩散应用到经济生活的各个方面。数字技术被广泛应用，加上持续改进和升级，有助于激发创新效率，并通过扩散和溢出效应影响生产效率。

三 合作区数字经济发展面临的主要问题

（一）数字经济区域发展不平衡

琴澳两地数字经济存在区域间发展不平衡问题，这是由于两地数字经济发展基础、产业结构、法律法规有所差异，区域间数字经济发展质量和水平各不相同。在某种程度上，区域间数字经济发展不平衡可以理解为琴澳两地数字经济发展所处的阶段不同，横琴数字经济基础设施较为完善，数字经济发展具备良好基础，数字技术应用和创新水平在不断发展，反观澳门的数字经济尚在初始阶段，尚未有明确的数字经济发展规划。澳门数字经济基础建设不够完善，尤其是5G、云计算、物联网、虚拟银行、人工智能、工业互联网等领域依然落后于邻近地区。

（二）数字化转型的步调不一致

在数字经济的时代背景下，琴澳两地的企业在数字化转型中存在不协调的问题。各行业的头部企业和大型企业纷纷加快布局，勇于抢占先机和制高点，但数字化转型的一体化和融合水平仍需进一步加强。更为突出的问题是，中小微企业是澳门的重要支柱企业，在实施数字化转型的过程中，由于营商思维惯性、转型不确定性、高成本投入等，形成不愿意、不主动、不积极的转型思想。中小微型企业的数字化转型启动较晚，还在较早阶段，数字化水平成熟度尚浅，造成数字经济融合实体经济的程度较差，因此在产业链的不同环节出现数字化发展的不平衡，造成其无法协同发展，限制和阻碍了产业的数字化转型。

（三）数字创新要素供给不充分

合作区在数字经济领域方面缺乏重量级的巨头企业，以致整个产业链上下游的集聚力、辐射面不足，企业的自主创新和转化效率有待提升，在数字创新资源的提供和培养等诸多方面处于滞后状态，对数字化转型发展形成挑战。而数字产业链条上下游缺乏深度合作，互联网、区块链、人工智能等新兴产业集群化发展优势不明显，带来的联动效应不显著。另外，需审视合作区新型数字人才的生态结构和高层次数字技术人才的供应情况，具备数字技术与产业经验的跨界复合型人才严重短缺，初阶数字技能人才的培养也跟不上企业数字化转型需求的增长。

四 以数字经济推动高质量发展
共商共建共管共享机制

以数字经济推动高质量发展为切入点，实现琴澳一体化的重点发展目标，关键核心在于琴澳要在数字经济领域构建共商共建共管共享新机制，推动实现两地数字经济协同发展、机制互通、环境共融。

（一）以深度合作为抓手，构建数字产业共商机制

合作区四大产业发展离不开数字化技术应用，要突破核心关键技术，提升产业创新能力，也要做好数字经济与实体经济的深度融合。需要强化琴澳两地交流，不断加深合作基础。搭建共商架构，确立定期推进数字经济发展工作会议制度，制定琴澳两地联席会议制度，共同商议两地数字经济发展规划及新型数字基础建设等重大事项，共同解决数字经济领域存在的数据治理、数字规则、数字贸易、数字鸿沟等方面的重大问题，形成实事求是、以解决实际问题为导向的新格局。共商机制要聚焦覆盖在全产业链的上下游各个环节，以提高整体全要素生产率为目标。随着数字经济被广泛嵌入和深化应用到生产、分配、交换、消费等过程，促进生产要素市场的数字化升级，以数字经济转换经济发展方式来推动合作区高质量发展。

（二）以互联互通为目标，构建平台生态共建机制

数字平台对推动数字经济发展可以起到积极支持作用，众所周知，数字平台的相关行业与人们日常生活息息相关，对人们融入数字生活拥有举足轻重的影响力。比如，搜寻引擎是互联网时代获取信息的入口，通信社交在日常生活中已变得不可或缺，还有购物、外卖、打车、移动支付、票务等，可见数字平台的发展是大势所趋。归根结底，数字技术让平台覆盖范围达到前所未有的广度和深度，平台起的是连接作用，做好数字平台的工作就有助于

琴澳两地的连接。因此，以互联互通为目标，琴澳两地应联手共建两地趋同与国际规则衔接的跨境数字平台生态基地，为推动数字经济赋能高质量发展提供重要平台。

（三）以改革创新为引领，构建社会治理共管机制

社会治理模式正在从以往的单向管理转向双向互动，从线下逐步实现线上线下相结合，从政府监管转向社会协同治理。在这些"转向"中，要确保社会稳定有序、与时俱进，加强和创新社会治理。利用大数据、人工智能、物联网等数字化手段支持社会治理科学决策、精准施策，是适应社会治理新形势、构建社会治理新格局、推进社会治理现代化的重要内容和必然要求。社会治理领域面临的问题多而复杂，加上琴澳两地发展存在差异，整体社会治理能力仍有待提升。

合作区需要完善创新社会治理逻辑，构建综合的数字经济治理体系框架，要关注以下重点。一是数据安全。从基础架构入手，扩大、筛选数据源，拓展、激活大数据库，以一体化为重点，搭建数字经济基础设施体系。二是技术先进。数字经济以数字技术与实体经济深度融合为主线，其中，合作区实体经济以四大产业为典型代表，是确保澳门经济适度多元的核心支柱，需要数字技术的强力支撑，形成专精特新优势。三是产业高效。数据在贯通生产、分配、流通、消费各个环节中更加高效，且能实现即时反馈、加速产业迭代创新。四是数据保障。数据取之于民也用之于民，应惠及大众。个人隐私保护、防止数据滥用、减少数字鸿沟、避免数字垄断，是合作区数字经济得以可持续发展的基本前提。五是社会期望。数字经济需要扛起推进高质量发展、创造高品质生活、满足琴澳两地社会期望的重任。以改革创新为引领，共同构建组成协调两地趋同的数字经济的社会治理共管机制。

（四）以跨境流动为基础，构建数据要素共享机制

数据跨境流动能实现释放数字技术在数字经济和社会方面的潜力，有着

促进商业模式、改善生产方式的创新作用。保持对数据跨境流动的高度信任和保护，是实现数字化转型的关键。探索数据要素流通体系，充分挖掘数据要素价值，提升琴澳两地数字化生产力，加强数据确权定价、流通交易、安全保护等路径探索与法规研究，探索大数据交易市场，加强个人信息保护和数据安全管理，发挥创新要素最大效能。

经济合作与发展组织（OECD）于2022年发表的《跨境数据流动——盘点关键政策和举措》（Cross-border Data Flows——Taking Stock of Key Policies and Initiatives）指出，环顾全球多国或地区在制定管理跨境数据流动的单边政策和法规，有以下两大共通点。第一，以符合公共政策目标为基础，支持数据跨境流动。第二，单边政策和法规使用或认可的规定或机制可分为"开放保障措施"和"预先授权保障措施"两大类。"开放保障措施"主要依靠数据传输实体来确保对所涉及的公共政策目标做出持续保护，而"预先授权保障措施"是指公共部门事前将接收方列入白名单，对具有约束力的企业或组织做出预先批准等措施。合作区应当开展一系列工作，推进琴澳两地合作并实现可信的数据跨境流动，具体可制定琴澳之间的标准、约束性协议以及各种优惠性质的贸易协定。此外，要提防因数据跨境流动频繁而衍生的个人隐私风险，加强琴澳两地执法当局之间的必要性合作，构建隐私执法框架及执法互助机制。制定一致的数据治理政策框架，释放跨境数据流动的潜在优势，加强整个数据生态系统的信任，刺激对数据的投资，并构建有效负责的数据要素访问、共享和使用机制。

五　数字经济驱动合作区高质量发展的路径选择

加快建设数字中国，赋能经济高质量发展，是顺应我国时代潮流、抢占未来发展制高点的必然要求。合作区具有独特的地理区位、税收政策、营商环境等优势，足以具备大力发展数字经济的基础，数字经济对合作区产业发展、经济结构、社会生活将产生全局性的积极影响，但需提防数字经济的无序扩张，会带来"数字鸿沟""平台垄断"等一系列负面问题。坚持数字经济发展与规范并重，应采取四方面的措施推进合作区高质量发展。

（一）加强合作区新型数字基础设施建设

加快建设新型数字基础的速度，同时加强建设新型数字基础的深度，目的是要提升关键核心技术创新和供给能力，健全多元化投入机制，对基础研究及应用基础研究予以有效支持，进而加快智能化基础设施建设的步伐，让数字技术融入生产体系当中，发挥数字技术对要素市场赋能的作用，探索合适数字技术创新的税收管理制度，让企业降低数字技术研发成本。

新型数字基础设施建设涉及合作区的产业发展、社会服务以及城市治理等各个领域，应以琴澳一体化发展全局中做好新型基础设施建设项目的技术和经济可行性分析，以推进高质量发展为目标形成具有针对性、可操作性的建设规划。推动数字新基建集群式发展，琴澳两地需充分认识到数字新基建空间集聚对经济高质量发展的积极作用，以集群式建设方式推动数字新基建发展，打造经济高质量发展格局。一方面实施全面布局，着力发展5G、人工智能、云计算、物联网等新型数字基础设施，同时推动交通、能源、生态、工业等传统基础设施的数字化、网络化、智能化改造升级，为各领域充分发展提供基础设施条件。提升合作区的新型数字基础设施发展速度，为琴澳一体化、湾区融合发展在基础设施层面提供强大支撑。另一方面做好新型数字基础设施与既有基础设施的衔接工作，增大数字经济场景应用能力，扩阔数字化技术所覆盖的广度和深度，提升民生服务设施的现代化、智能化水平。满足琴澳两地居民对美好生活的需求，提升便利感、幸福感和获得感。

（二）制定琴澳一体化数字经济发展战略

珠海市政府于2022年8月发布《珠海市人民政府关于支持数字经济高质量发展的实施意见》，其中提到重点打造新智造、新商贸、新文旅、新海洋、新治理、新服务"六大应用"，推进数据价值化、数字产业化、产业数字化、数字化治理"四化协同"，推动数据链、技术链、产业链、政策链、资金链、人才链"六链融合"，以数字经济创新发展驱动珠海实现"二次创业"。并以高新区、香洲区为核心，打造数字经济创新发展示范区，引领带动全市数字经济高质量发展。依托金湾区、斗门区、鹤洲新区（筹）等重要节点，构建数字经济融合发展产业带。依托南屏科技工业园、三溪科创产业园、珠海经济技术开发区、富山工业园和新青科技工业园，推动数字经济多点联动发展。由此可见，珠海市已积极布局要成为珠江口西岸数字经济高地。

琴澳两地需要制定动态化、一体化的数字经济发展战略，并与珠海形成良好联动机制去有序推进数字经济走出自身特色的发展道路。数字经济俨然成为产业高质量发展的"助推器"和"加速器"，在实现对大湾区企业家精神辐射带动作用的同时，也为合作区发展提供了"弯道超车"的可能性。因此我们有必要进一步加强对两地数字经济发展的协同支持力度，精准施政，为缩小区域之间的差距以及促进区域一体化发展提供强而有力的支撑。在新型信息基础设施方面，提出优化信息基础设施建设审批手续、推进数字新基建一体化建设等具体举措。

在加快推动数字产业化方面，支持产学研深度结合，依托澳门高校的优势，在合作区布局和建设一批数字经济领域国家和省级重点实验室、各类创新中心以及新型研发机构。同时，支持探索合作区范围内新型研发机构冠名"数字经济示范区"等字号，鼓励重点优势企业及各地科研院所推进跨区域入区服务。此外，聚焦核心电子器件、高端通用芯片等数字经济重点领域，政策倾斜力将进一步加大。鼓励重点企业积极开展数字化转型及智能制造标准建设。

（三）促进数字技术与实体经济深度融合

现阶段，数字产业化在大型企业有着更好的赋能效果，但产业数字化才是合作区数字经济发展的主阵地，充分发挥数字经济规模效应，推动产业数字化，为琴澳两地发展数字经济提供辽阔的空间和平台。产业数字化一般指传统产业应用数字技术从而提升生产数量和效率，新增的产出构成数字经济重要的组成部分。数字经济是属于融合的经济，也是实体经济的落脚点，产业数字化理应包括但不限于互联网、智能制造、物联网、平台经济等融合型新产业新业态新模式。不论数字技术如何迅速进步，终究不能脱离实体经济发展，实体经济始终是经济高质量发展的基石，充分发挥数字技术对实体经济的作用，才是合作区实现经济高质量发展的必经之路。

当前澳门经济的适度多元发展要围绕合作区四大重点产业，通过"数据+算力+算法"的机制助力合作区四大重点产业相关的企业，实现产业链全面数字化，涵盖品牌、设计、制造、组织、销售、渠道、供应链等各个环节。积极鼓励推动澳门中小微企业融入合作区发展，运用低成本、高效率的智能化解决方案，全方位系统性落实产业数字化路径，加快传统产业转型升级。更要从新型生产关系去思考，构建有利于培养四大产业"龙头企业"和具有自主创新能力的企业的产业环境，通过优质企业的榜样作用带动实体经济主体向高质量发展转变。

（四）挖掘琴澳两地跨境流动数据的潜力

在合乎数据跨境传输安全管理规范下，探索琴澳两地跨境数据互联互通，通过数据跨境流动助力产业实现转型升级。搭建数据中心、互联网、终端等硬件基础平台，以及数据资料库、数据服务等软件服务平台，资本、人才等生产要素在实体经济中能够实现融合，有利于与数据科学相关的产业发展和合作。合作区《方案》提到促进国际互联网数据跨境安全有序流动，通过对国际互联网数据资源的开发利用，跨境数据将大规模地应用于生产、分配、交换、消费各环节以及制造与服务等各场景，可为法律、大数据、人工智能、消费、零售、软件开发、平台、知识产权等产业带来美好的商业前景。

合作区已具备一定的数据科技基础，也有着强大的需求，要促进合作区跨境数据流动与共享。一是澳门施行较内地更为严格的个人资料保护法，需要在法律上实现协同创新。明确私人数据和商业数据的权属，提高数据的社会开放度，着重开放公共信息助力合作区建设。二是在合作区新基建建设中，琴澳两地在数据的标准、制式、安全、公开等方面存在差异，以致对数据的跨境流动产生一定程度的影响，需要在数据基础设施建设及标准设置等方面形成协同机制。同步开展数据标准、数据质量、元数据、主数据等数据管理机制建设，确保数据治理与基础设施建设能够配套及时。三是在合作区的新基建运营中，不断探索跨境数据应用的新模式与场景，高效整合和匹配合作区在居住、交通、金融、经济、治安等各方面的社会民生信息，持续开展数据治理工作，充分挖掘琴澳两地跨境数据的资产价值。

未来，应当继续加深对阻碍琴澳两地跨境数据流动因素的研究，从而指引合作导向、创建有利的政策环境，并提供切实可行的解决方案。这对于促进可信的跨境数据流动、利用数据的全部潜力、从合作区辐射至粤港澳大湾区、促进湾区经济和社会的繁荣都至关重要。

参考文献

丁志帆：《数字经济驱动经济高质量发展的机制研究：一个理论分析框架》，《现代经济探讨》2021 年第 1 期。

申雅琛、吴睿：《数字经济推动区域经济高质量发展的影响研究》，《商业经济研究》2022 年第 14 期。

师博、胡西娟：《高质量发展视域下数字经济推进共同富裕的机制与路径》，《改革》2022 年第 8 期。

余渭恒、杨迪雅、李敬阳：《新基建助力粤澳深度合作区数字经济高质量发展的路径探析》，《广东财经大学学报》2021 年增刊。

余渭恒：《浅谈推动澳门数字经济高质量发展》，《澳门经济》2021 年第 51 期。

宋旭光、何佳佳、左马华青：《数字产业化赋能实体经济发展：机制与路径》，《改革》2022 年第 6 期。

李三希、黄卓：《数字经济与高质量发展：机制与证据》，《经济学（季刊）》2022 年第 5 期。

李海刚：《数字新基建、空间溢出与经济高质量发展》，《经济问题探索》2022 年第 6 期。

赵放、李文婷：《数字经济赋能经济高质量发展——基于市场和政府的双重视角》，《山西大学学报》（哲学社会科学版）2022 年第 5 期。

陈晓红、李杨扬、宋丽洁、汪阳洁：《数字经济理论体系与研究展望》，《管理世界》2022 年第 2 期。

B.7
横琴粤澳深度合作区养老服务
协同发展报告

陈建新　张　锐　夏俊英*

摘　要： 随着澳门特区经济发展水平的不断提高，人民健康水平不断提升、预期寿命增加，澳门已经进入老年化社会。养老服务需求的不断增加，要求澳门抓住国家提供的机遇，寻求有效手段来处理有限养老资源的问题。国家倡导建设的横琴粤澳深度合作区，通过区域合作、协同发展，帮助特区解决有限养老服务资源问题。本文通过分析横琴粤澳深度合作区养老服务协同发展的背景，结合澳门当前养老服务发展现状，回顾内地、澳门在社会保障、横琴"澳门新街坊"项目中的合作，在 PEST 为框架下，提出四点未来进一步协同养老服务的发展建议：政治层面——促进两地养老服务人员资质互通；经济层面——学研合作助力构建养老产业集群；社会层面——发挥社会团体桥梁带动作用；技术层面——畅通琴澳合作区长者健康信息流通，以此促进横琴粤澳深度合作区在养老服务层面的融合。

关键词： 横琴粤澳深度合作区　养老服务　社会保障　横琴"澳门新街坊"

---

* 陈建新，澳门大学社会科学学院政府与行政学系助理教授和公共行政硕士课程主任，澳门社会保障学会理事长，研究方向为社会政策和公共行政；张锐，澳门大学社会科学学院政府与行政学系博士研究生，研究方向为长者就业和医疗保障；夏俊英，江门同乡会理事长和江门青年会会长，研究方向为区域经济发展。

一 协同养老服务发展的背景概述

过去国家在减贫、脱贫工作中成就显著，基本消除了绝对贫穷，并走向小康社会，中央政府将"人民的幸福生活"放在工作第一位①，澳门跟随国家步伐，贫富悬殊差距不断收缩，人均寿命也不断提高，特区政府明显地以"以民为本"为施政理念②，构建了双层社会保障体系，但在当前面临新冠疫情，国家和澳门都需要通过更为有效的方式提供更加完善的社会、养老服务，需要借助发展智慧养老和康养产业来提供更完善的健康服务，因此国家积极推动城市群发展，粤港澳大湾区、横琴粤澳深度合作区（以下简称合作区）可视为国家以及澳门的未来发展着力点。

改革开放政策实施至今已有 40 多年的时间，随着社会、经济的变化发展不断更新、进步，习近平总书记在新的社会背景下关注港澳的健康发展，澳门需要跟随国家脚步不断前进，"澳门要充分认识和准确把握在新时代国家改革开放中的定位，加强澳门世界旅游休闲中心、中葡商贸合作服务平台建设，努力把澳门打造成国家双向开放的重要桥头堡"③，并在后来构建合作区建设中说明了建设横琴新区对澳门的发展意义。《粤港澳大湾区发展规划纲要》（以下简称《规划纲要》）明确指出开发合作区是丰富"一国两制"内涵的新时代要求，可以为澳门长远发展注入的新动力。在此背景下，国家于 2021 年 5 月正式推出《横琴粤澳深度合作区建设总体方案》（以下简称《总体方案》），将以"打造便利澳门居民生活就业的新空间"为四大战略之一，推动合作区内澳门公共服务和社会保障体系

① 习近平：《人民幸福生活是最大的人权》，2022 年 2 月 26 日，https：//baijiahao.baidu.com/s？id=1725806062410942273&wfr=spider&for=pc。
② 陈建新、张锐、韩睿：《澳门社会保障体系建设的成就分析》，《南京邮电大学学报》（社会科学版）2019 年第 5 期，第 11~20 页。
③ 中国人民共和国中央人民政府：《会见香港澳门各界庆祝国家改革开放 40 周年访问团时的讲话》，2018 年 11 月 12 日，http：//www.gov.cn/gongbao/content/2018/content_5343727.htm。

的对接。① 2021年9月17日，随着合作区管理机构正式揭牌运作，合作区建设步入了全面实施及加快推进阶段。澳门特别行政区政府行政长官贺一诚先生在出席广东与澳门在广州举行的合作交流座谈会时表示"要不断深化各领域合作，共同探讨跨境交通安排和人才培训交流，推动粤澳合作取得更丰硕成果"。② 当前在合作区建立之初，法律、金融领域受到大量关注，但社会保障、养老服务等民生事务领域作为居民生活之本，也需要逐步完善。

澳门已经步入老龄化社会，在面对养老服务资源有限、社会经济发展受制、微型经济体系及土地资源不足的情况下，不断向中央政府政策靠近，寻找养老服务事业发展的机遇。合作区在国家政策中扮演的是试点的角色，当前在横琴岛落地的"澳门新街坊"项目就可以视为琴澳合作、协同发展处理澳门养老服务发展瓶颈的先行点。

在国家"十四五"时期要求关注国内大循环的基础上，结合国内、国际发展，澳门因其特殊的历史背景、战略地位，作为"一中心、一平台、一基地"及粤港澳大湾区西部核心城市，要发挥引领作用，整合合区已有的养老服务、社会保障，将协同发展作为重要切入点。琴澳的合作模式催生了在制度融合、政策引导、产业协作及社会文化等方面的全面探索。③

二 澳门养老服务发展现状

根据澳门特区统计暨普查局的数据，当前特区 65 岁及以上人口有

---

① 中华人民共和国中央人民政府：《中共中央　国务院印发〈横琴粤澳深度合作区建设总体方案〉》，2021 年 9 月 5 日，http：//www.gov.cn/zhengce/2021-09/05/content_ 5635547. htm。

② 广东省人民政府：《广东与澳门举行合作交流座谈会　李希贺一诚王伟中参加有关活动》，2022 年 6 月 13 日，http：//www.hengqin.gov.cn/macao_ zh_ hans/hzqgl/dtyw/dtxx/content/post_ 3302183. html。

③ 田飞龙：《粤澳深度合作：新引擎与新秩序》，《今日中国》，2021 年 10 月 8 日，http：//www.chinatoday.com.cn/zw2018/bktg/202110/t20211008_ 800259803. html。

88300 人，占总人口的 12.9%①，到 2026 年预计 65 岁及以上的人口将达到 16%②，而平均预期寿命已经达 84.2 岁③，老龄化趋势日趋显著。过去澳门政府在基本养老保障方面建立了恒常调整机制④，并逐步将非强制性中央公积金制度逐步向强制性过渡⑤，完善了特区构建的双层社会保障体系，但未来政府仍面临澳门居民对养老服务的需求持续上升的状况，而澳门属于微型经济体系，土地、资源受到限制，在养老服务设施与项目的建设方面进展较为缓慢，但合作区在发展休闲养生、康复医疗等养老服务领域的潜力已逐渐显现。未来，特区政府可以尝试探索在合作区为澳门长者提供更多的养老服务和产品，以完善民生保障、提高长者生活质量。

在澳门的养老服务发展方面，特区政府与社团、宗教机构、私人租住在民生服务方面一直采取"民办公助"的合作，特别是支持这些机构开办养老机构来满足居民养老服务需求，此为澳门养老服务的特色。此外，澳门现时的公立医院提供免费预防保健、一般护理、专门护理门诊及住院服务。⑥在制度建设层面，特区政府于 2012 年成立了"澳门养老保障机制跨部门研究小组"，该小组由 13 个政府部门联合组成，在部门层面协作以期为长者提供便捷服务。而后又推出了"2016~2025 年长者服务十年行动计划"，截至 2020 年底，该计划中的 345 项短、中期措施均已按时完成，通过这些措施积极增加养老服务处所数量。⑦

但现时澳门 22 间长者院舍所提供的约 2500 个宿位仅为本地老年人口的

---

① 澳门特别行政区政府统计暨普查局：《统计年鉴 2020》，2021。
② 澳门特别行政区政府统计暨普查局：《澳门人口预测 2016-2036》。
③ 澳门特别行政区政府统计暨普查局：《统计资料 2022》，2022。
④ 澳门特别行政区政府社会保障基金：《社保给付恒常调整机制建议方案获社协一致共识》，2021 年 12 月 31 日，https://www.fss.gov.mo/zh-hans/newscenter/news? id=670。
⑤ 澳门特别行政区政府社会保障基金、澳门大学：《非强制性中央公积金制度审视报告》，2021。
⑥ 苏宁：《"老"在澳门是一种福气》，人民网-人民日报海外版，2016 年 10 月 10 日。
⑦ 澳门特别行政区社会工作局：《长者服务十年行动计划中期评估分享会顺利举行》，2021 年 2 月 26 日，https://www.gov.mo/zh-hant/news/366856/。

2.9%左右，远不能满足长者及照顾者的需求。[①] 2020年《澳门特别行政区长者生活状况及长期照顾服务需求研究报告》中指出，当前澳门安老院舍需求比率为3.75%，长者日渐护理服务及家居照护服务的需求比例为0.86%[②]，反映出尽管过去特区政府已在长者社会服务设施与项目方面做了不少工作，但仍未能跟上老龄化问题带来的养老服务需求的增长，同时养老服务人力资源短缺也是澳门养老服务供给的重要影响因素。在合作区背景下，可以考虑将特区养老服务体系扩展至横琴处理。

三　内地与澳门在养老保障方面已有的合作

随着内地与澳门人员流动日益频繁，特别是与相邻的广东省地缘近、人缘亲，一部分长者会选择到内地养老，为确保跨境长者的基本生活[③]，内地与澳门在社会保障、医疗服务等方面已有协同、对接的探索。从澳门角度而言，居住在广东省的长者也可以通过广东省各级社会保险经办机构申领养老金或残疾金。同时也积极发展了社会保障的电子化服务，2019年1月1日推出的"澳门公共服务一户通"服务中，本澳居民和实体均可开立"一户通"账户，在统一网站平台上或流动应用程序中使用各项电子化服务，可以为居住在内地的澳门居民透过面容识别技术办理在生证明[④]，以确保领取由特区社会保障基金发放的养老金或残疾金，可见未来合作区的社会保障协同将向电子化推进。

居于内地的澳门长者可以参加当地的社会保障，特区政府也对符合资格

---

① 黄洁贞：《促增安老院舍与暂宿服务》，澳门特别行政区立法会——书面质询，2021年7月9日，https：//www. al. gov. mo/uploads/attachment/2021-07/5718460f9300e5126b. pdf。

② 澳门特别行政区社会工作局：《澳门特别行政区长者生活状况及长期照顾服务需求研究报告》，2020年11月，https：//www. ias. gov. mo/wp-content/themes/ias/tw/stat/download/EAU2101191738332. pdf。

③ 陈建新、张锐：《澳门养老金制度的发展现状与未来方向》，《澳门蓝皮书：澳门经济社会发展报告（2018~2019）》，社会科学文献出版社，2019，第344~358页。

④ 澳门社会保障基金：《在生证明元旦起接受办理　社保呼吁多利用电子方式》，2021年12月31日，https：//www. fss. gov. mo/zh-hans/newscenter/news？id=671。

的澳门长者提供养老金或残疾金，但合作集中在养老服务的基本生活层面，例如面对疾病，澳门长者多选择回到原居地寻求服务，医疗、长期照护等服务在政府层面尚未有效对接，多数通过社会团体处理，这些服务主要受到内地相关部门的监管和资助。作为合作区的代表项目横琴"澳门新街坊"可以看作内地与澳门养老服务全面协调的重要试点。

（一）社会保障层面的对接

社会保障是养老服务事业的重要组成部分，过去横琴、澳门在社会保障方面已有合作实践经验，成为未来琴澳养老事务领域的深度协同发展的基础。2021年2月26日，习近平总书记发表重要讲话，关注社会保障事业，再次点明社会保障是民生、养老领域的重点。

政策作为实践的保障，过去内地政府、澳门政府已经出台过相关政策为澳门与内地在养老方面的合作提供政策依据。早在2012年澳门特别行政区出台《内地与澳门关于建立更紧密经贸关系的安排》的行政长官公告中就提及"在医疗及与健康相关的服务和社会服务"方面加强内地与澳门的合作。[①] 2019年的《粤港澳大湾区发展规划》中提出要加强跨境公共服务和社会保障的衔接，并且支持港澳投资者在珠三角九市开办养老等社会服务机构。[②] 同年出台的《关于常住横琴的澳门居民参加珠海市基本医疗保险试点有关问题的通知》标志着常居内地的澳门居民可以如内地同胞享受医疗保险，将常住横琴的非就业澳门居民纳入珠海基本医疗保险体系，截至2021年9月底，在珠海市参保的澳门居民已超过4万人，其中澳门居民参加职工医保1.22万人，参加居民医保2.79万人。[③] 2020年实行的《香港澳门台湾

---

① 澳门特别行政区行政长官办公室：《内地与澳门关于建立更紧密经贸关系的安排》，2012，https://www.ias.gov.mo/ch/social-service-facilities/mainland-and-macao-closer-economic-partnership-arrangement-cepa。

② 中共中央、国务院：《粤港澳大湾区发展规划》，2019。

③ 《珠海市医疗保障局局长程智涛 全力支持横琴粤澳深度合作区建设》，《珠海特区报》，2021年11月17日，http://www.hengqin.gov.cn/macao_zh_hans/hzqgl/dtyw/xwbb/content/post_3024019.html。

居民在内地（大陆）参加社会保险暂行办法》明确了港澳台居民在内地参加和享受社会保险的相关规定，并解决了双重参保缴费的问题，在内地就业、居住和就读的澳门居民，可按相关规定，参加内地社会保险（包括基本养老保险、基本医疗保险、工伤保险、失业保险、生育保险），并在符合条件时，享受相应的社会保险待遇①，同时特区政府对居住于珠海市的澳门居民提供一定的医疗保险津贴。② 2021 年 7 月，港澳居民在粤港澳大湾区内地城市购买医疗保险的政策得到落实，广东省医疗保障局印发的《香港澳门台湾居民参加基本医疗保险参保缴费办事指南》指出，要"更好地促进在广东学习、就业、生活的港澳台居民参加基本医疗保险"③，全年澳门居民超过 5.3 万人次在横琴就医。④ 2021 年第 11 届珠澳合作发展论坛在珠海举行，其间珠海市对外发布《便利港澳居民在珠海发展 60 项措施实施细则》（以下简称《细则》），覆盖了便利港澳居民在珠海居住生活、就学就业创业、科技创新发展、经贸交流合作、社会文化教育交流等五方面 60 条具体措施，再次详细说明珠海工作生活的港澳居民参保问题，被珠海市各类用人单位依法聘用、招用的港澳居民应当依法参加五项基本社会保险等问题。⑤ 可见过去不少配套措施以加快推进内地与澳门社会保障层面的对接、合作，为内地、澳门有需求的长者提供基本生活保障。

（二）横琴"澳门新街坊"项目

除基本养老保障外，综合的长者服务如社区养老、机构养老、家庭养老、长期照护都是与长者生活紧密相关的内容，长者对养老服务的需求内容

---

① 中华人民共和国人力资源和社会保障部：《香港澳门台湾居民在内地（大陆）参加社会保险暂行办法》，2019，http：//www.mohrss.gov.cn/xxgk2020/gzk/gz/202112/t20211229_ 431769.html。

② 澳门特别行政区政府卫生局：《居住于内地的澳门特别行政区居民医疗保险津贴计划》，2022 年 1 月 5 日，https：//www.ssm.gov.mo/apps1/rminsurance/ch.aspx#l20994。

③ 《珠海出台 60 条便利港澳居民措施》，新华社，2021 年 11 月 15 日，http：//www.locpg.gov.cn/jsdt/2021-11/15/c_ 1211446697.htm。

④ 《粤发改委：逾五百澳人深合区登记就业增 114%》，《澳门日报》，2022 年 4 月 19 日，http：//www.modaily.cn/amucsite/web/index.html#/detail/9822824。

⑤ 珠海市台港澳事务局：《便利港澳居民在珠海发展 60 项措施》，2021 年 10 月。

不仅是基本的生活保障，还包括预防疾病、控制慢性病疾病、健康生活的养老服务的各个层次，要求特区政府提供综合性的养老服务，澳门政府也在积极响应居民需求。在最新发布的《财政年度》施政报告中，强调合作区作为综合性社区建设代表的重要性。①

在2020年4月9日举行的"澳门新街坊"项目用地出让合同的签约仪式中，正式将珠海横琴岛中部分土地以协议方式出让用于澳门开发该项目②，可以视为合作区的典型案例，受到国家的关注。2021年9月出台的《总体方案》明确指出要加快推进"澳门新街坊"建设，该项目建成后，居于新街坊的澳门居民可以享受与在澳门相同的医疗、教育等社会服务及保障。③

"澳门新街坊"项目于2015年开始规划，该项目的推出是希望在横琴为澳门居民建设优质的生活社区④，此项目规划的社区将是集居住、教育、养老、医疗等多功能于一体的综合民生社区，为澳门居民提供置业选择。该项目在2021年完成了拆旧，2022年开始建设，包括主体工程、装修工程及配套道路建设等，并取得《商品房预售许可证》，2023年竣工。社区包括27栋住宅楼宇，4000个住宅单位，以两房（90平方米）为主⑤，除一般的住宅单位外，将提供部分人才住房，在社区内配套长者服务中心、家庭社区服务中心等设施⑥，打造多功能住宅共建，为保障服务质量，社区的运营将交给相关机构，确保服务质量，运作模式和整个保障体系

---

① 澳门特别行政区政府：《施政报告 2022》。
② 澳门特别行政区政府：《横琴"澳门新街坊"项目用地今签约出让》，2020年4月9日，https://www.gov.mo/zh-hans/news/289643/。
③ 中华人民共和国中央人民政府：《中共中央　国务院印发〈横琴粤澳深度合作区建设总体方案〉》，2021年9月5日，http://www.gov.cn/zhengce/2021-09/05/content_5635547.htm。
④ 珠海横琴澳门新街坊发展有限公司：《2020珠海横琴澳门新机房发展有限公司年度董事会报告书》，2021。
⑤ 珠海横琴澳门新街坊发展有限公司：《2020珠海横琴澳门新街坊发展有限公司年度董事会报告书》，2021。
⑥ 珠海横琴澳门新街坊发展有限公司：《2021珠海横琴澳门新街坊发展有限公司年度董事会报告书》，2022。

采用澳门标准。[①] 此类公共服务的供给需要澳门社团的支持，工联[②]、民众建澳[③]等社团介绍"澳门新街坊"项目，通过社团力量进行推广和支持。

这部分土地同样由负责澳门长者公寓的澳门特别行政区政府全资拥有公营机构——澳门都市更新股份有限公司负责规划及兴建，该公司由澳门特别行政区、工商业发展基金及科学技术发展基金组成董事会包括来自建筑、机电、法律及学术等多范畴的专业人士，可以为都市更新建设提供全方面专业建议。该公司也是澳门特区近年进行的"长者公寓"项目的主要负责公司，同"澳门新街坊"项目类似，长者公寓是透过家庭、社会及政府共同合作为长者提供综合服务的项目，可见澳门都市更新股份有限公司已有一定经验。该公司 2020 年 3 月特别成立的"珠海横琴澳门新街坊发展有限公司"全面负责横琴"澳门新街坊"项目建设。

该项目将由中国银行澳门分行提供融资服务，此项目的融资涉及跨境问题，中国银行为现代化的商业银行，处于全球大型银行前列，其在澳门的分行是本地主流银行，可以解决该项目的跨境融资问题，有效管控项目面对的利率和汇率风险。2020 年 4 月 9 日，澳门中银与澳门都市更新公司正式签署了项目融资协议，为"澳门新街坊"项目给予全力的支持和配合。[④] 可见"澳门新街坊"项目是以国家支持为基础、跨境协同合作的典范。

四 养老服务协同发展路径建议

在《总体方案》中明确地指出要以横琴去推动澳门持续发展，当中以

---

① 澳门都市更新股份有限公司：《横琴"澳门新街坊"项目工程今全面启动》，2020 年 12 月 31 日，https：//www.mur.com.mo/news/view/32。

② 澳门都市更新股份有限公司：《都更团队访工联新青协谈民生项目进展》，2022 年 5 月 31 日，https：//www.mur.com.mo/news/view/62。

③ 澳门都市更新股份有限公司：《都更公司访民众建澳谈片区民生项目》，2022 年 5 月 24 日，https：//www.mur.com.mo/news/view/60。

④ 澳门特别行政区政府：《横琴"澳门新街坊"项目用地今签约出让》，2020 年 4 月 9 日，https：//www.gov.mo/zh-hans/news/289643/。

制度创新和协同发展方向作砌入点，合作区的建立可以强化优势互补，尤其在"共建共管"的创新机制下，澳门横琴的合作模式应该由过去单一的优势互补向营造利益共享及互惠机制转变。[①] 依据上述内容，本文按照 PEST 框架提出四点未来琴澳养老服务协同发展的建议（见图1）。

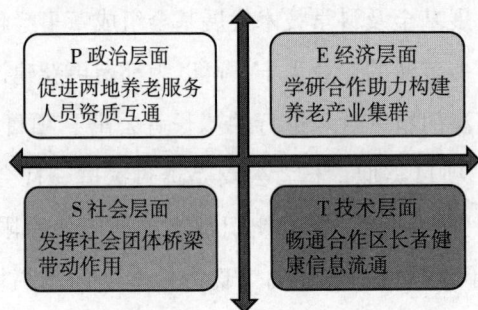

P 政治层面 促进两地养老服务 人员资质互通	E 经济层面 学研合作助力构建 养老产业集群
S 社会层面 发挥社会团体桥梁 带动作用	T 技术层面 畅通合作区长者健 康信息流通

图1　养老服务协同发展路径 PEST 建议

（一）政治层面：促进两地养老服务人员资质互通

为确保琴澳合作的顺利运作，粤澳双方将联合组建合作区管理委员会，并下设执行委员会。管理委员会实行双主任制，由广东省省长和澳门特区行政长官共同担任，体现了未来合作区事务的融合发展，促进琴澳两地养老服务人员资质互通充分体现出粤澳双方建立合作区收益共享机制理念，在"1+1+1+N"政策框架体系中逐步探索经验。

2019 年广东省和珠海市分别印发的《香港、澳门导游及领队在珠海市横琴新区执业实施方案（试行）》[②] 和《珠海经济特区横琴新区港澳建筑及相关工程咨询企业资质和专业人士执业资格认可规定》[③] 中指出，可以协

---

① 宋雅楠：《"双循环"新格局下"粤澳深度合作区"合作机制分析——以中葡平台为视角》，《港澳研究》2021 年第 2 期，第 57~65、95 页。
② 广东省人力资源和社会保障厅：《香港、澳门导游及领队在珠海市横琴新区执业实施方案（试行）》，2019 年 9 月 10 日，http：//hrss. gd. gov. cn/zwgk/gsgg/content/post_ 2606161. html。
③ 珠海市人民代表大会常务委员会：《珠海经济特区横琴新区港澳建筑及相关工程咨询企业资质和专业人士执业资格认可规定》，2019 年 9 月 27 日，http：//www. hengqin. gov. cn/macao_ zh_ hans/zwgk/zcfg/hqzc/content/post_ 2978831. html。

调市级部门，争取审判权下放，探索和推行境外医师及港澳医师通过申办短期行医核准后在珠海市执业和创业。此外，推动澳珠社会工作者职称评价和执业资格认可。探索行业协会认证模式，允许澳门社会工作者经珠海市社会工作协会执业确认后在珠海市提供专业服务，将澳门社工服务延伸至横琴。① 在《澳门特区长者生活状况及长期照顾服务需求研究》中显示养老服务人力资源的不足，需要透过合作区内养老服务人员资质互通认证，扩大养老服务人员供给。关于资质和互通可能会涉及两地法律问题，在合作区需要遵循"民商事规则"并进一步细化服务人员在合作区就业的问题，特别是在"澳门新街坊"项目中，如何将外地劳工合法、合规引入合作区成为讨论热点，在澳门也引起了立法会议员对该议题的关注。

（二）经济层面：学研合作助力构建养老产业集群

在中央政府的大力支持下，合作区的健康产业集群效果已开始逐步显现，在中医药及在产、学、研方面都已经积累了一定的经验，而发展中医药及大健康产业正好契合"一基地"的定位。在产业界方面，澳门作为粤港澳大湾区的西部核心城市，应以合作区作为依托，与珠海共同在大健康产业方面发挥领头羊作用，构建大湾区西部国际化大健康产业集群，也是国家近年倡导发展的康养产业。由于中医药及大健康产业涉及面广、产业链条长，因此澳门应把握合作区的科技研发及旅游产业优势，依托粤澳合作中医药科技产业园，持续引进知名中医药企业，重点发展产品研发、高端制造等附加值较高的产业链环节，同时与大湾区西部有条件的城市开展原料生产、产品销售、仓储物流等方面的合作，逐步形成大湾区西部健康产业链。

养老、康养产业集群发展也是配合澳门经济适度多元发展的重要方向，过去澳门经济依赖博彩业，在新冠肺炎的影响下，经济发挥受到阻碍②，需

---

① 《推动大湾区民生领域深度融合》，《中国社会科学报》2021年3月31日。
② 谢四德：《双循环发展格局下澳门产业结构调整优化的思路分析》，《澳门经济》2021年第1期，第14~24页。

要多元产业带动，基于澳门在新冠疫情期间的表现①，以及澳门长期地被世界卫生组织认可为"健康城市"，可见"健康澳门"并不只是口号，而是累积了不少成功的经验，《总体方案》提出以澳门品牌去构建中医药产业，而此产业发展需要与横琴联合，由澳门与横琴共同组建公司进行开发建设及运营管理的粤澳合作中医药科技产业已有规模，具体涉及中医药、保健品、生物医药、医疗器械、医疗服务等领域，2020年营业收入共57.3亿人民币②，横琴也是澳门企业直接投资的重要地区。

（三）社会层面：发挥社会团体桥梁带动作用

澳门社团文化浓厚，数量庞大的社会团体一方面参与政治事务，在2021年的立法会选举中，14个澳门立法会直选议席中有5个由乡亲派团体占据；另一方面提供不少社会服务，如江门同乡会和福建同乡会提供了不少跨境养老服务，并不定期举办研讨会讨论民生经济发展。街坊联合总会、工联联合总会和明爱等非营利组织也是澳门提供养老服务的中坚力量，其中部分组织也在内地设立了办事处，尝试提供跨境养老服务。随着合作区的发展，越来越多的澳门居民在流向横琴，社会保障作为保障生活的一部分受到关注，社团将成为琴澳养老服务协同的重要桥梁。③《细则》中也有支持澳门工会联合总会、澳门街坊会联合总会等爱国爱澳的澳门非政府组织在珠海设立的代表机构，为在珠海学习、工作的澳门居民提供便捷和多元化的服务的相关规定。④ 2018年澳门工会联合总会广东办事处在珠海正式启用，2020年街坊会联合总会广东办事处横琴综合服务中心正式揭牌，2021年澳门妇

---

① Pang, P. C. I., Cai, Q. X., Jiang, W. J. & Chan, K. S. (2021): Engagement of Government Social Media on Facebook during the COVID‑19 Pandemic in Macao. International Journal of Environmental Research and Public Health, 18, 3508, https://doi.org/10.3390/ijerph18073508.

② 澳门特别行政区政府统计暨发展局：《澳门经济适度多元发展统计指标体系分析报告2020》，2021。

③ 陈建新、伍芷蕾、冯国豪：《粤澳合作框架下的社会服务合作挑战与机遇》，载《澳门蓝皮书：澳门经济社会发展分析报告（2014~2015）》，社会科学文献出版社，2015，第228~244页。

④ 珠海市台港澳事务局：《便利港澳居民在珠海发展60项措施》，2021年10月。

女联合总会广东办事处落地合作区，琴澳亲子活动中心正式启用，该中心作为合作区管理机构挂牌后的首批民生项目，为两地家庭提供丰富、多元、高质量的社会服务。[1]

在"澳门新街坊"项目推进过程中，珠海横琴澳门新街坊发展有限公司也邀请了澳门建造商会、澳门街坊联合总会及澳门工会联合总会等社团代表到项目实地考察，了解项目的规划设计、预制件装配式操作、地质改良技术及实践个案等[2]，为澳门建筑项目拟预制件装配式发展的趋势做好准备，希望透过借助澳门社会团体的力量推广"澳门新街坊"，在独特的区位发展优势下，发展以创新社会治理为基础的合作模式，该发展模式将成为澳门市民融入国家发展的试验田。[3]

（四）技术层面：畅通琴澳合作区长者健康信息流通

卫生部于 2009 年颁布了《基于健康档案的区域卫生信息平台建设指南》，明确提出需要实现医疗卫生资讯系统间的互联互通，顺应大数据时代的发展要求，推动智慧医疗建设。[4] 健康信息数据库由长者、长者子女或医务护理人员在平台上共同登记所构成，登记内容包括长者的基本信息、健康状况及其对养老服务的特殊需求等，数据库的建立将有利于不同医院或机构的医护人员更好地掌握长者的身体状况、医药禁忌等差异性信息，为长者们提供精准化治疗方案及专业服务。国家积极推动大数据应用和康养产业，而广东省在大数据应用处于国家领先地位，在《广东省促进大数据发展行动计划（2016—2020 年）》的指导下，构建了大数据基础设施，

---

① 《澳门妇女联合总会广东办事处揭牌暨琴澳亲子活动中心启用仪式举行为琴澳家庭提供丰富多元的高质量社会服务》，《珠海特区报》，2021 年 12 月 8 日，http：//www. hengqin. gov. cn/macao_ zh_ hans/hzqgl/dtyw/xwbb/content/post_ 3139131. html。

② 珠海横琴澳门新街坊发展有限公司：《2021 珠海横琴澳门新街坊发展有限公司年度董事会报告书》，2022。

③ 武汉大学横琴粤澳深度合作区研究课题组：《横琴粤澳深度合作区创新驱动发展研究》，《中国软科学》2021 年第 10 期，第 1~8 页。

④ 卫生部信息化工作领导小组办公室：《基于健康档案的区域卫生信息平台建设指南》，2009。

形成了政府数据开放共享，建立了"用数据说话、用数据决策、用数据管理、用数据创新"的管理机制。① 而随着澳门健康城市、智慧城市、电子政府的发展，特区政府也不断提高通过大数据等技术完善长者健康信息的管理手段。

澳门特区在 2015 年制定了"医社服务"政策，包括建立"澳门长者健康生活专案"、疗后护理系统、全澳个人电子病历等②；2017 年开通了"电子健康记录互通系统"先导计划，推进仁伯爵综合医院、卫生中心和镜湖医院的部分病历资料互通，推进智慧医疗的发展。③ 随着横琴合作区有关民生设施的进一步发展与完善，未来可以将此项健康信息数据互通计划在横琴进行试点实施，积极推进合作区内养老服务信息方面的沟通与协调，实现医疗信息要素的流通共享，结合澳门已有的统一评估及中央转介机制④，为不同需要照护的长者安排合适的长期照顾服务，以技术带动协同。

---

① 董策、谢卫红、李忠顺、王永健：《广州市大数据产业发展现状及对策探析》，《社会工作与管理》2018 年第 2 期，第 83~89 页。
② 陈建新、张锐、蒋文静：《澳门社会保障体系的现状及未来发展》，载《澳门蓝皮书：澳门经济社会发展报告（2019~2020）》，社会科学文献出版社，第 66~82 页。
③ 陈建新、张锐、韩睿：《澳门社会保障体系建设的成就分析》，《南京邮电大学学报》（社会科学版）2019 年第 5 期，第 11~20 页。
④ 澳门特别行政区政府社会工作局：《统一评估及中央转介机制》，http://iasweb.ias.gov.mo/elderlyEnquiry/index. html。

B.8
琴澳养老保障政策对比分析
与规则衔接策略研究

唐诗雅*

摘　要： 2021 年 9 月《横琴粤澳深度合作区建设总体方案》正式印发，其中提到的"推动合作区深度对接澳门公共服务和社会保障体系"，作为四大战略定位之一"便利澳门居民生活就业的新空间"的关键内容，是实现琴澳民生领域深度融合、营造趋同澳门宜居宜业生活环境的重要措施。琴澳养老保障政策的延伸对接，作为惠澳利民的民生实事，将直接影响横琴合作区吸引澳门居民生活就业的成效，对于支持澳门发展经济、改善民生、更好地融入国家发展大局具有重要作用。本文从详细介绍两地养老保障政策的基本情况出发，通过对比分析，延伸思考行之有效的规则衔接策略，以期为琴澳一体化发展提供有益参考。

关键词： 社会保障　养老制度　规则衔接　横琴粤澳深度合作区

　　2021 年 9 月 5 日，中共中央、国务院正式印发《横琴粤澳深度合作区建设总体方案》，提出了"推动合作区深度对接澳门公共服务和社会保障体系"的具体要求，养老保障作为社会保障体系的重要内容之一，其政

---

* 唐诗雅，横琴创新发展研究院社会治理所副所长，助理研究员，研究方向为社会治理、社会保障等。

策衔接情况对于促进琴澳一体化发展、积极应对人口老龄化问题具有重要意义。

一 澳门养老保障政策的基本内容

澳门特别行政区基于"一国两制"的成功实践,在积极应对人口老龄化的过程中,逐步建立起由"社会救助、社会保险、职业性储蓄计划、私人储蓄、家庭支持"五大支柱支撑的养老保障体系,有效保障居民的健康生活。其中,第零支柱可以理解为社会工作局提供的经济援助和敬老金等,经济援助即向处于经济贫乏状况者等提供的一般援助金、偶发性援助金及特别援助金;敬老金则面向年满65岁澳门永久性居民发放,以2021年度为例,敬老金为9000澳门元。第一支柱可以理解为基础性的社会保障制度,根据2011年1月1日生效的《社会保障制度》(第4/2010号法律)具体实施。第二支柱可以理解为非强制性中央公积金制度,根据2018年1月1日生效的《非强制性中央公积金制度》(第7/2017号法律)及《非强制性中央公积金制度补充规定》(第33/2017号行政法规)具体实施(第一及第二支柱构成澳门双层式社会保障和养老保障制度)。第三支柱可以理解为金融机构等提供的各类商业养老保险计划。第四支柱主要是指家庭支持及其他由政府部门提供的多元长者服务。

(一)澳门养老保障制度发展历程

自1989年葡澳时期的第84/89/M号法令设立"社会保障基金"开始,到澳门回归后的私人退休基金法律制度、敬老金制度、公务人员公积金制度等的建立,再到现行双层式社会保障和养老保障制度的构建(见表1、表2),澳门通过不断完善养老及社会保障制度,积极促进居民尤其是长者的社会保障和生活素质得到不断加强和提升。

表 1　澳门养老保障制度主要法律法规的发展情况

时间	名称	主要内容	现状
1989.12	第 84/89/M 号法令	1. 社会保障基金的法律性质为拥有本身财产及行政、财政的自主权的公共机构,受总督监管,主要由行政委员会管理,执行该法令及有关补充法例所订定的社会保障制度。 2. 由"社会保障基金"所执行的社会保障制度主要包括: a) 养老金; b) 丧失工作能力金; c) 失业救济金; d) 疾病津贴; e) 肺尘埃沉着病的赔偿。 3. 养老金:实施范围是年届 65 岁或以上(经医生证实明显衰老,可以降至 60 岁)、以本地区为常住地至少 7 年、为社会保障基金供款至少已有 5 年、非为有报酬工作之从事的澳门地区居民,按月支付,全额达 1700 澳门元。 4. 本地工人必须以受益人及供款人名义,以及雇主必须以供款人之名义在"社会保障基金"登记,主要是为澳门雇员提供基本的保障。 5. 供款来源:本地区预算、雇主供款、受益的工人供款	有关内容陆续被第 58/93/M 号法令《社会保障制度》(第 4/2010 号法律)、《订定向处于经济贫乏状况的个人及家团发放援助金的制度》(第 6/2007 号行政法规)、《劳动债权保障制度》(第 10/2015 号法律)、《聘用外地雇员法》(第 21/2009 号法律)等废止或取代
1993.10	《通过社会保障制度》(第 58/93/M 号法令)	对 1989 年社会保障供款制度作若干修正,以扩大有关福利,并使临时劳工亦获得社会保障之给付	陆续被第 4/2010 号法律、第 6/2007 号行政法规、第 21/2009 号法律、第 10/2015 号法律废止
1993.10	《通过社会保障基金组织法》(第 59/93/M 号法令)	1. 社会保障基金职责:协助评估劳工所需之社会保障,研究及建议改善社会保障系统之适当措施;监控社会保障系统及执行其制度,但仅以未直接赋予其他公共实体之职责者为限;管理社会保障资源。 2. 机关为行政管理委员会及监事会	被《社会保障基金的组织及运作》(第 21/2017 号行政法规)废止
1995.12	第 82/GM/95 号批示	调整社会保障制度之福利金,第 58/93/M 号法令养老金额修改为每月澳门币 1000 元	被第 164/GM/99 号批示废止
1998.05	第 45/GM/98 号批示	雇主实体每月向社会保障基金供款:每一本地工人澳门币 30 元,每一非本地工人澳门币 45 元。 本地工人每月供款为澳门币 15 元	被第 4/2010 号法律废止

时间	名称	主要内容	现状
1999.02	第 6/99/M 号法令	设立私人退休基金之新法律制度（具体内容见表2）	现行法律
2004.09	第 234/2004 号行政长官批示	将社会保障制度扩展至自雇劳工。社会保障制度包括以下给付：养老金、残疾金、疾病津贴、出生津贴、结婚津贴、丧葬津贴、补助金的额外给付	被第 4/2010 号法律废止
2005.08	第 12/2005 号行政法规	公布《敬老金制度》（具体内容见表2）	现行法律
2006.08	第 8/2006 号法律	公务人员公积金制度（具体内容见表2）	现行法律
2006.11	第 15/2006 号行政法规	规范公务人员公积金制度的投放供款的项目（具体内容见表2）	现行法律
2008.07	第 19/2008 号行政法规	提前退休者可按比例领取养老金，最少可取得基本金额的75%，对应百分比表格被借鉴至现行社保制度中	被第 4/2010 号法律废止
2009.10	《聘用外地雇员法》（第 21/2009 号法律）	1. 澳门特别行政区居民为他人工作，包括以合同方式受雇从事具体个别工作、临时工作或季节工作者，必须在社会保障基金登录为受益人。 2. 聘用本地劳工的雇主实体须在社会保障基金登录为供款人。 3. 聘用外地劳工的雇主，为缴付有关法例所规定的聘用费，亦须在社会保障基金登录	现行法律
2010.08	第 4/2010 号法律	社会保障制度（具体内容见表2）	现行法律
2012.09	《公积金个人账户》（第 14/2012 号法律）	年满18岁，或未满18岁但已参与强制性供款制度的澳门居民为公积金个人账户拥有人。公积金个人账户用作记录鼓励性基本款项、预算盈余特别分配、其他应转入公积金个人账户的款项。还规定了提取方式、鼓励性基本款项、预算盈余特别分配等内容	被《非强制性中央公积金制度》（第 7/2017 号法律）废止
2017.06	第 7/2017 号法律	非强制性中央公积金制度（具体内容见表2）	现行法律

资料来源：澳门特别行政区政府印务局（https://www.io.gov.mo/cn/home/）。

表2　澳门现行生效的养老保障法律法规情况

时间	名称	主要内容	现状
1989.12	《核准澳门公职人员章程》（第87/89/M号法令）	第五节规定退休及年资奖金等内容,包括权力的保留、选择权、抚恤金等内容,拟退休的公务员及服务人员,得选择于退休日收取一笔款项以代替退休金	1989年12月14日核准,若干撤销
1999.02	《设立私人退休基金之新法律制度》（第6/99/M号法令）	规范私法上退休金计划与退休基金的设立、运作及取消。按所定保障的种类,退休金计划分为"确定利益计划""确定供款计划""综合计划"。已设立私人退休金计划的雇主,必须以衔接的方式设立公积金共同计划,而雇员则按"旧人旧制、新人新制"方式处理	1999年3月起生效,经第10/2001号法律修改,现与公积金共同计划衔接
2005.08	《敬老金制度》（第12/2005号行政法规）	面向截至提出申请当年的12月31日年满65岁澳门特别行政区永久性居民发放的一项金钱给付,金额为每年9000澳门元（第144/2018号行政长官批示）,由社会工作局负责	2005年8月1日起生效,经第17/2006号行政法规修改
2006.08	《公务人员公积金制度》（第8/2006号法律）	1.适用对象:公共行政当局的机关及部门的公务人员,其中临时或确定委任的需强制登记,定期委任、编制外合同、散位合同、个人劳动合同的自愿登记,供款人确定终止职务的自动注销登记。2.供款:供款计算基础为供款人每月薪酬加供款时间奖金,薪酬则以公职薪俸表中的最高薪俸点的相应金额为上限。供款人供款:计算基础的7%,特区供款:计算基础的14%。供款人供款每满5年,有权取得一份供款时间奖金	2007年1月1日开始生效
2006.11	《规范公务人员公积金制度的投放供款的项目》（第15/2006号行政法规）	退休基金会向供款人提供不同风险程度的投放供款项目。包括环球股票投资基金、环球债券投资基金、银行存款组合。投放供款项目的更改及有关投资基金的具体选定,由退休基金会行政管理委员会在听取退休基金会咨询会意见后建议,并由行政长官批准,且须公布于《澳门特别行政区公报》	2006年11月起生效

时间	名称	主要内容	现状
2010.08	《社会保障制度》（第 4/2010 号法律）	本法令订立了现行的社会保障制度（基本社会保障），由社保基金执行，包括强制性制度与任意性制度，明确社会保障制的性质、目的、所面对的对象、制度结构、供款方式、给付细则、处罚条例以及一些过渡性规定	2011 年 1 月 1 日起生效
2016.10	《调升社会保障制度的每月供款金额》（第 357/2016 号行政长官批示）	向社会保障基金做出的供款金额为每月澳门币 90 元。由受益人及相关雇主各自承担的供款比例为 1：2	2017 年 1 月 1 日起生效
2018.12	第 307/2018 号行政长官批示	养老金给付改为每月澳门币 3630 元	2019 年 1 月 1 日起生效
2017.06	《非强制性中央公积金制度》（第 7/2017 号法律）	建立非强制性中央公积金制度，对现行的社会保障制度做出补足。分为供款制度（即公积金计划）和分配制度（即公布转移款项，向澳门特别行政区永久性居民发放鼓励性基本款项或预算盈余特别分配）。明确非强制央积金的性质、目的、所面对的对象、制度结构、供款方式、给付细则、处罚制度	2018 年 1 月 1 日起生效
2017.12	《非强制性中央公积金制度补充规定》（第 33/2017 号行政法规）	补充规定子账户的运作、投放供款、提供信息、计算及发放政府管理子账户所得收益、发放政府款项	2018 年 1 月 1 日起生效
2011.09	《核准社会保障基金会诊委员会内部规章》（第 259/2011 号行政长官批示）	委员会负责证明属明显早衰的情况、证明残疾状况、重新评估暂时性的残疾	2011 年 1 月 1 日起生效
2013.08	第 226/2013 号行政长官批示	许可社会保障基金采用权责发生制会计制度	2014 年 1 月 1 日起生效
2017.07	《社会保障基金的组织及运作》（第 21/2017 号行政法规）	明确社会保障基金是具有法律人格、行政及财政自治权和本身财产的公务法人，机关为行政管理委员会及监察委员会。职责包括协助评估和制订居民所需的社会保障政策；研究和建议改善社会保障制度及中央公积金制度的适当措施；管理和执行社会保障制度及中央公积金制度；运用和管理社会保障基金的资源	2017 年 7 月 18 日起生效

时间	名称	主要内容	现状
2019.08	《巩固社会保障基金的财政资源》（第 14/2019 号法律）	每一财政年度结束后的澳门特别行政区中央预算执行结余的 3‰，将构成社会保障基金本身预算的年度收入，增加了社会保障基金的财政来源	适用 2018 财政年度起的特区中央预算执行结余

资料来源：澳门特别行政区政府印务局（https：//www.io.gov.mo/cn/home/）。

（二）澳门现行双层式养老保障制度主要内涵

澳门第一层社会保障是为普通澳门居民及公务人员提供基本养老保障，具体由社会保障基金负责实施。领取养老金的条件需同时满足年满 65 岁或年满 60 岁并经社会保障基金会诊委员会证实为明显早衰老；在澳门居住最少 7 年；已向社会保障基金供款最少 60 个月。待遇与供款时间密切相关，每月最多可领 3740 澳门元。按供款方式分为强制性制度和任意性制度，其中强制性制度类似内地的职工养老保险，由雇主每月供款 60 澳门元，雇员供款 30 澳门元；任意性制度类似内地的城乡居民养老保险，由个人每月缴纳 90 澳门元。资金来源实际大部分依赖政府总预算经常性收入的拨款、博彩拨款及投资所得的收益。

澳门第二层社会保障是非强制性中央公积金为年满 18 周岁的澳门居民提供补充性的养老保障，具体由私人自愿供款制度和政府分配制度两项构成，由社会保障基金负责执行。无特殊情况一般在 65 岁提取。其中，个人供款制度分为公积金共同计划与个人计划，共同计划类似内地的企业年金，由雇主设立，雇员及雇主的供款均是员工当月基本工资的 5%；个人计划则全部由个人供款，最低 500 澳门元，最高 3300 澳门元，必须为 100 澳门元的整倍数。政府分配制度则包括鼓励性基本款项、预算盈余特别分配，鼓励性基本款项是一项单一的金钱给付，面向年满 22 岁的澳门永久性居民，且在发放款项前一年至少有 183 日身处澳门（住所在内地且年满 65 岁等除外），金额为 10000 澳门元，首次获发放预算盈余特别分配的非强制中央公积金个人账户拥有人可同时享有一次性鼓励性基本款项。预算盈余特别分配面向对象与鼓励性基本款项相同，如历年财政年度预算执行情况允许可获发放，根据 2020 年 4 月 23 日的第 111/2020 号行政长官批示规定，符合法定要件的非强制性中央公积金个人账户拥有人于 2020 年度获发放预算盈余特别分配款项，金额为 7000 澳门元。

《澳门社会保障基金 2021 年度报告》显示，在第一层社会保障制度方面，2021 年新登录受益人共有 7747 人，较 2019 年减少 3609 人，其中属于强制性制度新登录的受益人有 6656 人，任意性制度有 1091 人。2021 年受社会保障基金供款的受益人共 358974 人，其中，属于强制性制度的受益人占 81.7%，任意性制度的受益人占 18.3%；按年龄划分，以 30~34 岁的组别最多，共有 48722 人，占 13.6%，其次为 35~39 岁的组别，共有 44981人，占 12.5%；按性别划分，女性达 190094 人，占 53%。2021 年养老金领取人数达 129202 人，支付金额达 44.34 亿澳门元。

在第二层非强制性中央公积金方面，截至 2021 年 12 月 31 日拥有账户人员达 608272 人。其中，年满 22 岁或以上的澳门永久性居民共 544872 人，占总数的 89.6%。公积金共同计划方面 2021 年累计生效的雇主数有 267 名、雇员 24642 名，共 78222 人设立公积金个人计划，9695 人同时参加公积金共同计划及公积金个人计划。2021 年获批准提取个人账户款项的申请共14540 份，已发放金额共约 8.76 亿澳门元。

（三）澳门养老领域其他社会福利情况

为帮助长者获得充分的保障和支持，澳门特区政府出台《养老保障机制及 2016 年至 2025 年长者服务十年行动计划》，将年满 65 岁的本地居民纳入保障范围，结合个人、家庭、社区、政府和社会多方力量，确保长者在生理需要、身心安全、社会归属、个人尊严和自我实现等方面获得充分的保障与支持，实现"家庭照顾、居家养老、积极参与、悦动老年"，构建"老有所养，老有所属，老有所为"的共融社会。在住房方面，澳门现有的社会性房屋和经济性房屋制度中，有专门针对长者的优惠政策。同时开展长者公寓先导计划，修建长者公寓大楼、制定长者公寓管理制度，预计提供 1815 个房间，可居住 2500~3000 人，2024 年投入使用。在健康照料方面，澳门分别以居家养老、社区养老、机构养老的方式提供预防、治疗、康复性服务，资助 6 家长者日间中心和护理中心，另有 21 家安老院舍为长者提供支持。在医疗保健方面，卫生中心专为长者提供保健、护理、用药等方面的门诊与咨询服务，同时提供公立医院免费的预防保健、一般护理和专门护理门诊及住院服务等。在福利优惠方面，社会工作局根据第 78/GM/96 号批示推行 "颐老卡" 计划，为持卡者提供优惠、折扣、费用减免等服务，目前，颐老卡适用的优惠领域包括医疗保健（中/西医、牙医、药店、医疗器材）、购物消费（通信、电费、加油、家私、服装、理发、珠宝、美容等）、食品饮食、银行保险等，涉及生活的方方面面。

二　横琴养老保障政策的基本内容

我国的养老保障制度发展历史悠久，经历了多轮改革，建立了政府、企业、个人共同参与的涵盖广泛及统账结合的养老保障制度体系。横琴粤澳深度合作区（以下简称合作区）在全国规范的基础上，遵循广东省及珠海市的有关要求，坚决落实社会保障体制工作。

（一）合作区现行养老保障制度基本情况

在基础的社会保障层面，合作区实行养老保险制度，允许企业职工、公职人员、个体工商户和灵活就业人员参与职工养老保险制度，允许其他年满 16 周岁非国家机关和事业单位工作人员及不属于职工基本养老保险制度覆盖范围的城乡居民（不含在校学生），参与城乡居民养老保险。2021 年合作区企业职工基本养老保险缴费基数 1~6 月上限为 20268 元、下限为 3376 元，7~12 月上限为 22941 元、下限为 3958 元。单位缴费比例 1~12 月为 14%，个人缴费比例 1~12 月为 8%，灵活就业人员缴费比例 1~12 月为

20%。城乡居民基本养老保险缴费标准为每人每月60元、100元、120元、150元四个档次，政府给予参保人缴费补贴标准为个人缴费额的65%。2021年1月1日起调整企业退休人员基本养老金，人均增加134.82元，调整后全年离退休人员平均养老金2964元/（人·月），城乡居民养老保险全年平均基本养老金640元/（人·月）。

除基础性的养老保险制度外，合作区也鼓励企业、个人等积极参与企业年金和个人养老金的供款和领取，但相较于澳门，并无政府补助，而是完全由企业、个人承担缴费义务。此外，继续参照珠海市文件办法，开展老年人意外伤害综合保险购买工作、发放户籍高龄重度失能老人长期照护补贴及高龄老人津贴。

当前，合作区设有5个养老服务站点，具体为由澳门街总运营的荷塘社区部、小横琴社区部、新家园社区部、莲花社区部，以及由慈爱运营的新家园养老服务站，服务人数超800人。截至2022年6月，社区居家养老服务站登记在册的长者共764人，其中港澳长者103人，登记就餐的长者共439人。其他方面，尚无养老院或日间照料中心，也没有专门面向老年人的配给住房，整体养老基础设施相对薄弱，需进一步完善。

（二）澳门居民在横琴合作区跨境参保情况

2005年11月15日《关于贯彻执行台湾香港澳门居民在内地就业管理规定的通知》规定台、港、澳人员在内地就业，与企业签订劳动合同的，应当参加企业所在地基本养老保险，香港、澳门人员在内地从事个体经营的，应当为所雇佣的人员缴纳基本养老保险。2006年5月，珠海市就已经将与珠海市用人单位建立劳动关系的澳门居民纳入了社会保险保障范围。在2013年粤澳政府联席会议上，广东省人力资源和社会保障部门与澳门社会保障基金共同签署《粤澳养老保障合作协议书》，建立了粤澳养老保障长期合作机制。2015年1月，广东省人力资源和社会保障部门与澳门社会保障基金签署了《开展养老金受益人在生证明协查合作备忘录》，就开展养老金受益人在生证明达成合作共识，解决了两地异地养老长者的养老金等社会福利津贴资格认证问题。2019 年 11 月 29 日正式公布《香港澳门台湾居民在内地（大陆）参加社会保险暂行办法》，自 2020 年 1 月 1 日起实施，成为当前跨境参保的指导性规定。暂行办法允许被内地用人单位依法聘用、在内地从事个体工商经营或者灵活就业且办理港澳台居民居住证的港澳台居民参加内地的职工基本养老保险，允许在内地居住且办理港澳台居民居住证的港澳台居民参加内地的城乡居民基本养老保险，各项办理流程、缴费标准、待遇享受等同内地一致，基本上解决了港澳台居民跨境参加内地养老保险的法律障碍。值得注意的是，第十一条明确规定"已在香港、澳门、台湾参加当地社会保险，并继续保留社会保险关系的港澳台居民，可以持相关授权机构出具的证明，不在内地（大陆）参加基本养老保险和失业保险"，在一定程度上解决了双重参保问题。实践中，澳门居民在内地工作期间，如同时在澳门、内地两地社保参保缴费，可享受双重保障。自愿赴内地就业、学习、生活的澳门居民，可透过任意性制度进行澳门社会保障制度的供款，并可透过指定银行的自动转账、网上银行等方式向澳门社会保障基金缴纳供款。然而，如个人无意两地双重缴费，可以凭澳门社会保障基金出具的社会保障制度供款记录，向内地申请豁免参加基本养老保险和失业保险。截至 2021 年 11 月底，澳门居民在珠海参加城乡居民基本养老保险人数已达 3.3 万人，参加职工基本养老保险人数达 1.1 万人，分别比 2020 年底分别增长了 766%、75.3%。澳门居民在珠海已享受养老待遇并按月领取养老金人员达 2793 人，比 2020 年底增长 174%。

三 琴澳养老保障政策对比分析

从广义来看，合作区与澳门的养老保障政策总体逻辑近似，核心部分皆可对应至世界银行所提出养老金体系的"五大支柱"中，相关制度的保障功能也有共通之处，但具体的实施制度与模式确有不同，主要呈现以下特点。

（一）养老保障制度结构功能近似但表现形式不同

两地养老制度结构相似，均采取以政府主导的强制性基本养老保险为第一支柱，以企业和个人共同缴纳的养老金计划为第二支柱，以个人为主导的商业养老保险为第三支柱，同时辅以全社会参与的多种养老保障措施，共同构成多层次的养老保险体系。实施主体都是政府，均设有社会保障基金实体进行运作，但在澳门，民间志愿团体和宗教团体也扮演着重要角色。

具体来看，在强制性政府基本养老保险上，澳门第一层基本社会保障制度可分为面向职工的强制性供款制度和由个人完全承担的任意性制度，分别可对应合作区的职工基本养老保险与城乡居民养老保险。在企业与个人共同缴纳的养老金计划上，在澳门体现为非强制性中央公积金制度的共同计划与个人计划，政府参与度更高，在合作区则体现为企业年金和个人养老金制度。

（二）养老金待遇设计均基于本地实际但差异显著

澳门养老保障的个人供款负担更轻，待遇上限更低、下限更高，其基本生存保障的特性更加明显；而合作区个人供款负担明显更高，但视供款金额，领取上限可超过澳门社会保障制度。以上差异的产生主要与本地的基金统筹范围和经济差异有关，均符合本地实际情况。

具体而言，供款数额上，澳门2017年调整缴纳标准为每人90澳门元/月后未有变动，供款占社保资金来源的比例较低；而合作区基本养老保险供款数额不固定，职工按照工资的一定比例缴纳，居民按不同档次多缴多得。供款年限上，澳门养老金领取要求供款满5年，且在澳门居住至少7年，而合作区则要求供款满15年。退休年龄上，澳门要求年满65岁，而合作区要求到达法定退休年龄，视性别、社保形式等有所不同，在50~60岁，比澳门更早。领取金额上，澳门视供款月数而定，供满5年后每月最多可领取3740澳门元，合作区发放金额与供款金额相比相对较少，但缴费上限高，退休后每月领取的金额上限可显著高于澳门社会保障制度。

（三）养老服务措施类型相近但保障水平差异明显

除货币性福利外，两地均向居民提供丰富多样的养老服务，但澳门方面经验相对成熟、体系更为完备，因此无论是社团参与程度，还是服务种类、专业化水平等方面均更优于合作区。

具体而言，多元主体参与上，澳门社会工作局以资助方式广泛引入民间社团提供长者服务，针对民间社团进行专业性认证，并为其提供资金资助、技术辅助、各类设施设备等物质资助，通过法例对相关社团的工作质量与资金使用情况加以监督管理。合作区则通过政府购买的方式，采购社会组织等提供服务，更多集中于普惠性、预防性、教育性服务，专业化、体系化水平相对有限。服务种类上，澳门在医社服务、权益保障、社会参与、生活环境等方面推行长者日间服务、紧急呼援服务、独居长者服务、院护服务、家居照护服务、安老院舍暂宿服务、护老者支援服务、护送服务、长者公寓等形式多样的长者服务措施，专业化程度更高。合作区虽设有社区养老服务站、长者饭堂等设施，但在院舍服务、家居照护、住房保障等方面相对欠缺。

四　关于规则衔接的思考与策略

澳门自回归以来，社会保障及养老保障制度得到长足发展，亦形成了突出优势，居民生活质量得到极大提升，如今面对日益突出的老龄化问题及新冠疫情的持续影响，如何谋求养老保障机制和福利政策新的突破与优化，成为澳门社会迫切需要解决的问题之一。《横琴粤澳深度合作区建设总体方案》的公布为横琴发展按下启动键，也为澳门社会发展注入一剂强心剂，因此，应该充分利用这一重要契机，从以下方面集中发力，循序渐进、积极稳妥地实现两地养老保障体系的顺畅衔接。

（一）进一步便利澳门居民在横琴合作区参保

当前澳门双重社保制度的参与及领取条件均涉及身处澳门特别行政区的

时间限制问题，如澳门养老金申请资格中有须在澳门通常居住至少7年的要求等，时间限制条款的设定在一定程度上使澳门居民移居合作区存在顾虑，鉴于相关法律条文均留有"基于人道或其他适当说明的理由，不在澳门特别行政区的期间，亦视为身处澳门特别行政区"的调整空间，建议探索在合作区封关运作后记录澳门居民在横琴居留时长，将合作区纳入澳门社会保障制度允许的居留范围。此外，持续深化两地养老保障制度的跨境合作与对接，扎实推进"粤澳社保一窗通"工作发挥更大作用，及时总结经验并不断拓展可服务范围，便利居民享受与澳门无差别的养老服务。同时，加快推动社保卡跨境应用和境内外融合服务，以居民端的体验感与便捷感为设计准则，通过跨境监管合作，如跨境身份信息查验、跨境设施建设标准协调等手段，推动手机端、社保卡等的跨境便捷使用。

（二）有序推动"澳门新街坊"衔接澳门长者服务体系

"澳门新街坊"作为内地第一个专门为澳门居民打造的，集居住、教育、养老、医疗等多功能于一体的综合性民生项目，一直以来备受关注，其中还设置建筑面积达860平方米的长者服务中心，以配合区域内长者生活需要。因此，建议不断优化长者服务中心设置，通过定期对澳门居民及合作区长者情况做出评估分析，在设施设置上针对共性强、长期性的需求配备相应设施及资源，注意避免重复建设与资源浪费。此外，先行先试对接澳门长者服务标准，具体在服务内容上，借鉴澳门明爱、街总模式，提供包括生活起居照顾、康复护理服务、医疗保健服务、文化娱乐服务、法律与安全援助、精神慰藉与辅导服务、社交及康乐活动、院车服务、转介服务等在内的全方位服务内容，在合作区同样营造与澳门别无二致的服务体验。

（三）充分吸收澳门个人养老金制度优势及经验

合作区作为澳门与内地交流合作的重要平台，可充分抓住内地个人养老保险加快建设的重要窗口期，贯彻落实国务院《关于推动个人养老金发展的意见》，积极延伸和借鉴澳门经验，用好用足合作区收益共享机制，构建符合合作区实际、政府政策支持、个人自愿参加、市场化运营的合作区特色个人养老金制度体系。同时构建基金管理实体选择机制，强化安全审慎监管，重点选择运作安全、成熟稳定、标的规范、侧重长期保值的满足不同投资者偏好的保险产品，通过法律政策明确监管框架、明确监管模式和监管原则，强化合作区金融监管部门的主体责任意识，统筹协调各部门、各行业，更好实现个人养老金的安全运营。

（四）强化合作区养老服务改革提升养老服务质量

当前合作区虽已配备社区养老服务中心，开展多样化养老服务保障，但整体发展水平有限，机构类型和规模较为欠缺，而澳门也面临养老院舍资源不足、服务人才短缺等问题。因此，必须多维聚焦推动养老服务机构提质增量，实现合作区养老服务人才队伍扩容。具体可发展普惠型养老和互助性养老服务，积极筹措存量资源，结合合作区总体规划、长者规模、现有床位资源情况，适当增设养老机构与院舍资源，支持澳门有关组织与机构参与，分类发展社区交往型、专业照护型、功能嵌入型等社区日间服务机构，持续为社区养老服务机构赋能。在人才培养上协同澳门方面，邀请澳门优质护理人员、社工人员到合作区开展系列业务培训，充分结合"南粤家政"工程，引领提升合作区家政护理从业人员专业化水平，有效满足合作区乃至澳门居家服务、养老服务、医疗护理服务等需求，积极应对两地日益严峻的老龄化危机。

参考文献

《横琴粤澳深度合作区建设总体方案》，新华社，http：//www.gov.cn/zhengce/2021-09/05/content_ 5635547.htm，最后访问日期：2022 年 12 月 12 日。

《香港澳门台湾居民在内地（大陆）参加社会保险暂行办法》，中华人民共和国人力资源和社会保障部，http：//www.gov.cn/gongbao/content/2020/content_ 5480478.htm，最后访问日期：2022 年 12 月 10 日。

《〈非强制性中央公积金制度〉审视报告》，澳门大学，https：//www. fss. gov. mo/zh-hans/sites/reports，最后访问日期：2022 年 12 月 10 日。

《澳门社会保障基金 2021 年度报告》，澳门社会保障基金，https：//www. fss. gov. mo/zh-hans/newscenter/annual-report，最后访问日期：2022 年 6 月 10 日。

陈建新、张锐、韩睿：《澳门社会保障体系建设的成就分析》，《南京邮电大学学报》（社会科学版）2019 年第 10 期。

陈莉莉：《养老保险法律制度比较研究及其对澳门的启示》，华侨大学硕士学位论文，2006。

陈沁：《粤港澳大湾区构建中的养老保障政策协调研究》，广州大学硕士学位论文，2019。

关晓泉：《澳门退休金制度研究》，暨南大学硕士学位论文，2007。

苏璇：《粤港澳三地社会保障制度的比较研究》，广东外语外贸大学硕士学位论文，2007。

孙金凤：《澳门建立养老保险法律制度研究》，华侨大学硕士学位论文，2009。

谢耿亮：《粤澳社保、养老政策衔接研究报告》，2018。

谢华清：《粤港澳大湾区社会保障衔接探究》，《中国社会保障》2020 年第 8 期。

严强、吴婧：《澳门特区养老保险政策及公众满意度研究》，《江苏行政学院学报》2012 年第 5 期。

岳宗福：《我国内地涉及台港澳地区的社会保险法规政策研究》，《社会保障研究》2016 年第 4 期。

《"珠澳社保服务通"实施一周年　跨境服务澳门居民超 11 万人次》，《珠海特区报》，http：//zhsi. zhuhai. gov. cn/ygadwqfzghgy/content/post_ 3045690. html，最后访问日期：2022 年 12 月 12 日。

B.9
社区公共服务跨境治理促进湾区港澳民众心理融合研究[*]

廖 了 朱幸赟 傅承哲 徐劲飞^{**}

摘 要： 自 2019 年《粤港澳大湾区发展规划纲要》出台以来，粤港澳大湾区建设蹄疾步稳，港澳居民跨境流动、定居内地已成为新常态。社区作为居民生活的主要场所，承担着提供社区公共服务的重要职责。在港澳居民与内地居民混居的社区，公共服务的跨境治理何以促进港澳居民的心理融合。本文以横琴粤澳深度合作区社区居民为调查对象，了解其对于社区公共服务的评价、与社区机构的接触情况、身份认同感和心理融合程度。通过回归分析发现，社区公共服务满意度正向影响社区港澳居民身份认同感和心理融合程度。因此，在粤港澳大湾区跨境社区的融合发展进程中，社区应打造更高品质的公共服务体系，关注港澳居民的生活诉求和心理需要，助推粤港澳大湾区跨境社区的居民融合。

关键词： 粤港澳大湾区 跨境社区 社区公共服务 心理融合

---

* 本文为国家社科基金思政专项课题"增强内地港澳大学生认同感的分类融合与精准施策研究"（项目编号为 20VSZ103）的阶段性成果。

** 廖了，政治学博士，华南师范大学政治与公共管理学院副研究员，主要研究方向为地方治理；朱幸赟，华南师范大学粤港澳大湾区教育与社会融合研究中心研究助理；傅承哲，通讯作者，博士，华南师范大学政治与公共管理学院讲师，粤港澳大湾区跨域治理与公共政策研究中心副主任，研究方向为公共政策、港澳治理；徐劲飞，博士，珠海复旦创新研究院研究员，研究方向为科技创新。感谢澳门街坊会联合总会与澳门港澳台发展研究协会合作推动本项目，感谢华南师范大学俞如意、徐楚儿、吕鹤同学在数据收集和资料整理方面的工作。

一　研究背景

建设粤港澳大湾区是习近平总书记亲自谋划、亲自部署、亲自推动的国家战略，横琴粤澳深度合作区则是粤港澳大湾区改革创新的先锋阵地。2019年2月18日，中共中央、国务院印发了《粤港澳大湾区发展规划纲要》，明确要求将粤港澳大湾区建设成世界级城市群，从战略角度为大湾区建设制定了清晰的发展定位。在这一战略的指导下，大湾区立足自身特质、把握时代脉搏，探寻出一条兼具现代城市文明和中国特色的发展道路，为我国经济发展做出了巨大贡献。

《粤港澳大湾区发展规划纲要》明确指出，粤港澳大湾区应当建设"人文湾区""交心交融"，奠定了大湾区建设的人文基调，指明了大湾区建设既要经济政治相融合，又要文化心理相融合的发展方向。2021年9月5日，中共中央、国务院印发了《横琴粤澳深度合作区建设总体方案》，明确了横琴的发展基础、指导思想、合作区范围、战略定位和发展目标。该方案指出，横琴应当以建立"宜居宜业"的新家园为重要发展目标，为横琴建设注入充分人文关怀。值此横琴粤澳深度合作区建立一周年之际，有必要立足横琴回顾大湾区整体规划下的融入进程，为完善大湾区人文建设、促进三地深度融合积累经验、积蓄力量。

（一）用多维度、上下互动的方式为公共事务治理注入人性温度

打造横琴粤澳深度合作区不仅是城市群一体化的"先锋先试"，更是一种全新公共事务治理模式的开拓与实践，何以在公共治理中融合现代文明的温度、人文关切的暖度，是当下合作区公共政策、公共治理的重要议题。以社区为场所探索公共事务治理的优化路径，不仅是全过程人民民主建设的需要，更是增强人民的获得感、幸福感、满足感，使改革成果真正为人民所享的需要。社区作为社会治理中的基层细胞，能够充分地聚民心、集民智，为公共事务治理注入活力、生命力。

（二）基于"一国两制"的新型公共服务跨境治理模式探索与创新

横琴地理条件优越，与港澳具有相似的历史文化渊源。目前，横琴的体制、制度与港澳地区存在差异，但其连接内地与港澳的纽带作用、沟通内地与世界的桥梁作用却极为突出、不可忽视。公共服务的生产、传递和提供是由一方力量主导、多方力量共同配合的复杂、系统而综合的社会工程，粤港澳大湾区"一国两制、三关税区"的独特制度前提也为其增加了难度。如何在"一国两制"这一特殊国情的基础上，立足横琴这一承接文化和制度交流的平台，打破历史文化、价值理念、生活方式等所铸造的藩篱与壁垒，建立立足国情、深入实践、利国利民的粤港澳大湾区新型公共服务跨境治理模式，是进一步推动国家治理体系、治理能力现代化的重要课题。

（三）心理融合是实现粤港澳大湾区深度一体化的关键所在

心理融合是社会融合的重要组成部分，是三地人民真正同气连心、水乳交融的根本标志。没有完成心理融合建设的大湾区，即使在经济、交通、政治等全方位实现了融合发展，也终究是三个独立经济体的生硬拼接，不具备独树一帜的文化吸引力、文化凝聚力。相关调查研究表明，粤港澳地区民众对大湾区战略的认知尚存在信息偏差，港澳居民与内地居民存在一定的文化认知、生活习惯、价值方面的隔阂，给心理融入造成了阻碍。

作为湾区一体化的重要试点，居住于横琴的港澳居民的心理融合情况具有重要的借鉴意义。因此，在打造合作区的不断探索与尝试中，应当注重贯彻落实发展规划纲要中"交心交融"的战略指示，发挥心理融合的黏合剂、润滑剂作用，使大湾区内部衔接通畅、宛若整体，造福于湾区人民。

二　文献综述

关于社区治理的内涵，林尚立的观点得到广泛认同，即"社区治理是指政府或民间公共组织依照某种规则，运用公共权威对社区事务实施管理，为社区成员提供服务，以维护或者增进社区公共利益"。[1] 单一社区治理主体多元化的趋势下[2]，治理主体间界限模糊，治理往往体现为主体间为实现共同目标的多样化行动和干预。[3]

（一）社区公共服务

1. 社区多元主体的协同治理

党的十九大指出社区治理要打造"共建共治共享"的社区治理格局，而这一治理格局的核心要义在于"协同治理"，社区协同治理的本质是在利益多元价值的前提下，调动不同主体积极参与社区治理与服务过程的制度设计。[4]

在我国的实践中，对于社区公共服务中多元主体的协同治理模式有着不同的探索。目前可将城市社区多元治理主体分为四类组织：基层政府、社区党组织、社区自治组织与社会组织。[5] 珠海创新社区治理模式，以党委领导为核心，健全"社区党（总）支—社区党支部—楼栋党小组"的三级党组织网络，设立社区党支部、业主委员会、物业管理公司的"居民议事厅"，开创物业服务、居民自治、党员监督的"三方共管"模式，打造了社区党总支、居委会、公共服务站"三位一体"工作机制[6]；南湖街道办以协议形式建立并理顺了政府、社会组织和社区居民三方的关系[7]，形成了"区政府

① 林尚立：《社区民主与治理：案例研究》，社会科学文献出版社，2003，第 316 页。
② 刘娴静：《城市社区治理模式的比较及中国的选择》，《社会主义研究》2006 年第 2 期，第 59~61 页。
③ 冯玲、李志远：《中国城市社区治理结构变迁的过程分析——基于资源分配视角》，《人文杂志》2003 年第 1 期，第 133~138 页。
④ 陈世香、黄冬季：《协同治理：我国城市社区公共文化服务供给机制创新的个案研究》，《南通大学学报》（社会科学版）2018 年第 5 期，第 120~128 页。
⑤ 姚凤珠、张兴年：《城市社区多元主体参与社区治理机制问题》，《知与行》2020 年第 4 期，第 154~160 页。
⑥ 金炳亮：《创新社会管理"珠海经验"》，广东人民出版社，2011。
⑦ 陈世香、黄冬季：《协同治理：我国城市社区公共文化服务供给机制创新的个案研究》，《南通大学学报》（社会科学版）2018 年第 5 期，第 120~128 页。

主导—社区文联组织—社区居民联动"为核心的合作伙伴关系；重庆市 K
社区呈现政府领导—街道协调—社区动员的治理结构①；同时，提高城市社
区治理效能的"三社联动"这一新兴模式近年来也在北京、上海、广东等
地普遍推广。② 在社区治理主体多元化趋势下，政府单一主导的社区治理模
式逐渐向多元主体共同参与的新型治理模式转变。

现阶段，我国的社区治理虽已呈现多元主体参与的状态③，但是政府管
理部门碎片化④、协同治理动力不足和协同治理机制不完善等问题使得社区
治理效能低下。⑤ 要构建高效的协同治理机制，需要分析社区多元主体间的
行动策略。贺芒等⑥对社区协同治理网络的形成机制进行系统剖析，发现聚
焦战略目标、增强组织互信、加强制度建设是构建社区协同治理网络的主要
路径，陈世香等发现建立协同治理机制的核心环节在于构建各类社会主体在
社区治理中的制度化沟通渠道和参与平台。⑦

总的来说，社区公共服务治理的体系从"单一化全能式"的单位制，
到政府和社区两元互动的街居制，再到当前的所正在实践的多元主体整合的
一体化社区治理体系，社区公共服务治理主体在不断增加、社区公共服务治
理机制在不断整合。

2. 匹配社区公共服务的供需

公共服务治理的评价标准也发生了变化。当前的社区公共服务治理更加

---

① 贺芒、刘群伟：《组织间网络视域下社区协同治理创新：理论框架与地方实践》，《社科纵
横》2021 年第 5 期，第 81~87 页。

② 曹海军、刘少博：《社区公共服务合作网络模式辨析——以"三社联动"为例》，《中国行
政管理》2020 年第 8 期，第 39~44 页。

③ 贺芒、刘群伟：《组织间网络视域下社区协同治理创新：理论框架与地方实践》，《社科纵
横》2021 年第 5 期，第 81~87 页。

④ 吴素雄、吴艳：《社区公共服务传递的双重碎片化与协同治理：温州案例》，《浙江社会科
学》2017 年第 4 期，第 64~71、158 页。

⑤ 洪晴、伲永贵：《城市社区多元协同治理：困境与对策——以阜阳市为例》，《长春理工大
学学报》（社会科学版）2021 年第 5 期，第 83~87、100 页。

⑥ 贺芒、刘群伟：《组织间网络视域下社区协同治理创新：理论框架与地方实践》，《社科纵
横》2021 年第 5 期，第 81~87 页。

⑦ 陈世香、黄冬季：《协同治理：我国城市社区公共文化服务供给机制创新的个案研究》，
《南通大学学报》（社会科学版）2018 年第 5 期，第 120~128 页。

注重服务的过程和效果，而不仅仅是服务的投入，评价标准更加客观和全面，以满足社区居民需求为导向构建社区公共性。杨莉提出社区公共性作为连接政府改革和主体动员的机制，可以突破现有的实践困境，使居民回到社区参与中来，对社区居民需求的识别和开发来自居民而非政府设定，可以连接基于利益的参与和政治参与，是提升居民对社区公共事务的参与度的关键因素。①

同时，经过个案研究可得，社区社会需求的差异化也是公共性减退，异质性突出的问题的微观表现。通过依据社区实际需要，"精准"供给公共服务，可以整合差别化社区社会需求、防止社区"原子化"和"隔离化"，重建社区公共性。② 在以供需匹配为导向具体实践中，冯猛从需求内涵复杂程度、需求情感涉入程度、需求数量规模程度等三个方面对居民需求进行了维度分类，并尝试构建一套新型的社区服务供需匹配体系。③

3. 社区公共服务治理困境

有研究认为，虽然多元主体协同治理的社区模式具有一定有效性，但因组织间结构地位的差异性，组织自身缺乏独立性，产生了对具有行政管理职能的组织的资源依赖性，导致组织目标与行政目标趋于一致，组织成员逐渐"半行政化"④。此外，治理主体之间关系模糊，联系松散，逐渐发展成一种对现实情况妥协的畸形"伙伴"关系⑤，阻碍了未来社区治理的良性发展。而另外一些研究则指出社区治理主体角色定位不清，

---

① 杨莉：《以需求把居民带回来——促进居民参与社区治理的路径探析》，《社会科学战线》2018 年第 9 期，第 195~201 页。
② 李怀、武艳楠：《城市"社区社会需求"整合：一个重建社区公共性的分析》，《兰州大学学报》（社会科学版）2017 年第 4 期，第 44~53 页。
③ 冯猛：《城市社区服务的供需匹配：模型构建及其应用》，《福建论坛》（人文社会科学版）2016 年第 2 期，第 142~150 页。
④ 刘安：《社区社会组织何以"悬浮"社区——基于南京市 B 街道项目制购买社会服务的考察》，《中央民族大学学报》（哲学社会科学版）2021 年第 4 期，第 100~105 页。
⑤ 陈凤兰、黎广彦：《社区治理中社工机构与居委会关系重构——以福州市的个案研究为例》，《江汉大学学报》（社会科学版）2020 年第 5 期。

对部分组织缺乏信任感，导致一些治理主体难以为社区治理带来实质性改变。比如，街道办等基层政府组织认为对外来性组织实施监督和控制的难度和成本过高，可能会激发社区矛盾①，从而将外生性社会组织定位成辅助、临时性工具②，即"选择性吸纳"组织的专业治理意见。同时社区治理主体在治理中往往出现越位、错误和失位等不良现象，引发职责不清问题③，导致公共服务问题没有具体归属，各组织之间相互"打太极"，损害社区居民合法利益。

（二）跨境治理

1. 跨境治理的领域和模式

改革开放后，广东、香港和澳门的发展紧密相连。针对区域发展过程中出现的诸多问题，粤港澳三地努力寻求解决问题的思路和办法，建立了一些有益于区域间协调发展的机制，如联席会议制度、经贸协议、联合规划研究及其编制、跨境区域联合开发、设施共建共用等。④ 在跨境公共管理的研究领域主要有跨境空气治理、跨境水环境治理、跨境食品安全监管、跨境公共危机管理和跨境警务合作等议题。⑤

但是国内对于跨境治理的研究依旧相对较少，国外对于跨境治理的研究主要针对国家间的跨境地区（CBRs）。Sohn⑥ 将边界理解为一种资源，在"地缘经济"和"贸易项目"两种跨境一体化模式的基础上构建理论框架，

---

① 罗婧：《信任与风险：走出社区治理的多元主体困境》，《江西社会科学》2020 年第 9 期，第 214~223、256 页。

② 陈锋、侯同佳：《政府购买社会服务的悖论——对社会组织参与社区治理的观察》，《文化纵横》2020 年第 1 期。

③ 洪晴、伲永贵：《城市社区多元协同治理：困境与对策——以阜阳市为例》，《长春理工大学学报》（社会科学版）2021 年第 5 期，第 83~87、100 页。

④ 刘云刚、侯璐璐、许志桦：《粤港澳大湾区跨境区域协调：现状、问题与展望》，《城市观察》2018 年第 1 期，第 7~25 页。

⑤ 陈瑞莲、杨爱平：《从区域公共管理到区域治理研究：历史的转型》，《南开学报》（哲学社会科学版）2012 年第 2 期，第 48~57 页。

⑥ Christophe Sohn, "Modelling Cross-Border Integration：The Role of Borders as a Resource", Geopolitics 2014, 19（3）：587-608.

强调了一体化中相关行为者理解和信任、合作意愿的重要性。Sousa① 提到地区实现跨境合作的组织程度有很大的不同，这取决于有效跨境合作的各种促进因素的组合。这类研究都强调了跨境要素带来的收益和对相关行为人的影响。

2. 跨境治理主体及分类

从概念上看，跨域治理的范围更为广泛，因而学界主要围绕跨域治理展开研究。跨域治理是指两个或两个以上的治理主体，包括政府（中央政府和地方政府）、企业、非政府组织和市民社会，基于对公共利益和公共价值的追求，共同参与和联合治理公共事务的过程。② 在其主体分类上，熊烨③根据治理主体将当前跨域环境合作治理分为两个层面：体制内的行动者之间的合作，体制内的行动者和体制外的行动者之间的合作。杨爱平等④将跨域治理机构细化为官方型跨域治理机构、半官方型跨域治理机构、专区型跨域治理机构、商会型跨域治理机构和协会型跨域治理机构五种类型。跨境治理作为跨域治理的一种特殊类型，具备跨域治理的主要特征。本文在内地与港澳合作治理的背景下，重点关注社区治理中的港澳社会组织，以探究大湾区社区公共服务跨境治理对港澳民众心理融合的影响作用。

在珠澳跨境治理中，社会组织是一个极为重要的组成部分，如澳门街坊总会、澳门工会联合总会广东办事处、澳门民众建澳联盟、澳门妇女联合总会广东办事处等。澳门的社团组织机制属于法团主义，是澳门政治运作中极为重要且不可或缺的一部分，既充当政治选举的功能，又能协助政府提供社

---

① LuisDe Sousa，"Understanding European Cross-border Cooperation：A Framework for Analysis"，Journal of European Integration 35（2012）：669~687.

② 张成福、李昊城、边晓慧：《跨域治理：模式、机制与困境》，《中国行政管理》2012 年第 3 期，第 102~109 页。

③ 熊烨：《跨域环境治理：一个"纵向—横向"机制的分析框架——以"河长制"为分析样本》，《北京社会科学》2017 年第 5 期，第 108~116 页。

④ 杨爱平、林振群：《世界三大湾区的跨域治理机构：模式分类与比较分析》，《公共行政评论》2020 年第 2 期，第 40~57、194~195 页。

会服务。① 澳门街坊总会作为具有代表性的珠澳跨境社会组织，务求将街坊总会的社会服务经验和标准覆盖到横琴各社区，促进珠海与澳门在社会服务和社会治理领域的共融发展，推动珠澳社会交流。②

（三）心理融合

1. 概念及其机制

心理融合（psychological inclusion）是社会融合的重要议题之一，它通常被定义为个人或群体之间相互接纳和渴望和谐共处的心理准备状态，主要由三个要素组成：关系认知、情感取向和行为意向。③ 在社会交往行为研究中更侧重于探讨融合双方在精神层面的交往表现，是社会融合的最深最高层级。④ 张文宏、雷开春⑤运用 2007 年上海城市新移民调查资料，采用探索性因子分析方法发现，城市新移民的社会融合包含着文化融合、心理融合、身份融合和经济融合四个因子，四者相互联系，相辅相成。

居民的心理融合程度一定程度上反映城市治理成效。因此，探究心理融合的相关机制有助于大湾区跨境治理对症下药、有指向性地施行和作用。⑥ 整体来看，港澳居民心理融合影响因素可大致归纳为"政治—文化—利益"三项要素。傅承哲、杨爱平⑦对港澳青年就业创业政策行为认知效应进行了调查研究，发现居民心理融合与政府政策方向息息相关：政策感知、政策评价对广东省的港澳籍大学生心理融合均具有显著的促进作用，其中政

---

① 鄞益奋：《澳门特区政府改革与社团治理》，社会科学文献出版社，2020，第 45~47 页。

② 李太斌：《上海阳光中心和澳门街坊总会的比较》，《上海青年管理干部学院学报》2006 年第 4 期，第 62~64 页。

③ 王新波：《中国社会对应阶层间的心理融合机制研究——社会认同理论的视角》，北京师范大学博士学位论文，2009，第 31~32 页。

④ 朱力：《论农民工阶层的城市适应》，《江海学刊》2002 年第 6 期，第 82~88 页。

⑤ 张文宏、雷开春：《城市新移民社会融合的结构、现状与影响因素分析》，《社会学研究》2008 年第 5 期，第 117~141、244~245 页。

⑥ 傅承哲、周子玥：《内地港澳大学生国家认同的心理融合机制比较研究》，《青年探索》2020 年第 2 期，第 99~112 页。

⑦ 傅承哲、杨爱平：《港澳青年跨境就业创业政策的心理融合效应及其认知机制——基于行为公共管理的视角》，《学术论坛》2020 年第 1 期，第 79~89 页。

策合法性评价与有效性评价在政策行为认知过程中起到并行中介作用。而王丽、原新①从社会文化角度进行探究，认为居民心理融合与其社会关系有关。在流动人群中，初级社会关系体系显著降低积极心理融合水平，本地社会交往体系显著提高积极心理融合水平。李振刚等②则认为居民对融合的主观感受与其生活水平挂钩。城市文化资本（即城市生活知识和技能）对于新生代农民工心理融合具有显著积极影响，同时，收入水平、工作类型、住房类型也对心理融合有显著影响。总的来看，学者围绕不同学科视角对居民心理融合的机制进行了探讨，为本文的设计提供了一定的参考。

2. 湾区港澳民众的心理融合

推进港澳人民融入国家发展大局，落实港澳民众"人心回归"，一直是"一国两制"实践进程中的重心。湾区的居民生活在融合形式上，交流互动种类繁杂、异彩纷呈。在科教方面，暨南大学曾于2019年将港澳台侨生比例扩招至40%，并提出"内外混宿"制度，即港澳学生与内地学生同住、同学，以期促进粤港澳青年的交流融合③；在经济方面，彭芳梅④发现大湾区制造业与生产性服务业系统大多数处于高水平耦联状态。各个方面开展的加强港澳与内地交流的举措有利于促进湾区文化、身份、经济融合，进而对心理融合起推动作用。

然而，同时也存在阻碍湾区心理融合的因素。以偏概全的、具"倾向性"的恶意舆论宣传以及实践交流活动的不用心等要素，强化了港澳居民对内地不清晰或偏颇的认知，形成"心理壁垒"，推迟了湾区心理融合的趋

---

① 王丽、原新：《流动人口社会交往对心理融合影响的研究》，《天府新论》2016年第1期，第120~127页。
② 李振刚、南方：《城市文化资本与新生代农民工心理融合》，《浙江社会科学》2013年第10期，第83~91+158页。
③ 杜立鹏、李宜纯、魏紫妍、侯雨汐、吴润琪、肖童丹：《粤港澳青年融合现状及建议》，《合作经济与科技》2021年第24期，第110~112页。
④ 彭芳梅：《粤港澳大湾区产业融合驱动全要素生产率增长研究——以制造业与生产性服务业融合为例》，《经济地理》2021年第11期，第38~47页。

势。排除心理融合的阻碍因素，促进港澳居民与内地居民"民心相通"颇具现实意义。

（四）研究述评

目前学界已对社区治理和大湾区融合进行了深入而全面的研究，然而，立足大湾区社区，探究社区服务跨境治理对湾区港澳民众心理融合的作用的研究尚为空白，不利于指导从民众生活入手促进湾区融合的实践。目前对于跨境治理的相关研究也绝大部分采用了单一的定性研究法，且主要集中在个案研究方面，虽然对部分地区的实践有了深度的探讨和分析，但是在可推广性、可检验性方面仍存在较大的缺陷，需要结合定量研究进行弥补。

三　研究假设

社区居民的身份认同在本文的研究中即居民享受社区服务时感受到的归属感，这种归属感从某种意义上讲，就是对社区环境的认知和情感。居民对邻里环境的主观感受强烈影响了他们对整个社区的认同感。因此，社区提供的公共服务满意度对于社区居民的直观影响之一就是其身份认同感。苗艳梅[1]对于武汉市的个案研究充分证明了居民对于社区公共服务越满意，就会对社区产生越大的依恋心理，也就是归属感和身份认同感越强。同样，单菁菁[2]也发现，我国城市居民的社区归属感直接来自他们从社区日常生活中所感受到的满足感，并且这种满足感对于他们的身份认同感的形成起着决定性作用。而近几年胡宜挺、王天然等[3]对于农民工跨地区打工的情况的研究也充分证明了只有通过减少户口歧视、身份歧视，并适当为农民工提供租房、医疗、社

---

① 苗艳梅：《城市居民的社区归属感——对武汉市 504 户居民的调查分析》，《青年研究》2001年第 1 期，第 36~41 页。

② 单菁菁：《社区归属感与社区满意度》，《城市问题》2008 年第 3 期，第 58~64 页。

③ 胡宜挺、王天然、常伟：《身份认同感、社会互动与农民工市民化——基于代际差异视角》，《农村经济》2021 年第 11 期，第 114~123 页。

保等公共服务,提升他们的满意度,才能增加其身份认同感,使他们有所在城市的归属感。基于此,本文提出假设:H1:公共服务满意度对湾区社区港澳居民身份认同感有正向影响作用。

社区服务满意度是社区居民对于社区服务的一种主观评价,其建立在社区服务水平和质量的客观基础上。在跨境治理的语境中,当社区服务既能保障对本地居民和港澳居民的一致公平性,又能对港澳居民在跨境业务办理等方面的特别需求进行一定的特别关注时,居民对于社区服务的满意度就越高,进而会产生对本地的喜爱,愿意继续在本地区生活。赵亚男[①]的研究表明,生活满意度在人力资本、社会资本和融合的关系中发挥部分中介作用,也就是说,生活满意度的提升有利于促进居民心理融合的实现。苏迪[②]等通过对城市白领新移民社会融合与定居意愿的研究发现,生活满意度越高的白领新移民定居的意愿更高,即产生了心理融合效应。具体到大湾区地域方面,杜立鹏[③]等关于混宿制度对粤港澳青年的融合现状的研究表明,混宿制度满意度对心理融合具有显著的正向促进作用,一定程度上为我们基于跨境视角探究社区服务满意度对湾区港澳居民融合的影响提供了支撑。基于此,本文提出假设:H2:公共服务满意度对湾区社区港澳居民心理融合有正向影响作用。

四 数据分析

(一)描述性统计

总共有 316 位被试者,被试者主要为中国澳门户籍,居住于横琴粤澳深

---

① 赵亚男:《农民工人力资本、社会资本与社会融合》,山西师范大学硕士学位论文,2014,第 59~60 页。

② 苏迪、张文宏:《城市白领新移民社会融合与定居意愿研究》,《中共福建省委党校(福建行政学院)学报》2020 年第 3 期,第 128~136 页。

③ 杜立鹏、李宜纯、魏紫妍、侯雨汐、吴润琪、肖童丹:《粤港澳青年融合现状及建议》,《合作经济与科技》2021 年第 24 期,第 110~112 页。

度合作区或者往返于珠澳两地，其中女性占43.40%；年龄跨度从18岁以下到60岁及以上，21~30岁占36.1%，大多数为中青年人。身份上，在职人士占64.5%，学生占20.3%，非在职人士（包括无业、已退休者）占15.2%，月平均收入从小于2000到20000元及以上，月收入为8000~15000元（折合10152~19035澳门元）的占比最大，为23.7%（见表1）。

表1 人口学变量描述性统计

单位：人，%

	选项	人数	百分比
居住地	居住于珠海横琴	128	40.50
	居住于珠海除横琴外的其他区域	49	15.50
	往返于珠海和澳门	117	37.00
	往返于珠海和其他地区	17	5.40
	居住于其他地区	5	1.60
性别	女	179	43.40
	男	137	56.60
年龄	18岁以下	4	1.30
	18~20岁	15	4.70
	21~30岁	114	36.10
	31~40岁	78	24.70
	41~50岁	48	15.20
	51~60岁	32	10.10
	60岁及以上	25	7.90
职业	经理及行政人员(如政府的行政人员、董事、总裁、议员等)	66	20.90
	学生(如职高学生、专科学生、本科学生、研究生及以上)	64	20.30
	专业人员(如大学/中学校长及教师、医生、律师、会计师等)	55	17.40
	辅助专业人员及文员(如护士、教师、督察、秘书等)	25	7.90
	服务工作及商店销售人员(如店员、厨师及侍应生、推销员、导游等)	29	9.20
	机台、工艺及有关人员(如司机、珠宝工人、油漆工人、面包师傅)	13	4.10
	非技术工人(如看更、信差、小贩、运货工人、农夫)	1	0.30
	不在以上分类的职业	15	4.70
	非在职(包括无业、已退休者)	48	15.20

	选项	人数	百分比
	小于 2000 元(折合 2538 澳门元)	30	9.50
	2000~4000 元(折合 2538~5076 澳门元)	29	9.20
月平均 收入	4000~8000 元(折合 5076~10152 澳门元)	66	20.90
	8000~15000 元(折合 10152~19035 澳门元)	75	23.70
	15000~20000 元(折合 19035~25380 澳门元)	51	16.10
	20000 元及以上(折合 25380 澳门元以上)	65	20.60

由表 2 可知,被试居民对于内地机构和涉澳机构的接触情况存在一定的差异。在接触频率方面,涉澳机构均值为 4.14,内地机构均值为 3.40,由此可知,居民对于涉澳机构相比于内地机构接触较少;在重要性方面,涉澳机构均值为 2.65,内地机构均值为 2.58,反映出居民对于内地机构的重要性评价相对较高。

表 2　内地机构/涉澳机构接触评价描述性统计

变量名称	变量说明	样本量	均值	标准偏差	最小值	最大值
内地机构 熟悉度		316	2.24	0.78	1	5
内地机构 倾向度	1 = "非常符合"; 2 = "比较符合"; 3 = "一般"; 4 = "比较不符合"; 5 = "非常不符合"	316	2.28	0.81	1	5
涉澳机构 重要性		316	2.65	1.09	1	4
内地机构 重要性		316	2.58	0.97	1	4
涉澳机构 接触频率	1 = "一周一次或多次"; 2 = "每月一次或多次"; 3 = "一个季度(3 个月) 一次或多次"; 4 = "半年一次或多次"; 5 = "半年及更长时间一次"; 6 = "无接触"	316	4.14	1.61	1	6
内地机构 接触频率		316	3.40	1.48	1	6

表 3 和图 1 显示，被试者对于涉澳机构的接触方式主要为自己去机构沟通、互联网（网页、公众号）沟通和电话或邮件沟通，即居民是与涉澳机构接触的较为主动的一方，一方面可能是因为居民有社区服务方面的需求，另一方面也反映了涉澳机构对于居民的主动接触还较为欠缺。

表3　涉澳机构接触方式多重响应频数分析

涉澳机构接触方式	响应数	占总响应数百分比（%）	个案百分比（%）
社区服务反馈	130	21.9	59.9
通过他人间接接触	82	13.8	37.8
电话或邮件沟通	118	19.9	54.4
机构上门拜访	56	9.4	25.8
自己去机构沟通	103	17.3	47.5
互联网（网页、公众号）沟通	105	17.7	48.4
总计	594	100.0	273.7

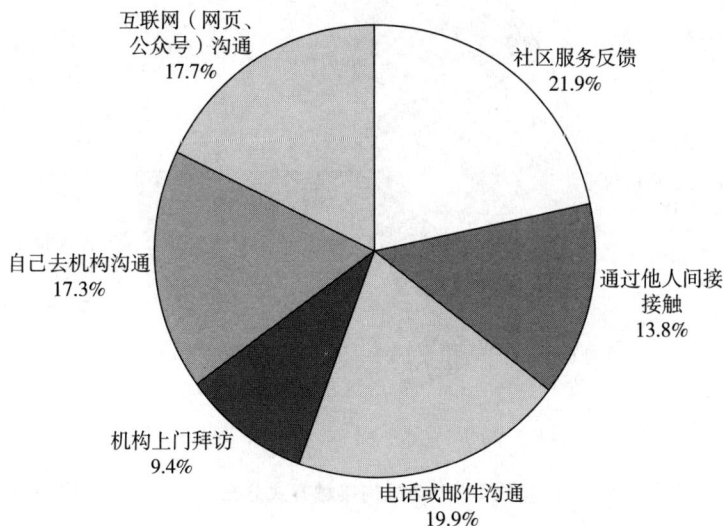

图1　涉澳机构接触方式分布

表4 内地机构接触方式多重响应频数分析

内地机构接触方式	响应数	占总响应数百分比(%)	个案百分比(%)
社区服务反馈	230	25.0	76.4
通过他人间接接触	117	12.7	38.9
电话或邮件沟通	166	18.0	55.1
机构上门拜访	88	9.6	29.2
自己去机构沟通	169	18.4	56.1
互联网(网页、公众号)沟通	150	16.3	49.8
总计	920	100.0	305.6

表4和图2显示,被试者对于内地机构的接触方式与涉澳机构情况基本一致。而相比之下,居民对于内地机构还较多通过他人间接接触,其中一部分原因可能是澳门居民在直接与内地机构接触过程中还存在一定的障碍。

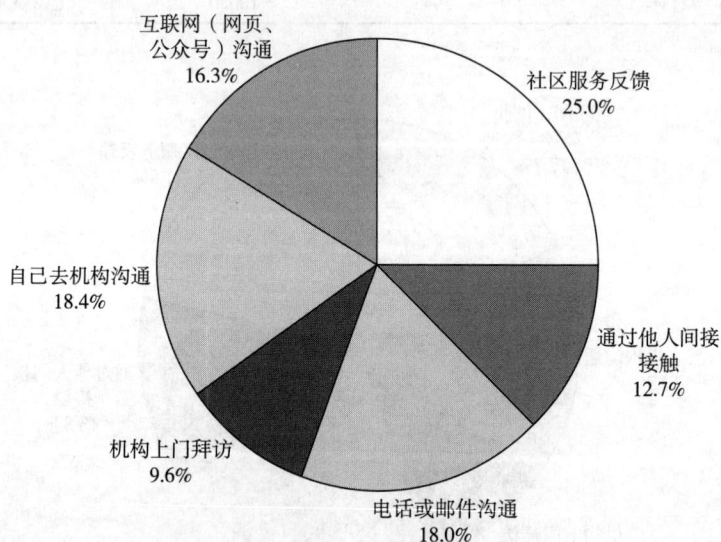

图2 内地机构接触方式分布

由表5、表6和图3、图4可知,被试者与涉澳机构和内地机构的沟通内容都主要为社区服务了解、社区服务反馈和个人情况沟通,说明居民社区服务需求较高,在社区服务方面遇到了一些困难。此外,居民对于国家政策了解也有较强的愿望，因此国家政策宣传也是内地机构和港澳机构应该承担的重要职责。

表5 涉澳机构沟通内容多重响应频数分析

涉澳机构沟通内容	响应数	占总响应数百分比（%）	个案百分比（%）
社区服务反馈	116	22.1	54.0
社区服务了解	171	32.6	79.5
个人情况沟通	129	24.6	60.0
国家政策了解	94	17.9	43.7
无沟通	2	0.4	0.9
其他	13	2.5	6.0
总计	525	100.0	244.2

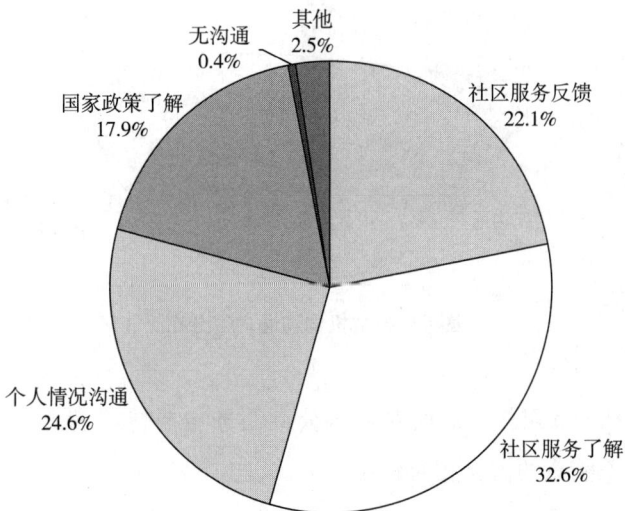

图3 涉澳机构沟通内容分布

表6 内地机构沟通内容多重响应频数分析

内地机构沟通内容	响应数	占总响应数百分比（%）	个案百分比（%）
社区服务反馈	219	24.5	72.8
社区服务了解	226	25.3	75.1
个人情况沟通	211	23.6	70.1

内地机构沟通内容	响应数	占总响应数百分比(%)	个案百分比(%)
国家政策了解	152	17.0	50.5
无沟通	31	3.5	10.3
其他	55	6.2	18.3
总计	894	100.0	297.0

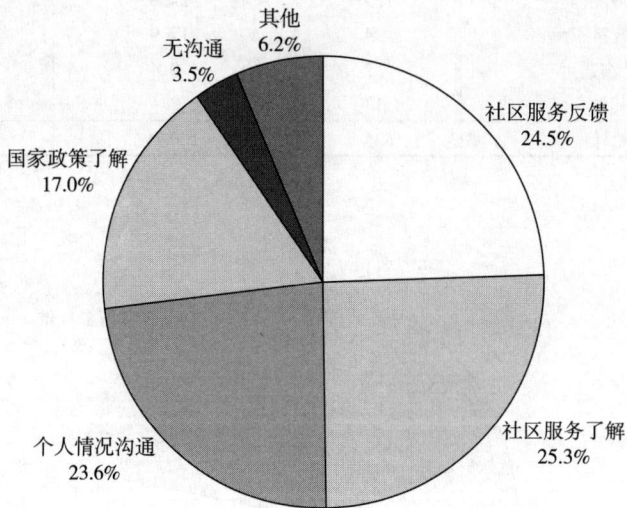

图4 内地机构沟通内容分布

由表7和图5可知，居民对社区公共服务主要持"满意"以及"很满意"态度，不满意的占比相对较小。

表7 公共服务满意度描述性分析

满意度	社区劳动就业服务	社区基础设施	社区文化体育服务	社区医疗卫生服务	社区社会保障服务	社区公共安全服务	跨境公共服务办理	跨境法律服务
很不满意	10	11	13	11	11	11	11	15
不满意	15	15	20	27	15	10	23	22
一般	77	58	65	64	72	66	73	84
满意	133	134	138	125	116	138	127	100
很满意	49	89	67	71	72	69	51	53

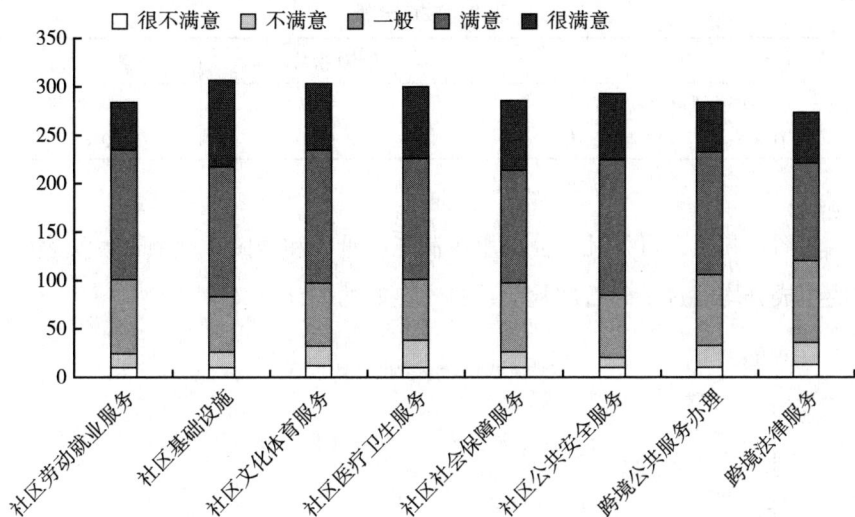

图5　居民公共服务满意度分布

（二）信效度分析

1. 信度

表8结果显示，社区公共服务满意度量表的克隆巴赫系数（Cronbach's alpha）大于0.8，居民心理融合度量表的克隆巴赫系数（Cronbach's alpha）接近0.8，说明量表内部一致性较好。

表8　信度分析

分类	克隆巴赫系数	项数
居民心理融合度量表	0.79	6
社区公共服务满意度量表	0.93	8

2. 效度

用因子测试（Factor-Test）观察是否适合使用主成分分析法，得到两个量表的KMO指数都大于0.8，证明适合进行主成分分析（见表9）。

表 9　效度分析

分类	KMO 指数	累计占比
居民心理融合度量表	0.83	0.49
社区公共服务满意度量表	0.92	0.68

　　如图 6 和图 7 可得社区公共服务满意度量表和居民心理融合度量表所生成的主成分均通过了碎石图检验，具有良好的统计意义。

Scree plot of eigenvalues after factor

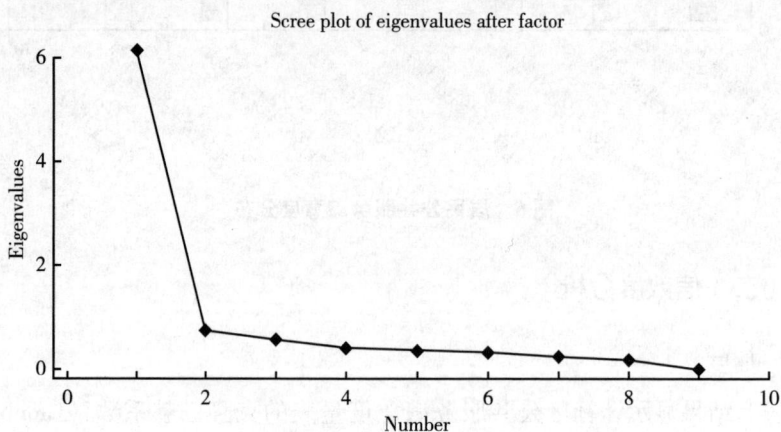

图 6　社区公共服务满意度量表的碎石图检验

Scree plot of eigenvalues after factor

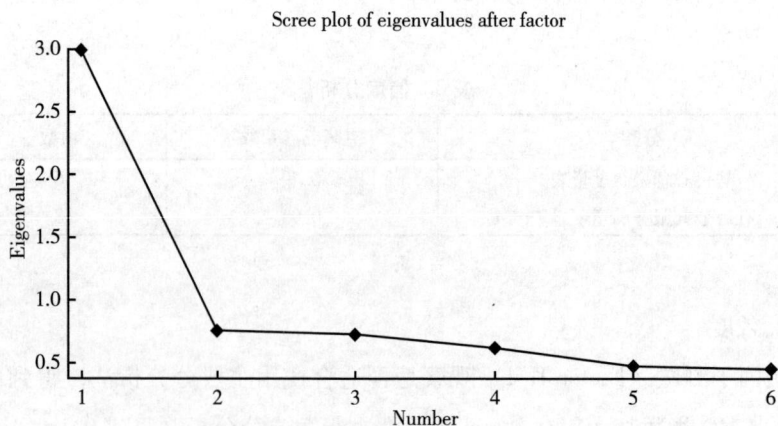

图 7　居民心理融合度量表的碎石图检验

（三）回归分析

1. 社区公共服务满意度与社区港澳居民身份认同感的多元回归分析

以社区公共服务满意度为自变量，以社区港澳居民身份认同感为因变量，居民居住地、性别、年龄、收入水平为控制变量进行线性回归，从回归分析的结果来看，公共服务满意度与社区港澳居民身份认同感具有显著的函数关系，线性回归模型的 R 方解释率均接近 10%，公共服务满意度对社区居民身份认同感具有正向影响作用（见表 10）。

表 10　社区公共服务满意度与社区港澳居民身份认同感多元回归

变量	模型(1)	模型(2)	模型(3)	模型(4)	模型(5)	模型(6)	模型(7)	模型(8)	模型(9)
	身份认同	身份认同	身份认同	身份认同	身份认同	身份认同	身份认同	身份认同	身份认同
居住地	−0.58 (−1.23)	−0.48 (−1.06)	−0.54 (−1.23)	−0.69 (−1.54)	−0.62 (−1.36)	−0.51 (−1.14)	−0.70 (−1.52)	−0.83* (−1.74)	−0.93* (−1.85)
性别	0.97 −0.98	0.67 −0.71	0.90 −0.97	0.64 −0.67	0.99 −1.03	0.29 −0.30	0.43 −0.44	0.21 −0.21	0.95 −0.90
年龄	−0.68* (−1.84)	−0.37 (−1.06)	−0.65* (1.89)	−0.52 (−1.47)	−0.53 (−1.49)	−0.53 (−1.47)	−0.60 (−1.61)	−0.46 (−1.19)	−0.48 (−1.20)
收入水平	0.648** −1.99	0.67** −2.16	0.52* −1.70	0.60* −1.91	0.43 −1.35	0.45 −1.44	0.55* −1.67	0.40 −1.17	0.47 −1.31
社区劳动就业服务	2.01*** (−3.85)								
社区基础设施	1.71***	(−3.56)							
社区文化体育服务			2.29*** (−5.04)						
社区医疗卫生服务				1.68*** (−3.72)					
社区社会保障服务					2.13*** (−4.52)				
社区公共安全服务						2.15*** (−4.34)			
跨境公共服务办理							2.16*** (−4.45)		

续表

变量	模型(1)身份认同	模型(2)身份认同	模型(3)身份认同	模型(4)身份认同	模型(5)身份认同	模型(6)身份认同	模型(7)身份认同	模型(8)身份认同	模型(9)身份认同
跨境法律服务								2.15***(−4.63)	
公共服务满意度									2.76***(5.12)
_cons	9.53***(−2.82)	9.02***(−2.63)	8.73***(−2.81)	10.75***(−3.30)	9.38***(−2.88)	9.60***(−2.86)	10.14***(−3.15)	11.09***(−3.45)	5.34(1.44)
N	284.00	307.00	303.00	298.00	286.00	294.00	285.00	274.00	258.00
R2	0.08	0.07	0.10	0.07	0.09	0.08	0.09	0.10	0.12

注：模型（1）至（8）所用的预测变量分别为社区公共服务满意度中的社区劳动就业服务、社区基础设施、社区文化体育服务、社区医疗卫生服务、社区社会保障服务、社区公共安全服务、跨境公共服务办理、跨境法律服务，模型（9）社区公共服务总体满意度。括号内为标准误，*** p<0.01，** p<0.05，* p<0.1。

2. 社区公共服务满意度与社区港澳居民心理融合度的多元回归分析

由表 11 可知，社区公共服务满意度的 8 个方面都对居民心理融合度有正向影响作用，且影响程度接近，因此假设二得证。而与社区公共服务满意度对居民认同感的影响相比，社区公共服务满意度对居民心理融合度的影响程度相对较低。

表 11　社区公共服务满意度与港澳社区居民心理融合度多元回归

变量	模型(9)居民融合度	模型(10)居民融合度	模型(11)居民融合度	模型(12)居民融合度	模型(13)居民融合度	模型(14)居民融合度	模型(15)居民融合度	模型(16)居民融合度	模型(17)居民融合度
居住地	−0.05(0.04)	−0.04(0.04)	−0.06*(0.03)	−0.05(0.03)	−0.07*(0.04)	−0.06*(0.04)	−0.07**(0.03)	−0.07**(0.03)	−0.04(0.03)
性别	0.01(0.07)	0.03(0.07)	0.04(0.07)	0.07(0.07)	0.04(0.07)	0.04(0.07)	0.04(0.07)	−0.01(0.07)	0.03(0.07)

续表

变量	模型(9)	模型(10)	模型(11)	模型(12)	模型(13)	模型(14)	模型(15)	模型(16)	模型(17)
	居民融合度	居民融合度	居民融合度	居民融合度	居民融合度	居民融合度	居民融合度	居民融合度	居民融合度
年龄	0.01	−0.01	−0.01	−0.01	−0.01	7.68	−0.01	0.01	0.01
	(0.03)	(0.03)	(0.03)	(0.03)	(0.03)	(0.03)	(0.03)	(0.03)	(0.03)
收入水平	−0.01	−0.01	−0.01	−0.01	−0.01	−0.02	−0.02	−0.01	−0.03
	(0.02)	(0.02)	(0.02)	(0.02)	(0.02)	(0.02)	(0.02)	(0.02)	(0.03)
社区劳动就业服务	0.13 ***								
	(0.03)								
社区基础设施		0.15 ***							
		(0.04)							
社区文化体育服务			0.14 ***						
			(0.03)						
社区医疗卫生服务				0.16 ***					
				(0.03)					
社区社会保障服务				0.11 ***					
					(0.03)				
社区公共安全服务						0.14 ***			
						(0.03)			
跨境公共服务办理							0.13 ***		
							(0.03)		
跨境法律服务								0.14 ***	
								(0.03)	
公共服务满意度									
_cons	3.03 ***	2.83 ***	3.06 ***	2.81 ***	3.13 ***	3.01 ***	3.07 ***	3.10 ***	2.62 ***
	(0.24)	(0.28)	(0.24)	(0.26)	(0.25)	(0.25)	(0.24)	(0.22)	(0.26)
N	169	169	169	169	169	169	169	169	169
R2	0.17	0.16	0.17	0.20	0.13	0.16	0.17	0.21	0.24

注：模型(9)至(16)所用的预测变量分别为社区公共服务满意度中的社区劳动就业服务、社区基础设施、社区文化体育服务、社区医疗卫生服务、社区社会保障服务、社区公共安全服务、跨境公共服务办理、跨境法律服务，模型(17)为全模型。括号内为标准误，*** $p<0.01$，** $p<0.05$，* $p<0.1$。

五　结果讨论与对策建议

（一）畅通接触渠道，跨越心理鸿沟

通过研究我们发现，社区居民对于内地机构和涉澳机构的接触频率有所差异，他们对于内地机构更加熟悉，且多为主动联系机构。而在横琴乃至整个大湾区，有相当数量的居民来自港澳或需要频繁往返港澳与内地，对于他们而言，涉澳机构本应更了解其在跨境生活中的需求，更主动地与其接触，但是我们的调查结果显示，在社区服务中扮演了主要角色的是内地机构。事实上，从横琴深度合作区到粤港澳大湾区，目前的涉澳机构尚处于发育期，无论是搭建的居民网络还是提供的社区服务，对于居民的可及性都有待提升。而涉澳机构有着了解、接近跨境居民的天然优势，其应该在居民的社区生活中发挥更重要的作用和扮演更重要的角色。

（二）匹配居民需求，提升身份认同

本文将居民的身份认同定义为即居民享受社区服务时感受到的归属感，通过数据分析验证了公共服务满意度对社区居民身份认同感具有显著影响的假设，体现了社区公共服务在促进居民融入中的重要性。在控制变量中，收入水平也具有显著影响，体现了居民自身经济条件以及社区服务水平都会影响居民在社区中的感受，进而影响居民的身份认同。

社区治理需要各机构重视居民的需求，关注低收入群体，提升社区各群体的服务感受，完善各利益群体的意见表达机制，满足多元化的需求，促进居民融入。社区机构应提高工作人员的业务能力及服务态度，缩短服务距离，主动与居民沟通，解决居民不便办、急需办的相关业务，提升居民满意度。为了进一步提升服务水平，也要促进机构间的合作，形成公共价值导向下的网络治理模式，提高服务的质量和效率。除了提高服务质量，社区机构也需要提高服务可得性，提供多样化的社区服务相关信息获取渠道，使社区居民能够更加方便获得社区服务。

（三）全面提升服务，助推居民融合

根据研究结果可知，社区公共服务满意度的 8 个不同测量维度均对社区居民融合度产生显著的正向影响，且影响程度大致接近。因此，在粤港澳大湾区跨境社区的融合发展进程中，有关部门要更加地注重打造更高品质的公共服务体系，以全方位、多领域、重质量、高要求为特点，在劳动就业、基础设施、文化教育、社会保障、公共安全、业务办理、法律服务等方面注入发展活力，用高品质的公共服务体系助推粤港澳大湾区跨境社区的居民融合，以此提升居民生活的获得感和幸福感，为社区居民提供生活上的便利和帮助，从而激发居民的生产动力，让居民更加安心、放心且积极地投入生产与生活中去，在配合国家政策和湾区发展要求的基础上，让湾区政府、跨境社区与湾区居民实现三位一体共同发展，最终汇集成新的发展活力进一步助推湾区居民融合，以此提升湾区居民融合的效率和质量，形成粤港澳大湾区跨境社区融合发展的新模式、新方法与新道路。

参考文献

澳门街坊总会：《澳门街坊会联合总会 2020 工作年报》，2020。

王名：《现代社会组织体制的国际比较及中国的战略》，《中国机构改革与管理》2015 年第 4 期。

中共中央国务院印发《横琴粤澳深度合作区建设总体方案》，《人民日报》2021 年 9 月 6 日，第 1 版。

中共中央国务院印发《粤港澳大湾区发展规划纲要》，新华网，http://www.xinhuanet.com/politics/2019-02/18/c_1124131474.htm，最后检索时间：2022 年 9 月 30 日。

澳 门 篇
Macau Chapters

B.10
关于对澳门特区政府《2023年财政
年度施政报告》解读分析

袁 超*

摘 要： 澳门特区行政长官贺一诚在澳门立法会发表《2023年财政
年度施政报告》。本文通过对澳门特区政府新年度施政报告在施政理
念、方向和工作重点等方面进行对比分析，厘清未来施政发力
点，以帮助横琴粤澳深度合作区下一步在加快构建与澳门一体化
高水平开放新体系、健全粤澳共商共建共管共享新体制和支持澳
门更好融入国家发展大局等方面更好契合澳门所需，并为加快实
现与澳门一体化发展营造夯实基础。

关键词： 澳门 施政报告 横琴粤澳深度合作区

* 袁超，横琴粤澳深度合作区创新发展研究院研究部副部长，研究方向为区域合作、产业发展。

澳门特区行政长官贺一诚于 2022 年 11 月 15 日在立法会发表题为"齐心合力，稳中求进"的《2023 年财政年度施政报告》（以下简称《2023 年度施政报告》），该报告是贺一诚任内第四份施政报告。总体来看，《2023 年度施政报告》紧紧围绕"经济""民生"，强调在疫情防控常态化背景下推动以综合旅游休闲业为支柱的澳门经济复苏，锲而不舍推动澳门经济适度多元发展。确定了"提振经济，促进多元，纾解民困，防控疫情，稳健发展"的总体施政方向，积极回应社会关切民生热点问题。同时，《2023 年度施政报告》在工作举措上较往年更加务实、主动、精准，特别是在加快推进横琴粤澳深度合作区（以下简称合作区）建设上，相关内容均较往年更加丰富，这也凸显澳门特区政府扎实推进横琴建设的决心。

一 60次提及"经济"：在加快经济复苏与推动经济多元发展上，特区政府更加积极主动

在《2023 年度施政报告》正文部分，累计提及 60 次"经济"，数量上虽不及《2022 年度施政报告》69 次的词频，但在施政重点编排上，《2023 年度施政报告》将"加快促进经济复苏，锲而不舍推动多元"列为 2023 年底澳门特区政府施政重点首位。与《2022 年度施政报告》首项施政重点"筑牢疫情防控体系，推动经济稳定复苏"相对比，不难看出，澳门特区政府已适应疫情防控常态化发展态势，迫切希望尽快走出疫情对经济影响的"泥潭"，加快促进经济复苏已成为澳门社会各界的共识。贺一诚在《2023 年度施政报告》中更是明确指出："目前，经济领域两项重要而紧迫的任务是加快经济复苏和推动适度多元发展。加快经济复苏是改善民生的物质基础，推动适度多元发展是破解澳门经济社会发展中深层次矛盾和问题的必由之路。"

在具体工作举措上，澳门特区政府分别从三个方面着手加快促进经济复苏。一是恢复综合旅游休闲业发展活力。《2023 年度施政报告》强调"综合旅游休闲业是澳门的重要支柱产业和优势产业，中短期内旅游业稳定复苏是

整体经济复苏的基础"。与《2022年度施政报告》相比,《2023年度施政报告》明确提出要"有效落实内地居民来澳恢复电子签注及赴澳旅行团等政策措施,逐步恢复旅游业和经济活力"。在工作安排上,"深化线上引流拉动、线下亲身体验""打造复合式社区旅游新产品""推进旅游与美食、大健康、科技、盛事等跨界融合,推动研学旅游发展"等举措较《2022年度施政报告》相关表述更加具体可行和更有创新思维。二是采取积极财政政策扩大基建投资。《2023年度施政报告》提出:"在能省则省、严格控制公共部门和机构经常开支的同时,维持公共投资力度",这从侧面反映出澳门特区政府在经济下行压力不断加大、财政收入吃紧的情况下,通过积极财政政策扩大基建投资,拉动内需、提振经济、改善民生的施政方向。从投资规模上看,2023年投资与发展开支计划(PIDDA)初步预算为223亿澳门元,与2022年相比高出近40亿澳门元,重点用于推进重大基建工程、完善交通智力、建设指挥城市、完善新型基建、加强防灾减灾等领域,这反映出澳门特区政府逐步完善城市功能,提升澳门宜居水平和城市管理水平的决心,也是特区政府在施政报告中对"稳"字的主要体现。[①] 三是扶持中小企业发展壮大。《2023年度施政报告》明确提出要"扶持中小企业发展,协助企业走出困境,助力中小企业提升竞争力"。虽然《2022年度施政报告》也提出要"加强扶助中小企业稳定发展",但在具体支持举措上,澳门特区政府明显从过去的"协助企业给舒缓资金、经营成本"被动式政策性支持向"协助中小企业把握非博彩业发展的机遇,实现与综合旅游休闲综合体互动发展"主动性谋发展转变,尤其是提出要通过"支持传统中小企业数字化转型,鼓励企业善用电商及直销渠道开拓市场""科技赋能特色街区,促进社区消费""不断完善各项法律法规、优化投资营商手续流程"等举措,显示出政府积极鼓励业界拥抱新技术的态度,也侧面反映出澳门特区政府求新求变求破局的决心。

---

① 田静、邓雅文:《贺一诚发布澳门2023年财年施政报告坚持"1+4"适度多元发展策略》,《21世纪经济报道》2022年11月16日,第7版。

在推动经济适度多元发展方面，《2023年度施政报告》首次提出"1+4"策略。"1"即"促进旅游休闲多元发展，做优做精做强综合旅游休闲业"；"4"即"持续推动大健康、现代金融、高新技术、会展商贸和文化体育等四大重点产业发展"。虽然大健康、现代金融、科技等产业亦有在《2022年度施政报告》中提及，但在施政报告中旗帜鲜明地提出"1+4"适度多元发展策略尚属首次。此外，《2023年度施政报告》还强调要"逐步提升四大产业比重，不断增强经济的发展动能和综合竞争力，着力构建符合澳门实际且可持续发展的产业结构""争取未来非博彩业占本地生产总值约六成的比重"，这充分说明在推动产业多元发展方面，澳门特区政府较过往有更为清晰的发展路径、措施和目标，产业发力点也更为夯实。一是推动综合旅游休闲业提质发展。与往年相比，《2023年度施政报告》在提及"推动综合旅游休闲业发展"方面，重点强调要"切实推动博彩业带动非博彩业发展，着力发展非博彩项目，增加非博彩元素""加强拓展高端旅游客源市场，开拓会展商务和奖励旅游"。这显示出澳门特区政府从过往的"促进博彩业有序健康发展"向"确保博彩业依法健康有序发展"，逐步淡化"博彩旅游"在"综合旅游休闲业"的地位和功能的施政态度，通过"严格监督新博彩经营承批公司履行批给合同承诺""有效监管和持续推动负责任博彩"等举措，逐步让博彩业成为澳门推动经济多元发展的"助燃剂"。二是加快大健康产业发展。《2023年度施政报告》提出要"加强与北京协和医院合作，以建设国家区域医疗中心为契机，致力发展面向粤港澳大湾区及周边地区的区域性肿瘤治疗、医学美容及其他专科治疗服务"。与往年相比，"国家区域医疗中心""肿瘤治疗""医学美容""专科治疗服务"等概念是首次提出，这显示出澳门特区政府在发展大健康产业上聚焦其自由贸易港，以及与国际先进医疗技术接轨优势，从往年"以中医药研发制造为切入点，培育发展大健康产业"，逐步向"专科医疗服务+中医药产业"双管齐下模式转变。此外，"争取经澳门注册的中成药产品在合作区生产和有序进入内地及国际市场""制定出台'澳门监造''澳门监制''澳门设计'标志的申请流程和管理制度"也是首次提及。这也显示出澳门特区政府未来将在中医药产业领域积极作为，通过"澳门注册+横琴制造+内地市场"方式，加速中医药产业发展。三是发展现代金融业。《2023年度施政报告》明确提出要"先以债券市场、财富管理、融资租赁、人民币清算、私募基金和绿色金融为发展重点，完善投融资生态圈，提升现代金融服务水平"。与往年相比，新增"私募基金""完善生态圈"表述，特别是首次强调现代金融业把落脚点要放在"联通世界、服务国家'双循环'新发展格局的对外金融服务平台"上，以及要"推进葡语国家人民币清算中心建设"，这显示出澳门特区政府在现代金融业领域有更加清晰的战略定位和发展路径认识，通过"加快《证券法》制订""强化金融基建""加强金融人才培养"等系列举措，充分发挥澳门"桥梁对接"和"战略支点"作用，嫁接好国际、国内两端市场需求，从而全方位提升澳门现代金融业发展水平，并逐步向国际化金融中心看齐。四是鼓励科技创新和科技产业发展。与往年相比，《2023年度施政报告》首次提出要"推动粤港澳大湾区国家技术创新中心澳门（分）中心与国家技术转移（澳门）示范机构建设"和"积极建设'中葡科技中心'，吸引葡语国家科创项目落户澳门"，从战略层面看，上述举措充分展现出澳门主动融入国家科技发展战略，加快推进粤港澳大湾区科技创新走廊建设的积极态度。此外，还明确提出要"完善科技发展体制机制""共建产学研联盟""落实推行科技企业认证制度"，这些举措，充分说明澳门特区政府将"由点及面"全方位、成体系推动科技产业发展，发展路径较以往定位更高、覆盖面更广、工作举措也更扎实。五是促进会展商贸和文化体育产业发展。与过往不同，《2023年度施政报告》在促进会展商贸和文化体育产业发展方面，从之前的单点发力逐步向产业联动和协同发力转变。例如，明确提出要"培育'产业+会展'新业态，以有利培育本澳四大产业和大湾区重点产业的会展活动为着力点，联动多方机构引进专业会展活动""推广商务休闲旅游，延长商务客在澳的逗留时间，带动更多商贸合作和旅客消费"。此外，《2023年度施政报告》还首次提出要"推动影视产业、影视服务业及周边行业协同发展""充分发挥'体育+'的作用，将更多旅游和文化元素融入各项活动"，这充分显示出澳门特区政府在推动产业多元发展方面逐步注重将"1+4"产业体系进行有机串联，改变过往单一性发展状态，逐步向资源整合型、内涵丰富型、措施关联型转变，全面激发"1+4"适度多元发展策略的内生动力。六是发挥人才对促进经济适度多元发展的关键性作用。与过往相比，《2023年度施政报告》将人才工作列在促进经济适度多元发展的内容当中，明确指出"经济适度多元发展，人才是关键""特区政府将坚持培育与引进并重"。这充分体现出澳门特区政府对人才工作的高度重视，一方面通过"加快培养本地人才，积极推动本澳在外人才回流"培养产业多元发展所需人才；另一方面通过"开放和务实态度，广纳贤才"，引进澳门经济适度多元发展所需要的人才。通过上述优存量、扩增量、提质量"组合拳"，不断厚植人才底蕴，为澳门经济适度多元发展夯实人才基础。

二 35次提及"民生"：在惠民生、保就业、促发展上，特区政府更显担当有为

"民生"一词在《2023年度施政报告》正文中出现35次，相比《2022年度施政报告》多提及9次。贺·诚在《2023年度施政报告》中更是明确指出，"民生无小事，政为民所兴""改善民生是政府施政的重中之重""特区政府将采取切实有效措施回应居民诉求，不断增进民生福祉，将纾解民困、排解民忧工作落实到位"。

一是在惠民生方面。尽管受疫情影响，澳门整体经济表现低迷，但《2023年度施政报告》明确提出将"确保教育、医疗、民生和社会福利等资源投放不减少，延续2022年度各项惠民措施和临时税务优惠政策"，这充分体现澳门特区政府对纾解民困高度重视。例如，在维持公共房屋投资力度方面，提出要"有序落实五阶梯房屋政策，协助不同阶层的居民置业安居""开展新一期经济房屋申请"；在强化社会服务工作方面，提出要"如期完成长者公寓建设""优化'照顾者津贴先导计划'，扩大受惠对象范围，新增约300个康复服务名额"；在提升教育水平方面，提出"不断改善基础教

育教学环境，规划建设 8 所学校和 1 个教育中心设施""继续支持本澳学生前往世界顶尖学府深造"，这些举措较过往有更加清晰的实施路径和目标指引，充分体现澳门特区政府在来年民生施政上更加聚焦，通过"以点带面"方式，全方位提升社会民生工作水平。二是在保就业方面。由于澳门失业率自 2022 年以来连续攀升，2022 年 5~7 月总体失业率达 4.1%。澳门居民失业率达 5.4%，澳门本地就业形势较为严峻。因此，在《2023 年度施政报告》中，澳门特区政府明确提出要"切实保障本地居民优先就业，维持本地雇员在综合旅游休闲企业任职中、高层管理人员比例不低于 85%"。此外，通过灵活实施"带津培训计划""开展线上就业支援服务，推出线上配对活动""动态调控外雇数量""开办多元职业培训课程及技能测试项目"等措施，协助澳门居民在职场向上或横向流动。上述举措，在充分体现澳门特区政府保就业的施政理念的同时，更凸显政策的灵活性和及时性，虽然未来澳门本地就业形势依然严峻，但失业率会有所下降。三是在促发展方面。《2023 年度施政报告》在 2023 年施政重点部分 74 次提及"发展"字眼，其中在社会民生领域 10 次提及"发展"。其中包括"促进澳门医疗卫生体系向前发展""支持妇女和儿童事务发展""促进托儿服务发展""稳步推动高等教育市场化发展""支持学生多元发展""支持青年发展""支持体育事业发展"等。这也从侧面反映出澳门特区政府以"发展"促经济、促多元、促民生的核心施政思维。

三 40次提及"合作区"：在扎实推进横琴建设工作上，特区政府更加聚焦"一体化"发展

　　《2023 年度施政报告》正文共 40 次提及"合作区"，多处重点着墨琴澳融合发展，涉及法治、产业、民生等多方面的内容。[①] 通过与《2022 年度

---

① 肖皓方：《澳门 2023 年财政年度施政报告多处重点着墨琴澳融合发展》，《珠海特区报》2022 年 11 月 16 日，第 11 版。

施政报告》对比分析，通过一年多时间的开发建设，粤澳两地在合作推进合作区建设领域成效显著，各领域均取得可喜进展，为来年扎实推进横琴建设打下扎实基础。《2023年度施政报告》更是明确指出"2023年是深化横琴粤澳深度合作区建设、实现第一阶段目标的关键一年"。在此背景下，"澳门特区政府将同广东省一道，不断健全共商共建共管共享新体制，有效落实合作区建设总体方案，深入推进合作区与澳门'规则衔接，机制对接'，实现主要产业加快发展，民生融合深度推进，持续提升澳琴一体化发展水平"。

一是在顶层政策落地上向纵深推进。与往年相比，《2023年度施政报告》在推动顶层政策落地工作上，正逐步从"完善合作区管理和执行机构的运作机制""做好《横琴粤澳深度合作区建设总体方案》实施方案起草工作""加快草拟合作区放宽市场准入特别措施、首批授权事项清单等重大配套政策""与粤方共同修编《横琴总体发展规划》"等宏观事项上，逐步向"有序推动合作区综合性立法工作""推动'分线管理'配套监管办法及税收政策尽快落地实施""探索建立国际互联网跨境数据管理体系""加快制订合作区开发投资公司组建方案""推动出台实施首批授权事项清单"等具体事项上深入推进，互为关联、上下配套、合作推进的工作方式，充分展现出在推进合作区建设上，粤澳双方互动关系更为协同紧密，国家对粤澳双方的协调支持力度也较过往大大增强。二是在产业建设上聚焦精准发力。与往年相比，《2023年度施政报告》在围绕"澳门所需"的同时，更加聚焦"横琴所能"和发挥"横琴基础"，首次提出"澳门平台+国际资源+横琴空间+成果共享"的产业联动发展新模式。在促进现代金融产业发展方面，提出要"建设重要金融基础设施，发展在岸业务和离岸业务""支持澳门资本联合粤方共同争取银行理财子公司、消费金融公司等金融牌照在合作区落地"。在高新基础产业方面，提出要"支持澳门科研项目在合作区开展联合研发及成果转化"。在大健康产业方面，提出要"重点发展中药经典名方制药、中医药检测认证、转化中试、生产制造等业态"。在文旅会展商贸产业方面，首次提出要"共同打造澳琴旅游形象IP""加快建设澳门文旅会展产业的延伸区、拓展区"。上述举措，充分体现出合作区在产业建设上与澳门"1+4"经济多元发展策略高度吻合，是促进澳门经济多元发展的重要载体，更是为澳门探索新技术、新产业、新业态、新模式提供重要"试验"平台。三是在宜居宜业生活环境上趋同澳门。与往年相比，《2023年度施政报告》在营造趋同澳门宜居宜业生活方面，正逐步从往年的"推进'澳门新街坊'建设""加快广州医科大学附属第一医院横琴医院、文化综合服务中心等公共服务设施建设"等完善"硬件"设施领域，逐步向"加快推进各项澳门标准的公共服务和福利制度落地横琴""协助澳门居民在合作区就业""持续深化澳琴在教育、医疗、文化等社会民生领域的交流合作""推动澳琴两地人流、物流、资金流、信息流等资源要素高效便捷流动"等"软件"配套推进。特别是首次提出的"便利澳门医疗人员在合作区跨境职业，争取在澳门合法使用的药品和医疗器械在合作区使用的政策"，更是充分体现出澳门特区政府在合作区主动谋求与内地的规则衔接和机制对接，通过营造趋同澳门的宜居宜业生活环境，进一步提升琴澳两地一体化水平的决心。

四 与往年相比，《2023年财政年度 施政报告》"三更"特点突出

（一）在工作思路上更加主动善谋

《2023年度施政报告》提出来年特区政府施政总体方向为"提振经济，促进多元，纾解民困，防控疫情，稳健发展"。与《2022年度施政报告》相比较，首要工作已从"防疫情"转变为"提振经济"。一方面，这反映出2022年澳门特区政府在疫情防控上积累了良好经验，有能力、有条件、有措施、有信心应对疫情风险；另一方面，也显示出现阶段澳门受疫情影响，经济下行压力逐步加大，社会各界对提振经济有迫切需求，特区政府施政发力点需要更多向刺激经济复苏和促进经济多元发展倾斜。一是理念善谋。从加快经济复苏思路上看，特区政府基于澳门自身发展情况，明确提出"加

快经济复苏是改善民生的物质基础，推动适度多元发展是破解澳门经济社会发展中深层次矛盾和问题的必由之路"的施政理念，通过"恢复综合旅游休闲业发展活力""采取积极财政政策扩大基建投资""扶持中小企业发展"等系列举措，扩客源，促消费，稳信心，激发市场活力，推动经济重回正常轨道。二是措施善谋。特区政府在促进经济复苏、提振整体经济的同时，明确提出"坚持不懈采取'1+4'适度多元发展策略，优化产业机构"。与往年相比，"加强发展文化旅游""加强开拓高端旅游客源市场""建设国家区域医疗中心""推进葡语国家人民币清算中心建设""积极建设'中葡科技中心'""培育'产业+会展'新业态""充分发挥'体育+'作用"等措施概念都是首次提出，这充分反映出特区政府在国家的大力支持下，未来发展战略层次会进一步提高，会更好地融入国家发展大局。同时，施政策略上的探索求变态度也为澳门加快推动经济多元发展提供有力抓手。三是发展善谋。《2023年度施政报告》明确指出"澳门将发挥背靠祖国、联通世界的优势，充分把握国家发展机遇，对接国家发展战略，落实'一中心、一平台、一基地'发展定位，开创新局面、实现新发展，为实现中华民族伟大复兴更好发挥作用"。"稳健发展"作为2023年度特区政府总体施政方向之一，既是确保澳门社会经济行稳致远的态度，更是促进各项事业实现高质量发展的"压舱石"。例如，在经济领域提出"推出各类疫后优惠旅游产品，协助业界广拓客源，推动研学旅游发展"，"开展公共基础设施、公共房屋等各类工程项目，借此扩大内部需求，提振经济，改善民生"。在城市建设领域提出"进一步加大基建工程投资，完善城市功能，提升宜居水平"。在民生领域提出"积极支持妇女和儿童事务发展，促进托儿服务发展""支持举办群众体育活动，推进健康城市建设"等。上述举措，无不体现出特区政府围绕"发展"做文章、干实事，为民服务的初心。

（二）在工作路径上更加务实担当

从总体上看，《2023年度施政报告》在推动来年各领域工作上，更注重工作路径选择更加契合澳门实际发展需求，积极围绕"国家所需"做好

"澳门所为"。一方面是确保"上接天线"有高度，与国家发展同频共振。《2023年度施政报告》明确指出"中央高度关注和重视澳门发展，已经明确表示将支持澳门经济发展及加快基础设施建设和重要民生工作""对具澳门特色的'一国两制'伟大事业充满信心"。为此，特区政府先后提出"加强与北京协和医院合作，以建设国家区域医疗中心为契机，致力发展面向粤港澳大湾区及周边地区的区域性的肿瘤治疗、医学美容及其他专科治疗服务""建设联通世界、服务国家'双循环'新发展格局的对外金融服务平台，特别是中葡金融服务平台""推动粤港澳大湾区国家技术创新中心澳门（分）中心与国家技术转移（澳门）示范机构建设""推动四个国家重点实验室纳入国家重点实验室重组体系，主动承担国家科技战略任务""主动对接国家发展战略和工作部署，推进与葡语国家和'一带一路'沿线国家及地区在经贸、旅游、文化等领域的交流合作"等工作路径，逐步让澳门在国家发展大局中找准自身定位和功能作用，借国家之势，谋澳门之发展。另一方面是注重"下接地气"能落地，积极回应澳门社会各界诉求。《2023年度施政报告》明确表示"特区政府将采取切实有效措施回应居民诉求，积极解决就业、住屋、医疗、民生服务及教育等方面问题，将纾解民困、排解民忧工作落实到位"。为此，特区政府先后提出"切实保障本地居民优先就业，确保博彩经营批给落实后博彩职员就业的稳定""维持公共房屋投资力度，有序落实五阶梯房屋政策，协助不同阶层的居民置业安居""关注人口老龄化问题，加强长者服务""从战略高度加强青年工作，支持青年发展""继续推进公共行政改革，不断提升全面治理能力和管治水平""坚持常态化科学精准防控，确保全澳居民的健康和生命安全"等工作路径。上述举措，充分显示出特区政府"人民至上"的施政宗旨，围绕民之所需，政之所为扎实设计、推动各项工作有章法、有思路落地，这既是对社会各界诉求的回应，更是对自身工作使命勇于担当的诠释。

（三）在工作举措上更加精准施策

《2023年度施政报告》在工作措施"颗粒度"上较往年更细致、更丰满和更精准，更加注重政策的科学性、落地性和可操作性。一是施策目标精准。例如，在经济领域，就是围绕"激发市场葫芦里，推动经济重回正常轨道"进行施策。在民生领域，围绕"不断增进民生福祉"推行各项措施。在公共行政领域，围绕"不断提升全面治理能力和管治水平"进行改革。在推进横琴建设领域，围绕"持续提升澳琴一体化发展水平"进行创新。在防疫领域，围绕"确保全澳居民的健康和生命安全"进行精准防控。二是措施制订精准。例如，为加快经济复苏，恢复综合旅游休闲业发展活力，特区政府明确提出要"有效落实内地居民来澳恢复电子签注及赴澳旅行团等政策措施""在内地重点城市举办大型旅游路展""加强和优化对外宣传推广澳门安全旅游城市"。为扶持中小企业发展，提出"支持传统中小企业数字化转型""科技赋能特色街区，促进社区消费""鼓励企业善用电商及直销渠道开拓市场"。为提升治理能力，提出"深化电子政务建设，打造'一件事'的集成化服务""重新构建统一的公务人员人事管理系统"。为筑牢防疫体系，提出"持续推进新冠病毒疫苗接种工作""筑牢口岸、医疗机构和社区三大防线""持续加强社会层面的防控管理"等。三是预期目标精准。与往年相比，《2023年度施政报告》更注重以结果为导向，以工作目标倒排各项工作进程，以具体数字确保各项措施落实到位。例如，在加快促进经济复苏和推动多元发展方面，特区政府拟定"2023年投资与发展开支计划初步预算为223亿元""坚持不懈采取'1+4'适度多元发展策略"。在加强基建和建设宜居智慧城市方面，特区政府提出"提高公共巴士使用新能源车辆比例至约70%""不可讲解的一次性塑料刀、叉、汤匙将于2023年禁止进口""横琴口岸连接澳门大学通道项目、轻轨妈阁站工程预计2023年下半年完工"。在惠民利民和优化民生工作方面，提出"维持本地雇员在综合旅游休闲企业任职中、高层管理人员比例不低于85%""于2023年开展新一期经济房屋申请""2023年新增约300个康复服务名额""在新城A区B1和B2地段规划建设8所学校和1个教育中心设施""2023年第四季发出新一代澳门居民身份证"等。

五 澳门《2023年度施政报告》对合作区未来发展启示

（一）有效强化澳门经济发展动能是核心

香港特区行政长官李家超在2022年10月19日发布其任内首份《行政报告》，其中明确提出要"更积极和进取地'抢企业''抢人才'"，通过成立"引进重点企业办公室""人才服务窗口""共同投资基金"，设立"招商引才专组"，推出"高端人才通行证计划"，放宽"一般就业政策和输入内地人才计划"等举措，不断增强香港发展动能。在此情况下，势必在一定程度上与澳门在促进经济适度多元发展过程中形成资源竞争，特别是在科技、大健康、现代金融和休闲旅游等产业领域。为此，合作区要充分发挥好"放大器"作用，协同支持澳门共同参与国际竞争。一是配合澳门共同"围猎"高端创新要素资源。在澳门现有四所国家重点实验室基础上，大力推动大院大所、海内外知名高校、国家科研机构等在合作区设立分支机构或基地，协同澳门探索创建综合性国家科学中心，重点面向高新技术、大健康等产业发展需求加快布局"基础研究—应用研究—成果转化及产业化"完整创新链。加快合作区开发投资公司落地，通过加强与国际资本合作，完善创新投入机制和科技金融政策，高起点"围猎"国内外顶尖企业和科研团队，探索承接"一带一路"沿线国家和地区重大科研合作项目，积极融入国际科技创新链条。二是加快跨区域产才协同发展。立足粤澳资源禀赋和发展基础，通过"需求导入+创新研发+资本运作+市场开拓"方式，推动与澳门加快形成跨区域基础设施、产业分工、平台载体建设等协调联动，率先在大健康、中医药及澳门品牌工业等领域实现"澳门研发+横琴制造"产业链分工模式。加快出台具有国际竞争力的产学研转移转化政策，携手澳门探索琴澳两地人才引进制度有序衔接，协同推进产业链招商和产业链引才，加快建设世界一流的集技术创新与研发、成果孵化与应用于一体的新型研发平台，逐步形成一流平台、一流企业、一流机构、一流大学、一流人才等"五个一流"高端创新要素加速集聚的良好发展态势。三是打造国际化高品质生活环境。加快推进高品质住房、教育、医疗、商贸、文化等城市配套设施建设，加快集聚国际优质医疗、教育、商贸资源，促进各类生产要素高效便捷流动，丰富通勤供给保障，促进职住平衡，大幅度降低跨区域生产生活成本，提高产业人才"隐形"福利，配合澳门积极吸引海外澳人回流。以"澳门新街坊"项目为试点，探索混居社区治理模式，积极对接澳门民生公共服务和社会保障体系，争取澳门药械率先在新街坊试点使用。

（二）高质量推动各项工作举措落地是关键

随着《2023年度施政报告》的出台，未来澳门和合作区的各项工作箭在弦上，政策措施能否见成效，保质保量完成是关键。香港特区行政长官李家超在《行政报告》特别强调"政府做事既要符合程序，更要以结果为导向"，明确提出通过订立约110个不同指标（包括绩效指标），推出"行政长官表扬榜"奖励计划，以及在日常决策中引入红队概念，全面检视和提升政府决策执行效能。香港特区政府这种高度重视政府治理能力和治理效能的态度值得澳门和合作区学习借鉴。一是进一步完善管理运作机制。虽然目前合作区"四共机制"运行良好，但是在个别领域内部融合机制尚需理顺。为此，因充分发挥好管委会、执委会作为合作区管理和开发建设主体机构的主观能动性，筑牢粤澳合作共商"基点"，充分利用好法定机构体制灵活特点，加快探索建立全新的内部管理运作机制，并在运行中不断完善，通过管理机构的内部融合，带动建立决策高效、执行有力、落实到位的新体制。二是加紧形成以"目标结果为导向"的工作氛围。紧扣促进澳门经济多元发展指标体系和"四新"发展定位目标，精准、科学设置考核指标，加快构建体现合作区高质量发展要求的综合考核评价体系，推动形成能者上、优者奖、庸者下、劣者汰的正确用人导向，最大限度调动合作区政府工作人员推动各项工作举措高质量落地的主动性、积极性和创造性。三是加强干部队伍建设。加快构建能够吸引全省乃至全国高素质干部队伍到合作区工作的用人机制。支持从全省选派专业领域优秀干部到合作区工作，争取中组部参照海南方式"组团挂职"给予合作区支持。出台专项政策措施，鼓励更多澳方人员到合作区工作。加快建立具有国际吸引力的市场化人事制度和薪酬体系，打破执委会粤澳双方工作人员身份"边界"，努力营造"来了都是横琴人"的身份认同感，共同挑起合作区发展重任。

（三）持续提升城市综合竞争力是方向

面对竞争激烈的外部发展环境，合作区在支持澳门经济适度多元发展的同时，更要持续提升自身城市综合竞争力，与澳门一道共同参与国际竞争。一是加快政策高质量落地。推动放宽市场准入特别措施、首批授权事项清单、鼓励类产业目录、企业所得税优惠目录、财税优惠政策等重大改革政策出台。锚定四大产业加紧出台一批针对性强、有竞争力的产业扶持政策，加快各类生产要素集聚发展。多措并举吸引企业上岛办公、海外人才回流，大幅降低合作区营商成本、融资成本，让实体化运营企业更有获得感。二是全面激发分线管理政策效能。加快合作区"一线"口岸和"二线"基础设施建设，争取年内具备封关运作条件。加快推动"人员进出高度便利""创新跨境金融管理""建立高度便利市场准入制度""促进国际互联网数据跨境安全有序流动"等关键性政策落地实施，让澳门"自由港"优势延伸至合作区，全面激活人流、物流、资金流、信息流在合作区的高效便利流动，加速琴澳一体化发展。三是打造有力链接"双循环"制度型开放高地。加紧对标 CPTPP、RCEP 等高标准国际经贸规则，充分发挥好澳门在国际商业运作准则与国际惯例对接全球优势，加快在知识产权保护、政府采购、竞争中性、劳工条款、环境保护等领域接轨国际、面向澳门；加快打造中葡国际贸易中心、数字贸易国际枢纽港、高品质紧扣消费品交易中心，逐步把合作区打造成为贸易投资最便利、行政效率最高、政府服务最规范、法治体系最完善的区域。

B.11
澳门文化交流合作基地建设现状及发展趋势

刘景松*

摘　要： 澳门建设文化交流合作基地，既可依托自身丰厚的文化底蕴和文化优势，又可善用"一国两制"的制度优势和一系列应时推出的政策优势。应坚持文化对外开放战略布局，发挥政府引领统筹作用，鼓励社会力量积极参与、共同建设。同时秉承和而不同、互鉴互惠的理念，尊重中华文明、澳门文化、西方文明的精神创造和文化传统，以创新为动力，运用新科技手段，推动多元文化深度融合。要兼顾各方利益，遵循国际规则和市场规律，将文化与外交、经贸密切结合，协调发展。

关键词： 澳门　横琴　文化交流合作基地

前　言

2019年2月公布的《粤港澳大湾区发展规划纲要》（以下简称《规划纲要》），进一步明确了澳门的发展定位：建设世界旅游休闲中心、中国与葡语国家商贸合作服务平台，促进经济适度多元发展，打造以中华文化为主流、多元文化共存的交流合作基地。即在"一中心""一平台"之后，新增

---

* 刘景松，博士，副教授，澳门创新发展研究会理事长，研究方向为中国现当代文学、海外华文文学、澳门文学文化以及粤澳合作等。

了建设"一基地"的国家战略。

经过 40 多年的改革开放和经济增长，中国的经济发展水平、产业体系完备程度、吸引外资规模、国际竞争力等"硬实力"已经趋近世界水平。但文化交流和文化吸引力却相对滞后，中国的国际形象、国际影响力与自身的国际经济地位不对称，在国际上的文化"软实力"和"话语权"明显滞后，不利于中国的长远发展。中国亟须增进和扩大对外文化交流合作，促进东西方文化交流、文明互鉴、民心相通，要落实"一带一路"倡议和拓展海外市场，争取更多国家参与中国的发展战略，共同建设合作互利的人类命运共同体。

在这一新时代背景下，澳门文化交流合作基地建设的提出，无疑具有重大意义。立足澳门，放眼世界，坚持"一国两制"，弘扬中华文化，吸收西方文化营养成分，辐射"一带一路"的合作理念，构建以中华文化为主流、中西文化共融、符合"一国两制"精神的文化交流合作基地显得至关重要。澳门可以发挥长期对葡语系国家和共建"一带一路"国家的广泛联系和东西文明与文化共存互融的有利条件，积极对外传播中华优秀文化，宣传国家改革开放政策，讲好当代中国故事，讲好"一国两制"成功实践的澳门故事，增强国家在国际事务中的话语权和影响力，增进世界各国政府和人民对中国发展的理解和参与，同时也为增进香港同胞、台湾同胞对中华文明和文化的认同感及归属感发挥示范作用。

一　澳门的文化特色与文化交流合作基地概念的提出

澳门是一座具有鲜明文化特色的滨海城市。2005 年，澳门历史城区被列入世界文化遗产名录，是澳门文化地位被国际社会高度认可的标志。澳门地处南海之滨、珠江西岸，具有江与海、海与陆地相连的自然条件与特点。由于地理位置优越，通过陆路与水路的连接，澳门与邻近地区以及遥远区域之间形成庞大的交通网络，成为不同地域、不同种族、不同国家、不同地区人口交汇的通衢。站在全球史视野看，葡萄牙人占居澳门以及后来的发展过程，不仅是澳门历史的重要篇章，同时也是中国历史乃至东亚历史以及欧亚近代史的新颖内容，一种带有持续影响力的因素由此开始形成。澳门成为大航海时代中国与外国，特别是与西方文化碰撞、交流和融合的前沿地带。数百年频繁的人口聚集、流动，酿就了丰富多元、色彩缤纷的地域文化。

澳门地域文化是中华文化中一个特殊的存在。独特的地理位置和自然条件，以及与众不同的经历和命运，使之既具备中国文化的普遍性，又有自身地域文化的特殊性。葡萄牙人从租借到占领澳门，经历了一个较长的历史发展时期。葡萄牙人建立的是一个弱势管治机构，在政治和经济方面都没能对澳门进行彻底改造。相反，在诸多方面都受到中国官府的制约和影响。明清政府一直在澳门实行管治，中国传统文化在这个区域有一个非常宽裕的传播、凝聚和扎根的阶段。中国传统文化在澳门得到传承和创新发展，其根源在于中华文化"有容乃大""和而不同"的思想，而对西方文化的包容与吸收，则从外延和内涵层面丰富了中华文化。在此基础上形成的澳门地域文化，绚丽而精彩。

以中外文化交融互汇为特色的澳门文化，绝不是各种文化的简单叠加或混合，而是以中国传统文化为底色、唱主调，在中国文化系统影响下对不同文化包容、渗透的结果。这其中，澳门与珠三角地区等密切的经济和社会关系等，都可视为中国传统文化在澳门地域文化形成中的基础因素。

论及澳门文化的属性与内蕴，其宗主地文化——广东文化断然不可绕过。广东文化以岭南文化为核心，岭南文化以农业文化和海洋文化为源头，在发展过程中不断吸纳、融汇中原文化和海外文化的营养成分，逐渐形成崇商重利、冒险进取、内外开拓等属性与特点。澳门文化乃岭南文化的分支，具有鲜明的海洋商业文化色彩。从行政单元来说，澳门直至16世纪中叶以前与珠海、中山都属于同一地方管辖。从文化单元来说，澳门直至16世纪中叶以前与环珠江口地区的文化、生活、风俗是一致的。澳门文化与广东文化可谓密不可分。①

---

① 袁行霈等主编《中国地域文化通览·澳门卷》，中华书局，2014，第31页。

但是，澳门文化拥有自己的文化新质。它萌芽于宗主地岭南文化的胎型，经过近 500 年不间断地吸纳新质，在面相上呈现异于岭南文化、内蕴更为丰富的"澳门文化"。由于地缘关系以及各种历史因素，澳门较早而且频繁地——以主动或被动的姿态——与外界文化碰撞交融，在辨析、吸收、模仿乃至学习践行西方文明文化方面拥有相当的积累与优势。① 16 世纪中叶，葡萄牙人占居澳门，澳门逐渐成为中国与外国、中华文化与西方文化交流、碰撞、融合的桥头堡。在大航海时代，澳门就是一个国际自由港，一个海上交通枢纽和贸易中心，国际化程度高。数百年中西文化交流和频繁的人口流动，以及在西方政治与法制文化的影响下，澳门文化具备了鲜明色彩，并形成开放多元、中西合璧、中西互映等文化品格。

2019 年颁布的《粤港澳大湾区发展规划纲要》，进一步明确澳门打造"以中华文化为主流、多元文化共存的交流合作基地"。建设文化交流合作基地，符合"一国两制"精神。"一国两制"的本质是坚持"一国"原则、发挥"两制"优势。对澳门来说，就是在维护国家主权前提下，实施"澳人治澳"、高度自治。中央提出澳门建设文化基地，希望澳门发挥自身的独特优势，传播中华文明及优秀文化，宣传"一国两制"的成功实践经验，推动香港和台湾同胞对中华文明和历史文化的深度认同，促进与海外国家及地区的文化交流、文明互鉴、民心相通，进一步推动中国与世界各国经济贸易活动往来，合作共赢。

澳门建设文化交流合作基地，应注重以下工作。

一是要以弘扬中华文化为主流，以提升中华文明的感染力和文化影响力为目标，促进中华优秀文化广泛传播，主流思想舆论不断巩固壮大。源远流长的传统中华文化是中华民族的文化根脉，所蕴含的思想观念、人文精神、道德规范，不仅是中国人的思想和精神内核，对解决普世问题也有重要参考借鉴价值。澳门建设文化交流合作基地，既要助力中华优秀传统文化创造性转化，也需兼容西方文明的营养成分，从而不断推动中华文化创新发展。

---

① 刘景松：《融合发展：粤澳文艺互动机制建设探析》，《港澳研究》2018 年第 1 期，第 79 页。

二是要发挥文化软实力作用，促进文化"走出去"，向国际社会讲好中国故事、澳门故事。要把握发展大势、区分对象、精准施策，改进国际文化传播格局，创新宣传理念、创新运行机制，汇聚更多资源力量，推进国际传播能力建设，讲好中国坚持全面改革开放和完善国家治理的决心和发展经验、中国人民奋斗圆梦的故事，宣传中国坚持和平发展和世界各国合作共赢的信念，讲好中国故事、传播中国声音，向世界展现真实、立体、全面的中国，让世界更好地了解中国。

三是要为繁荣澳门文化和社会建设发展服务。要着力推动澳门跨阶层的社群交流和文化公益事业建设，增强市民、游客对中华文化、中西文化、本土文化共存互融及其优势的正确了解，增进对中华文明和民族文化的认同感，提高澳门居民的归属感与凝聚力，奋发图强，加快澳门经济适度多元发展，进一步融入粤港澳大湾区建设和国家发展大局。通过加强对青少年的爱国爱澳教育，培养青少年的家国情怀，确保"一国两制"事业行稳致远。

四是要向国际社会和香港及台湾地区展示典范作用，促进港台同胞的民心回归。回归以来，澳门经济繁荣、社会稳定，与内地在经济、科技、产业、教育、旅游等领域融合发展、相互促进；澳门同胞享有广泛的自由和民主权利，真正成为国家和澳门的主人，表现出前所未有的"爱国爱澳"情怀和对"一国两制"的广泛认同。政府和民众（包括土生葡裔居民）普遍认同"一国"是"两制"的前提和基础，澳门是处于国家主权下具有高度自治权的特区，只有国家利益得到维护，特区利益才能获得保障。澳门不但实现了法理回归，更实现了人心回归，成为"一国两制"构想的实践典范。

二 关于文化交流合作基地建设的现状分析

（一）关于基地建设部署的评述

《规划纲要》颁布之后，引起港澳媒体和外地媒体的强烈反响。澳门社会各界认为，《规划纲要》为澳门的未来发展带来新机遇，为居民提供更广阔的生活和发展空间。作为四大中心城市之一，澳门是区域发展的核心引擎，应继续发挥比较优势，增强对周边区域的辐射带动作用，紧贴粤港澳大湾区规划，更好发挥外引内联的"精准联系人"作用。

从整体上看，《规划纲要》内容全面具体、强调创新，既注重整体、关注大局，又尊重湾区各城市的优势及特色、强调错位发展。不少学者认为，由于特殊的中西交通史地位，澳门具备厚重的历史文化积淀和独特的地缘优势、文化优势和制度优势，可以在国家新发展格局中发挥应有作用，做出更大贡献。

回归以来，特区政府重视文化建设与弘扬，致力于提升市民综合素质，激发市民对中华传统文化的情感。近年特区政府和社会各界坚持以中华文化为主流、中西文化共融、尊重澳门城市地域文化的特色，深入开展一系列澳门历史文化宣传和深层次研究工作。基地建设是澳门的巨大机遇，关乎澳门未来发展。无论政府部门还是民间社团乃至社会人士，都予以极大关注。

《规划纲要》明确澳门打造"以中华文化为主流，多元文化共存的交流合作基地"，意味着澳门将承担独有的、有别于大湾区其他城市的特殊使命。它远远超出了大湾区范围，是一个具有世界性意义的话题。这既是国家对澳门地位的肯定，又是国家对澳门在未来中国与世界各国交往过程中，尤其在世界文化交流与交融以及经贸合作中发挥重要作用寄予厚望。

（二）建设澳门文化交流合作基地面临的挑战

文化的交流互鉴与弘扬建设，是构建人类命运共同体的有效方式和重要途径。澳门在东西方文化交流史上扮演着重要角色、发挥了重要的融合与促进作用，留下众多见证中西方融合的独具特色的文化遗产和民生习俗。在新时期发展背景下，特别是世界格局大变革过程中，澳门更要充分发挥自身优势，推动基地建设。当然，基地建设仍存在种种问题与不足，面临以下挑战。

其一，澳门文化艺术市场需求量偏小。相比其他大湾区城市，澳门对文化艺术活动有需求的人口数量偏小，参与各项文化交流活动的人口较少。尽管每年有数量庞大的游客前来观光旅游，但他们大多数以博彩旅游为主，参与文化活动比例低。凡此种种，一定程度上制约了文化市场的需求与发展，难以吸引外地专业文化活动的策划主体来澳拓展业务。

其二，缺乏宏观视野和长远规划。基地建设，需要举全澳之力，有步骤、目标明确地展开。过往，文化部门不遗余力地推动文化交流，但效果不彰。一方面，政府、民间、艺术团体大多从自身立场出发开展文化事务，这些事务的开展呈现一种松散状态，缺乏统一目标。另一方面，特区政府至今没有推出建设文化交流合作基地的规划。由于缺乏指引，衍生出分工不清、路径不清、工作重叠、资源错配等问题。

其三，基地建设的战略定位不够明确。一些政府部门和业界仍囿于从文化产业角度看待基地建设，普遍缺乏对战略定位和发展视角的宏观认识。

其四，欠缺文化交流合作长效机制。回归以来，政府主导的民间承办或官民合办的各种文化活动，一定程度上提升了澳门文化声誉和影响力，增强了澳门文化的软实力，在本地区甚至邻近地区产生了影响。尽管已成功举办数量可观、规模较大、层次较高的文化活动，但重点项目数量依然不够，没有建立起文化交流合作的长效机制，文化交流活动依然处于松散状态。

其五，缺少文化艺术发展街区或专区设施。世界知名文化城市，都勤于规划建设文化艺术街区或专区，如北京 798 艺术区、香港西九文化区等。澳门文化表演场地散落在不同街区，澳门文化中心举办文化活动的类型和规模偶有口碑，但由于缺欠品牌意识和号召力以及受制于规模效应，无法做强做大，难以吸引顶尖人才来澳发展，也难以吸引企业机构入驻。[①]

其六，掌握或精通葡语文化交流类型人才缺口较大。现阶段，本澳高校培养的中葡双语人才，大多集中在翻译、法律和商贸领域。从事文化交流的双语人才数量未能满足基地建设需要。

其七，文创产业基础有待夯实。特区政府不断加强文创产业发展扶持力度，制定出台政策，设置专项基金，推出补助计划，成立专责部门支持业

---

① 林志军等：《澳门文化交流合作基地建设策略研究》，澳门创新发展研究会，2020，第31页。

界，在资金、技术、宣传、资源对接等不同层面全方位开展工作，促进行业成长。但文创产业占本澳的生产总值比重仍然偏低，文创产业没有实现向市场化、专业化的转型升级。

其八，现有配套政策和法规滞后。本地文化专才或文创产业技术与管理人才缺乏，人才引进和就业政策存在诸多限制。文化和文创活动需要大型场地和设施设备，但报关通关手续烦琐、流程慢，导致文化活动难以筹办或取消。

三　基地建设中的机遇与优势

（一）关于历史机遇的检视

要深入探讨基地建设中的历史机遇与澳门优势，则有必要就澳门的"湾区意识"与文化特色做简要回顾与概括。唯其如此，才能清晰地把握基地建设中的诸如政策、制度、文化或产业等层面的"澳门优势"。

世界由不同的文化族群组成。每种文化都有自身特点与魅力。文化的认同感越高，其影响力便越大，所处地区的民族自豪感就越强。文化潜移默化地影响着民族命运。构建和谐社会不仅需要坚实的物质基础和稳定的政治制度，也需要文化的滋润聚合。在人类历史进程中，如何维持社会秩序，推进社会可持续发展；如何以兼容并蓄和开放包容的文化认同作为凝聚力量、团结社会的精神纽带，不仅是文化态度，更是文化沉淀。

中华文化是中国人使用特有的语言表述而建构的一套特定思维范式和价值体系。中华文化以儒家思想为核心内涵，融合多元文化，体现了中华民族的精神风貌。其"有容乃大""海纳百川"等思想为世界各国尊重，为世界范围内构建人类命运共同体提供源源不竭的参考价值。

中华文化，是维系中华民族和包括港澳台同胞在内的全体中国人民以及海外侨胞的精神纽带。自16世纪中叶以来，澳门华人对传统礼仪、语言文字、风情习俗以及对国家高度认同，华人始终是澳门社会的主流群体。澳门虽然长期受葡人管治并与西方世界密切来往，但依然保持中华传统文化的本质。"和为贵""百善孝为先"等优秀传统文化在澳门得以发扬光大。澳门人爱国爱乡、尊老爱幼、重文明、守法制、重情义、敢担当。中华文化在澳门的传播与发展从未间断。在传承岭南文化色彩的中华文化的同时，澳门融汇了各种西方文化元素，形成了自身文化特色。生活在澳门土地上的不同族群和谐共处、相互尊重，形塑了中西文化荟萃、活力四射的多元文化形象。

澳门经济体量小、自然资源不足，发展空间有限，大湾区时代的到来无疑是绝佳机遇。在区域合作的推进深化进程中，澳门曾多次参与"粤港澳大湾区"概念的酝酿与推动工作。澳门既是最早具"湾区意识"的城市，也是最早提倡共建粤港澳大湾区并且展开实际行动的城市之一。2015 年，特区政府与深圳签署《关于深化深澳合作共同参与粤港澳大湾区建设备忘录》，旨在发挥两地的地域优势，在经贸、金融、文化、创新创业等方面建立更紧密合作关系，致力形成开放互动、区域协同的合作格局。2017 年，粤港澳大湾区城市群发展规划正式列入广东省政府工作报告。其间，澳门特区政府已着手与广东省政府、深圳市政府商讨启动关于粤港澳大湾区发展规划的研究工作。

对澳门而言，基地建设是一个发展契机。建设发展得顺利，将很大程度上提升澳门在国际经贸合作发展和对外开放中的地位。在当前国家推动"一带一路"倡议和建设粤港澳大湾区的战略中，澳门有能力也应当为"一中心、一平台"的建设发展注入新元素，酿造新亮点，发挥大作用。"一带一路"重在经济合作，也未尝不可视为文化文明的对外弘扬传播。作为重要的中西文化交流中心，澳门可以发挥自身独特优势和作用，利用与葡语国家、欧洲大陆以及广大海外侨胞的联结纽带作用，为中华文化的输出奉献力量。

粤港澳三地同宗同族，语言相似，民众生活方式与价值观接近。长期以来，无论是政府行为还是民间活动都呈现频繁互动、密切交往的态势。在不同历史阶段，大湾区各城市就致力于诸如粤港、粤澳、港澳、粤港澳等双边或多边的合作并取得良好效果。

从宏观视角看，大湾区建设是一项跨区域创新合作，其目标在于充分发挥粤港澳三地的互补优势，优化和整合产业结构，进而完成现代化经济体系建设。这是一项具有划时代意义的战略。由于涉及两种不同的政治制度、三种不同的海关体系，在建设过程中，如何破除行政壁垒、理顺关系，在极大程度上考验着三地政府的政治智慧和施政安排。大湾区建设既已写入政府工作报告，上升为国家战略，毫无疑问，需要在中央支持下，凝聚各方力量共商共建共发展。"一带一路"乃国家级顶层合作倡议，粤港澳大湾区则是"一带一路"倡议的重要节点。对澳门来说，参与大湾区建设、融入"一带一路"倡议，必然产生良性效应，为自身发展奠定基础。

从规划思路与实施步骤看，基地建设要务之一是做好顶层设计，抓住时代赋予的发展机遇，在服务国家发展大局中实现自身更好发展。细而言之，就是要秉持优势互补、互利共赢理念，密切合作关系，紧紧围绕"为谁建设、建设目标、建设模样以及如何建设"等环节有序展开。

基地建设，是一条创造文化融合之路。从辖地角度看，基地建设是在澳门展开、在大湾区展开、在国家辖域范围展开。从性质上说，基地建设当然可以视作为澳门自身发展而建、为大湾区建设发展而建，长远看也必然是为国家发展而建。基地的谋划建设，是新时期澳门融入内地发展、提升自身发展的大好时机。澳门是"一国两制"制度的示范点，从政治意义上看，基地建设的成功与否，关乎能否进一步丰富"一国两制"实践，为世界提供全新的具中国特色的发展经验。

（二）关于文化优势、制度优势、政策优势的探析

粤港澳大湾区是目前全国开放程度最高、经济活力最强的区域。在当今经济社会发展时代，文化实力一直是国家和区域竞争力的关键要素。文化事业的发展，既有赖于自身的资源禀赋和外部环境，又与区域联动效应密切相关。在经济融合发展过程中，文化往往发挥先行引领作用。粤港澳三地同属岭南文化，关系密切。作为中国南部最发达的三个经济体，在推进大湾区建设背景下，三地之间如何巩固文化认同、推动文化合作、实现互相信任和欣

赏至关重要。建设澳门文化交流合作基地，其前景之所以被看好，正是因为具备了有利于推进大湾区建设的独特优势。

其一，文化优势。澳门开埠近500年，具有悠久的历史文化和丰富的人文积淀。中西文化交汇于斯，孕育出新颖独特的人文景观。16世纪中叶以来，澳门逐渐成为中国与东西方文化交流、碰撞、融合的前沿窗口。由于地缘关系以及各种历史因素，数百年来澳门一直频繁地与外来文化碰撞交融，积累了独特优势。澳门文化的底色是中华文化，同时又具欧陆文化特征，这就使得澳门文化的地域性、继承性、包容性、开放性鲜明突出。

一般认为，具备文化特色的事物，在全球化进程中，不但不会消失，反而会在互动交往中表现得更具特色，更具时代内涵，更富生机活力。数年前，特区政府以历史城区建筑群申请列入"世界文化遗产"名录成功，澳门因此成为广受瞩目的文化名城。申遗成功，意味着澳门地区生活和实践的历史经验得到国际社会认可。这对提高知名度、未来经济文化发展，有着巨大推动作用，有助于在全球化浪潮中立住脚跟。澳门具"不同而和""和而不同"文化传统，意味着中华文化兼收并蓄、相容并包的精神充满恒久的生命力。申遗成功，储蓄了澳门文化持续发展的优势，有助于让更多的人参与文化遗产的继承与创新中来，更好融入澳门文化的建设与发展。

其二，制度优势。在谈到坚持"一国两制"政策50年不变时，改革开放总设计师邓小平强调"我们讲50年，不是随随便便、感情冲动而讲的，是考虑到中国的现实和发展的需要"。追溯历史可以发现，在这种大历史观的前瞻性布局与天才构想中，澳门独特的国际地位和近代中西文化交融历史，与"一国两制"构想形成了天然联系。

"一国两制"战略，是在坚持"一国"前提下，尊重"两制"特色。中央允许澳门保持高度自治，允许民间社会文化多样性。澳门特区政府和民间社团向来重视以中华文化为主流、中西文化共融，尊重和发扬澳门多元文化长期并存和互鉴特色。回归以来，特区政府致力于推动中华文化为主的文化建设，加强澳门同胞对中华文明的认同。"一国两制"的顺利实施，为澳门多元文化交流互融提供了制度保障。澳门始终坚守"一国两制"实践的正确方向，拥有"一国两制"优势的澳门社会发展取得了长足进步和巨大成就，在经济领域、文化领域走出一条具自身特色的发展道路。正确把握"一国"和"两制"的关系，坚守"一国"之本、善用"两制"之利，是澳门"一国两制"成功实践之道。"一国两制"的制度优势与强大生命力不断彰显，澳门人因此对未来充满信心。只有充分发挥制度优势，积极融入祖国发展大局，善用制度优势，才能扎实推动澳门社会繁荣发展。

其三，政策优势。回归以来，澳门经济发展迅猛。2002年之后，经济建设更是一日千里，短短数年就坐稳全球博彩业的龙头。① 在致力经济民生建设的同时，特区政府重视文化教育的规划发展，不断推出新举措，如开展"澳门历史建筑群"申报列入《世界文化遗产名录》各项相关工作；委派代表参加世界遗产委员会会议，加强对文化财产保护的推广和宣传工作。除了对文物建筑的保护和维修，还对文物的再利用进行可行性研究，并做规划；通过与联合国教科文组织（UNESCO）、国际古迹修复研究中心（ICCROM）、澳门旅游学院和香港大学合作，筹备合办第一届亚洲遗产管理学院网络的田野培训课程；举办第二次粤港澳艺文合作高峰会。提出通过合作，实现"优势互补、资源共享、提高效率、降低成本、创造品牌、培育人才、交流讯息、繁荣文艺"全面提升区域文化，达至粤港澳三赢的局面。对于三地未来的文化合作，设定"先易后难、扬长避短、配合全局"的思路和操作方式。在开拓文化建设方面，澳门博物馆协助广东省博物馆编写"历代广东书迹存目"；与中国近现代史博物馆合办"中华人民共和国国旗、国徽、国歌展"，积极推动爱国教育。

从以上关于文化建设的制度政策和文化层面所推出的政策措施，可以看出政府的决心和努力。在基地建设过程中，澳门拥有的历史机遇是前所未有的，拥有的文化优势、制度优势、政策优势，为大湾区其他城市难以相比。

---

① 2006年，澳门取代美国拉斯维加斯，成为全球博彩收益最多的城市。

四 推进基地建设的路径建议

经济、政治、文化是社会结构的三大领域，三者之间互有关系。充分发挥澳门中葡文化交流源远流长、人文资源丰富的优势，丰富居民文化生活，促进国际人文交流，助力中华文化走向世界，是澳门的职责和使命。

澳门乃中西文化交汇之地，在大湾区建设中独具优势。基地建设是时代发展需要，有助于实现湾区的软联通，助力人文湾区的建设发展。既可依托澳门自身丰厚的文化底蕴和文化优势，加强湾区城市互动合作，促进湾区居民的相互交往，增强大湾区的凝聚力、向心力与国际影响力；又可善用"一国两制"的制度优势和一系列应时制定推出的政策优势。

基地建设是一条创造文化融合的道路，是澳门融入国家发展、提升自身发展的绝佳时机。从政治意义上看，基地建设的成功，将进一步丰富"一国两制"实践案例，为世界提供全新的具中国特色的发展经验。

（一）加强顶层统筹、科学制订规划，整合多元文化资源

应该指出的是，政府和民间围绕基地建设的讨论已有时日，但尚未形成较明确的蓝图方案，亦缺乏规划与具体实施步骤。建议成立由行政长官担任主席的澳门文化交流合作基地建设委员会，制定整体建设规划。通过整合文化资源、确立发展策略、加强政策协同、促进国际交流等方式，推进基地建设。由委员会协调文化基地和"一中心""一平台"对接关系和协同发展；定期检查基地建设进度及相关制度的完备性；建立与社会各界商议、交流与合作机制，加强与文化界和社团智库的沟通合作。设立中葡文化交流促进小组。为配合中葡文化交流中心建设，加快澳门中葡特色文化"走出去"，与葡语系国家和"一带一路"沿线国家与地区开展多领域、多层次、多渠道的交流与合作。组织翻译葡语国家优秀著作和剧目，定期委派专业团体、人士出访葡语国家，开展多方位、多层次的文艺交流，借此传播澳门中葡文化，展现澳门文化的独特魅力，从而与"一带一路"倡议融合，宣传助力基地建设。

（二）增强文化艺术人才储备，提升居民艺术素养

基地建设离不开熟悉中国传统文化、岭南文化、中葡文化的高端专才，应加快研究制订人才培养、人才储备政策，鼓励居民投身文化行业，对有条件具潜质且愿意投身文化艺术的青年进行专业培养，提供专业课程，打造人才培养的"一条龙"模式。加强宣传本澳作为中西文化交流合作基地的地位，吸引更多人才来澳，促进同行间的专业交流。加大文化管理、文化研究领域的人才培养力度，为各类人才与先进国家和地区交流学习创造机会，为人才储备创造条件。澳门拥有旅游及中葡文化人才培训的优势，打造大湾区旅游培训基地，与大湾区各城市相互提供酒店管理的实习培训名额，透过人员交换培训计划，让澳门旅游从业人员到各市培训观摩学习，大湾区青年来澳接受培训。澳门葡语教育资源丰富，师资力量强大，可开设中葡双语学士、硕士和博士学位课程。政府可与高等教育葡语联盟合作，推进大湾区葡语人才的培养工作。

（三）促进科技、文化与金融共融，催生文创产业新业态

文化事业与经济社会的发展息息相关，国际大都市无不重视文化与城市建设、社会发展的融合，重视文化与金融、贸易、旅游、会展、博览等产业的共融发展，催生新兴业态，形成联动发展。建议从四个方面发力。第一，制定支持发展文化产业的政策。文化产业既具备经济性又具有意识形态特征。应审时度势，出台具体政策指引，加强与内地文化产业政策及法律法规的对接。同时明确文化产业的界定、统计标准、统计方法以及知识产权的保护等，为融入国家文化产业发展做准备。第二，加快文化产业基础设施建设。着手对"一带一路"沿线国家地区文化基础设施进行深入调查研究，推动示范性规则的制定和相关技术标准的衔接，加快基础设施建设，特别是互联网的互联互通、文艺场所设施建造。以文化创新为轴心，推动创意研发、遗产保护与利用、贸易与资源发展。制订文化艺术展演功能分区，打造新文化地标，吸引优质文创机构入驻。第三，结合现代科技，推动文创发

展。鼓励业界进行文化与科技结合的应用创作，结合电影、电视、游戏、动画漫画、数码艺术等，建立文化科技创新价值链，提升澳门不同文化范畴的协同效应。政府提出打造澳门品牌工业，尤其是发展中医药制造业。做好外观设计和广告宣传，把中医药产品推向国际市场。第四，引导并提高居民文化消费意识，更新消费观念并养成文化消费习惯。出台措施，引领个性化、多样化的文化消费发展趋势，建立引导文化消费的长效机制。改善文化消费环境，鼓励大型企业参与发展文化产业、参与文化消费项目的拓展和创新；释放文化消费需求，通过开发发展文化品牌活动，营造文化消费氛围。将人文艺术文化带入小区，提高市民的艺术欣赏力，鼓励居民参与文化消费。

（四）加强琴澳区域互动，联手推广中华文化

作为大湾区的文化交流合作基地，澳门肩负促进中国与葡语国家之间的文化交流合作、推动区域和国际人文交流的使命。基地建设，必须用活用好大湾区平台，提升澳门在国际人文交流的功能地位。首先，加强澳门对大湾区的辐射带动作用，依托粤澳合作区平台，推动粤澳文化产业深度合作，促进人流、物流、资金流和信息流在"一国两制"框架下更加便捷、高效流动。发挥澳门与葡语系国家文体活动交流合作的平台作用，在合作区联合举办大型体育赛事如引入葡语国家足球劲旅或其他重要赛事到横琴举行；与横琴方面合作举办各类文化遗产展览、展演活动，共同保护、宣传、利用好大湾区内的文物古迹、世界文化遗产和非物质文化遗产。其次，发挥澳门高校在文化交流合作方面的功能作用。发挥澳门高等院校在双语人才培养、开拓海外交流项目等方面的独特优势，助力大湾区与葡语系和"一带一路"沿线国家地区的文化交流合作。拓宽交换生的范围，设立葡语国家学生来澳学习奖学金，吸引更多葡语国家学生来澳学习深造。以高校语言文学教研基地为依托，加强向葡语国家及"一带一路"国家及地区宣传澳门文化和中华文化。资助更多大学生到葡语国家交流，加强对葡语的学习，推广中华文化，让更多国际友人认识中华文明、了解中国文化。再次，创建若干凸显本土色彩、知名度与美誉度并存的文化品牌。举办宣扬中华文化的大湾区比赛

活动，如大湾区文化知识大赛、大湾区青少年中国诗词大会、大湾区中国文化交流营、大湾区葡语国家文化夏令营等活动。参与保育和发展湾区内的多元文化，并向葡语国家推广，促进大湾区与葡语系国家的文化交流合作，同时增强自身的文化魅力和影响力。最后，助力中医文化走向国际。致力发展中医药医疗、中医药疗养旅游及中医药保健产品制造，对准大湾区、大中华地区的客户群体。把历史悠久的中医药文化通过"一带一路"输送到沿线国家地区，加快实现中医药文化和中医药产品走向世界。

（五）建设爱国爱澳教育基地，增强居民文化自信

澳门现有冼星海纪念馆、叶挺故居等具备爱国教育内涵的景点。建设爱国教育基地，既可作为粤港澳地区的红色景点，又可成为重要的爱国教育景区。培养澳门青少年国家意识和爱国情怀，为扩展学校及社团开展爱国爱澳教育提供场所，提升青少年对爱国爱澳内涵的理性认识。支持本澳和内地在爱国学校游览、青少年文化遗产研学、特色文旅景点参观、中华文化品牌资源开发等方面互联互通，资助学校引入校园国粹展演。透过爱国教育基地建设，增加常态化的国防教育、国家安全教育内容和活动，鼓励青年参与，增强居民文化自信，确保"一国两制"事业后继有人。

（六）善用"归侨"资源，充分发挥"归侨"文化交流使者的力量

澳门的归侨、侨眷来自不同国家和地区，人数较多，从事不同行业，有广泛的国际化人脉关系和社会联系。归侨群体是基地建设不可或缺的力量。如由缅甸迁居澳门的归侨组织举办的泼水节，同时设有东南亚美食文化节，丰富了澳门的文化内容。[1] 归侨团体组织参访原工作生活居住的国家，与当地侨团联谊，促进了海外侨社了解澳门侨界，了解澳门回归后的发展状况。归侨与海内外侨团联系紧密，成了原侨居国文化和华夏文化的传播者。可引入海外华侨资本参与大湾区建设，开展相关音乐、艺术等交流合作。

---

① 通常选择在三盏灯等归侨聚居地一带举办。

结　语

对于澳门社会发展而言，文化交流合作基地建设的重要性自是不言而喻。应立足自身社会文化资源，尊重本土文化，发挥弘扬中华优秀传统文化和社会主义核心价值观，融汇葡语系国家文化和其他西方先进文化，促进文明互鉴，实现亲诚惠容、民心相通，推动中华文化"走出去"，扩大中华文化的国际影响力。文化交流合作基地的建设应遵循三个基本原则：一是坚持文化对外开放战略布局，发挥政府引领统筹作用，鼓励社会力量积极参与、共同建设，着力建立长效合作机制；二是秉承和而不同、互鉴互惠的理念，尊重中华文明、澳门文化、西方文明的精神创造和文化传统，以创新为动力，充分运用新科技手段，推动多元文化深度融合；三是兼顾各方利益，遵循国际规则和市场规律，调动各方积极性，将文化与外交、经贸密切结合，形成文化交流、文化传播、文化贸易协调发展态势，实现互利共赢。

B.12
横琴粤澳深度合作区澳门青年
引进政策分析*

蔡琦海　陈姝　张雪　胡学雅**

摘　要: 横琴粤澳深度合作区是澳门参与粤港澳大湾区建设、融入国家发展大局的第一站，也是许多澳门青年到内地发展的首选区域。横琴合作区围绕推动澳门青年融入发展出台了系列举措，包括推动创新创业、促进就业以及提供配套措施等，但仍有不少亟待破解的难题。本文以政策工具视角系统地分析澳门青年融入横琴深度合作区的相关政策，旨在明确合作区的人才引进政策现状、优势与不足及可能的改进路径。本文通过对比珠海横琴、深圳前海和广州南沙三地的人才引进政策，发现目前的人才引进政策普遍存在供给型政策溢出、环境型政策受限以及需求型政策匮乏的问题。基于上述发现，本文建议优化组合不同政策工具，建立起政策工具间相互补充的人才政策体系，以期达到人才政策"引得进，留得住，用得好"的目标。具体的政策建议包括强化人才战略顶层设计、提升琴澳两地政策协同效应、发挥区域发展错位优势、注重政策工具优化组合以及深化与澳门社团合作。

---

* 本项目为澳门科技大学研究基金项目（项目编号为 FRG-21-030-MSB）。

** 蔡琦海，博士，澳门科技大学商学院助理教授，研究方向为合作治理；陈姝，横琴粤澳深度合作区法律事务局改革和政策创新处代理副处长，研究方向为政策创新；张雪，澳门科技大学公共行政管理硕士研究生，研究方向为政策扩散；胡学雅，通讯作者，澳门科技大学公共行政管理硕士研究生，研究方向为国土资源规划。

关键词： 供给型政策工具　环境型政策工具　需求型政策工具　人才政策
横琴粤澳深度合作区

一　研究背景

《粤港澳大湾区发展规划纲要》提出，要积极开拓港澳青年在内地创新创业就业的空间，使得双方在发展中共享相关资源，为港澳青年提供更多机遇和更好条件。近年来，广东省珠三角9市相继出台一系列扶持政策，为港澳青年在大湾区工作生活提供针对性的创新创业培训、就业津贴、住房保障、医保衔接、执业认可等服务。从国家到地方，港澳青年融入粤港澳大湾区发展的政策体系正逐步形成。根据广东省的相关统计数据，截至目前，港澳居民有8.51万人已经在粤办理就业登记，港澳项目累计有2394个在广东省港澳青年创新创业孵化基地孵化、吸纳港澳青年就业3455人。①

珠海横琴是粤港澳大湾区建设的三大重点平台之一，横琴与澳门地缘相近、人缘相亲、业缘相融。2021年，《横琴粤澳深度合作区建设总体方案》（以下简称《总体方案》）的出台，进一步明确了横琴在推动港澳青年融入合作区发展的重要地位。横琴又被称为"便利澳门居民生活就业的新空间"，《总体方案》是推动澳门青年创新创业就业的"一只看不见的手"。据国家发展改革委公布的数据，2021年9月至2022年9月，在横琴就业的澳门居民数量同比增长54.4%，横琴澳资企业总数已超5000家。②

---

① 《广东经济社会发展成就系列新闻发布会——推进高质量发展　打造新发展格局战略支点》，中华人民共和国国务院新闻办公室网站，http://www.scio.gov.cn/m/xwfbh/gssxwfbh/xwfbh/guangdong/Document/1724430/1724430.html，最后访问日期：2022年10月7日。

② 《国家发展改革委举行专题新闻发布会　介绍区域协调发展有关工作情况》，国家发展改革委员会网站，https://www.ndrc.gov.cn/xwdt/xwfb/202209/t20220920_1335854.html？code=&state=123，最后访问日期：2022年10月7日。

近年来，横琴围绕推动澳门青年融入发展出台了系列举措，在推动创新创业方面，制定并出台《关于进一步支持澳门青年在横琴创新创业暂行办法》，设立横琴·澳门青年创业谷等5个面向港澳青年的创新创业基地，总面积超过12万平方米，面向澳门青创企业组织开展各类政策宣讲、专业服务、投融资对接、产业配套、创业培训等专项活动，提供办公场地租金和物业管理费补贴超1000万元、优秀澳门青创项目首笔配套扶持超20万元。截至2022年7月底，累计孵化港澳企业或项目582个，其中澳门企业或项目536个，占比92%。① 在促进就业方面，启动"澳门青年实习计划"，于2022年7~12月推出多个专项实习活动，针对不同行业、专业推出专项实习计划，全方位满足不同澳门籍青年群体的实习需求。首期推出"澳门青年·横琴粤澳深度合作区专项实习计划"和"澳门大学生暑期专项实习计划"，已有80名澳门青年完成在岗实习。② 发布《横琴粤澳深度合作区境外职业资格便利执业认可清单（第一批）》，涵盖建筑、规划、医疗、旅游四大领域，允许持有境外职业资格的专业人员按照相关实施办法经备案登记后执业。在优化配套保障方面，推出"琴澳跨境人才工程"，依托澳门大学、澳门科技大学以及澳门技术创新研究院等平台，吸引澳门及境内外人才到合作区生活、工作。"澳门新街坊"综合民生项目加速建设，在横琴居住的澳门居民已达3632人，同比增长11.2%；为部分高层次人才及特需人士发放"绿色诊疗卡"，截至2022年9月，横琴医院为澳门居民提供诊疗服务超8000人次，同比增长1.5倍。③

虽然澳门青年融入合作区发展呈现良好态势，但仍有不少亟待破解的难

---

① 《横琴如何增强对澳门居民吸引力？》，《珠海特区报》，http：//zhuhaidaily.hizh.cn/html/2022-09/16/content_1224_6734001.htm，最后访问日期：2022年10月7日。

② 《"澳门青年实习计划"首期两个专项圆满闭幕80名澳门青年顺利结营》，横琴粤澳深度合作区民生事务局网站，http：//www.hengqin.gov.cn/macao_zh_hans/hzqgl/dtyw/dtxx/content/post_3424315.html，最后访问日期：2022年10月7日。

③ 《横琴粤澳深度合作区：开启琴澳一体化发展新征程》，横琴粤澳深度合作区网站，http：//www.hengqin.gov.cn/macao_zh_hans/hzqgl/dtyw/xwbb/content/post_3428757.html，最后访问日期：2022年10月7日。

题。首先是琴澳两地市场差异带来的薪酬落差，2021 年澳门就业人口月收入中位数为 15800 澳门元（约合 13430 元人民币）①，远高于珠海市城镇私营单位就业人员月平均工资（6224 元人民币）②；其次是琴澳两地环境差异带来的生活落差，据第七次全国人口普查数据，合作区常住人口为 43618 人，与 2010 年第六次全国人口普查的 6914 人相比，10 年共增加 36704 人。③ 澳门 2020 年第 4 季度人口数为 683100 人④，与澳门相比，合作区就生活便利度而言，对澳门青年的吸引力较之澳门本土明显不足；此外，澳门与内地在思维观念、体制机制、政策体系、商务习惯等方面有所不同，澳门青年对内地的创业、创投、市场环境还不够了解，其成为制约澳门青年到合作区就业创业的重要因素。因此，本文以政策工具的视角系统地分析澳门青年融入横琴粤澳深度合作区的相关政策，旨在回答以下三个具体的问题：合作区的人才引进政策现状如何？分别存在哪些优势与不足？有哪些可能的改进路径？

　　本文余下部分结构如下。在阐述研究背景之后，第二部分系统梳理了现有文献中关于政策工具和人才政策的相关研究，构建了分析框架。第三部分阐述了研究方法，本文采用跨案例比较分析，综合使用了多来源的二手数据材料，包括政策文本、统计数据和问卷调查等，力求达成三角互证（triangulation）以增加本文结论的效度。第四部分以政策工具为切入点详细分析了澳门青年融入合作区的相关政策，并与其他地区做了比较研究。最后部分基于分析结果和案例对比提出政策思考和建议方案。

---

① 澳门统计暨普查局：《总体就业人口月工作收入中位数（2021 年第 4 季）》，https：//www. dsec. gov. mo/ts/#！/step2/KeyIndicator/zh‐MO/242，最后访问日期：2022 年 10 月 7 日。

② 珠海市统计局：《统计及普查公报》，http：//tjj. zhuhai. gov. cn/tjsj/tjzl/tjjpcgb/，最后访问日期：2022 年 10 月 7 日。

③ 《横琴新区第七次全国人口普查公报（第一号）》，http：//www. hengqin. gov. cn/zhshqxqzfmhwz/news/zwgk/tzgg/content/post_ 2876048. html，最后访问日期：2022 年 10 月 7 日。

④ 澳门统计暨普查局：《总人口（期末）》，https：//www. dsec. gov. mo/ts/#！/step2/KeyIndicator /zh‐MO/240，最后访问日期：2022 年 10 月 7 日。

二 文献综述

（一）政策工具

政策工具（Policy instruments）又被称为治理工具（Tools of governance）或政府工具（Tools of government）。Hood 在《政策工具》中认为可以通过区分"客体"与"活动"来解释政策工具。比如，在经济金融方面，税收补贴被认为金融政策工具；在法律法规方面，宪法及行政法被看作法律政策工具；在人力资源管理方面，激励手段也被看作管理政策工具。在不同的客体领域，政策工具有不同的形式。政策工具从宏观层面来说是达到某项目标的一种手段，是决策者或实践者目前正在使用或将来可能会使用的来实现一个或多个目标的任何东西。[①] Elmore[②] 认为政策工具是政府使用的一种实现目标的混合技术手段。政策工具可以左右公民的日常生活和社会经济活动，是将无形的政策目标转化为具体的、可操作的政策行动所需要使用的工具或机制。[③] Hood 认为政策工具是将制定的政策目标转化成具体实施的政策措施，把这些相关的措施放在一个工具箱中，通过不同的排列组合来达到最后的政策目标。Needham[④] 认为政策工具是一种治理机制，治理的对象是公共主体，并且这种治理机制是可用性和合法性并行的。Howlett 和 Ramesh[⑤] 认为政策工具是一种运用在具体政策的部署和实施过程中的手段方式。陈振明[⑥] 认为政策工具是政府用于解决社会和政策问题的具体方式与手段，以达成最后的政策目标。综上所述，政府作为主体，政策问题作为客体，政

[①] 顾建光、吴明华：《公共政策工具论视角述论》，《科学学研究》2007 年第 1 期。

[②] Richard F. Elmore, "Instruments and Strategy in Public Policy," Review of Policy Research 7 (1987): 174~186.

[③] 何精华：《府际合作治理：生成逻辑、理论涵义与政策工具》，《上海师范大学学报》（哲学社会科学版）2011 年第 6 期。

[④] Barrie Needham, Choosing the Right Policy Instruments (Aldershot: Gower, 1982).

[⑤] Michael Howlett, Michael Ramesh, "Patterns of Policy Instrument Choice: Policy Styles, Policy Learning and the Privatization Experience," Policy Studies Review 12 (1993): 3-24.

[⑥] 陈振明：《政策科学：公共政策分析导论》，中国人民大学出版社，2003。

策工具是主体到客体之间的一系列手段、方法和机制。政策工具是政策目标和政策实施效果之间的中介，并对政府所制定的政策目标具有决定性作用。[1]

政策工具被广泛地应用到各个政策领域的研究中，如低碳经济、农业、教育、土地管理等。彭海珍[2]从政策体系层面出发，探讨能够有效促进循环经济发展的政策条件与体制环境，推动中国的可持续发展。宋德勇、卢忠宝[3]对比英美等发达国家的政策工具，指出中国当前低碳经济存在的问题，以及针对这些问题提出政策工具的相关设计应该从行政手段向市场机制进行转变。王春福[4]针对中国新农村建设，提出政府在农村发展过程中有多种政策工具可以选择，而农村基础设施的类型就是政策工具选择的相关标准和依据。苏盛安、赵付民[5]通过政策文本计量分析的方法，分析政府科技投入的政策工具组合对中国大中型工业企业的相关影响。有关政策工具的研究中，很多学者都使用了政策文本计量的方法从政策工具的维度分析具体政策的实施效果。何江等[6]分析"人才争夺战"背景下各地出台的人才新政，发现补贴、税收优惠和相关落户政策是目前政府的主要政策工具手段，但手段较为单一且具有同质性。李廷洲等[7]基于政策工具视角分析"十二五"期间的教师政策，发现相关政策工具中的命令工具使用过度，并且激励、能力建设等其他维度政策工具使用不够充分。张熙、高翔[8]通过系统梳理校内减负政策

---

① 杨艳、郭俊华、余晓燕：《政策工具视角下的上海市人才政策协同研究》，《中国科技论坛》2018 年第 4 期。

② 彭海珍：《中国环境政策体系改革的思路探讨》，《科学管理研究》2006 年第 1 期。

③ 宋德勇、卢忠宝：《我国发展低碳经济的政策工具创新》，《华中科技大学学报》（社会科学版）2009 年第 3 期。

④ 王春福：《农村基础设施治理的政策工具选择》，《学术交流》2008 年第 2 期。

⑤ 苏盛安、赵付民：《政府科技投入政策工具对我国大中型工业企业科技投入的影响》，《科技管理研究》2005 年第 8 期。

⑥ 何江、闫淑敏、谭智丹、胡敏、冯星瑷、江蕙伶：《"人才争夺战"政策文本计量与效能评价——一个企业使用政策的视角》，《科学学与科学技术管理》2020 年第 12 期。

⑦ 李廷洲、焦楠、陆莎：《"十二五"期间我国教师政策计量分析与前瞻——基于政策工具视角的文本计量研究》，《中国教育学刊》2016 年第 9 期。

⑧ 张熙、高翔：《"双减"背景下省市级减负政策工具选择研究——基于政策工具和减负类型双维度的分析》，《基础教育》2021 年第 5 期。

和培训机构规范政策的相关文本，发现在双减政策中能力建设和权威政策工具使用过度，而激励和劝诫等政策工具的使用不够彻底。熊勇清、侯玲玲[①]以相关产业转型政策作为研究主体，建立四维分析框架，发现行业整合和产业培育方面的政策工具使用不足。

政策工具的多样性特征使其具有不同的分类，本文整理了各国学者对政策工具的代表性分类方式（见表1）。目前比较通用的分类方式是 Howlett 和 Ramesh 提出的政策工具三分法，根据政策工具的强制性进行分类，即强制性、自愿性和混合性工具。强制性工具依托的强制力来自国家或政府，借助政府的权威性对相关个体以及组织行为的限制约束，如管制、公共企业或直接提供[②]。自愿性工具也被称为非强制性工具，更多的是依靠社会和市场的力量去调节相关问题，如家庭和社区、志愿者组织和市场。混合性工具实际上结合了强制性与自愿性工具的特点，即政府起到一定的干预作用，但最终由私人部门进行决策，如信息与规劝、补贴、产权拍卖、征税和使用者付费等。这种分类方式是以国家干预程度作为核心，强制性工具的干预程度最高，自愿性工具的干预程度最低，混合性工具居中。另一种应用比较广泛的是 Rothwell 和 Zegvold[③] 的分类方式，将政策工具分成供给型、环境型和需求型三类。以人才政策为例，当人才需求大于供给的情况时，政府就会使用供给型政策工具，如人才的相关培训、公共服务、信息支持、资金方面的针对性投入以及对基础设施的建设。环境型政策工具是政府通过相关的税收制度创造良好的经济和金融氛围来提供一个有利于人才政策发展的空间与环境，间接促进科技创新与产品开发，促进人才政策的实施。需求型政策工具是政府通过采购、外包、国际管制、海外机构管理等方式，有效拉动人才发展，拓宽人才市场，引进高层次人才来改善人才市场的不确定性[④]。供给型

[①] 熊勇清、侯玲玲：《传统产业转型升级促进政策的变迁及特征分析——政策文本计量分析视角》，《软科学》2013 年第 5 期。

[②] 曾军荣：《政策工具选择与我国公共管理社会化》，《理论与改革》2008 年第 2 期。

[③] Rothwell Roy, *Walter Zegveld*, *Reindusdalization and Technology* (London：Logman Group Limited，1985).

[④] 张韵君：《政策工具视角的中小企业技术创新政策分析》，《中国行政管理》2012 年第 4 期。

政策工具是人才政策发展的有效推手，能够为相关活动提供推动力，而环境型政策工具能够改善人才政策的实施，起到间接的影响力，需求型政策工具能够拉动人才政策的发展。

表 1　政策工具的代表性分类方式

研究学者	分类内容
Lowi，1972	规制性和非规制性工具
Hood，1983	信息、权威、财力和正式组织
Rothwell & Zegveld，1985	供给型、环境型和需求型工具
Mcdonnell & Elmore，1987	命令性、激励性、能力建设和系统变化工具
Schneider & Ingram，1990	激励、能力建设、符号和规劝、学习
Howlett & Ramesh，1995	强制性、自愿性和混合性工具
Salamon & Elliott，2002	开支性和非开支性工具
Peters，2002	命令条款、财政补助、管制规定、征税等
陈振明，2003	工商管理技术、市场化工具和社会化工具
张成福、党秀云，2001	直接提供、委托提供、自我协助等

政策本身的性质在一定程度上决定了政策工具的选择。针对人才政策的分析，本文采用 Rothwell 和 Zegveld 的分类方式，即供给型、环境型和需求型。这个分类方式相较于 Howlett 和 Ramesh 基于强制性的分类方式有以下四点优势。

（1）从供给层面出发，合作区推行人才政策最重要的并非只做到"引得进"，还需要"留得住"并且"用得好"，除了资金等相关激励政策，还需要有后续配套的人才培养计划及相关公共服务的便利，以形成一套完备的人才体系，解决人才的后顾之忧。例如，为了便利师生出行，建设澳门大学横琴校区与横琴口岸之间往来的专用通道，探索新型智能化口岸，这是在公共服务方面为人才提供便利和支持。为了衔接澳门教育、医疗和社会服务等公共服务体系，加强公众服务的保障，建立"澳门新街坊"，在一定程度上有效地拓展了澳门居民优质的生活空间。以上配套措施都是从供给方面促进了人才政策的实施，将重点放在公共服务保障体系上，国家和政府提供了平台和资金间接协助政策的推行，这与基于政策强制性分类方式的相关政策手段有着很大的不同。

（2）从环境层面出发，人才的居留意愿与人才的生态环境密不可分，只有在最大程度上满足了人才的需求，解除人才的后顾之忧，才能留住人才。翁清雄等①发现人才会基于自身的需求来选择环境，若区域人才环境与自身的需求匹配，会增加人才的区域承诺，形成强烈的根植意愿。合作区作为粤澳共商共建共管共享的全新体制尝试，具有区别于其他城市的战略地位，拥有一定的改革空间来创造良好的人才生态环境。税收金融方面政策是环境型政策工具的重要内容之一，它能够实现对人才的辅助性优惠，在一定程度上促进合作区的相关企业和个人融入合作区发展。环境型政策工具对于人才政策的实施起到不可否认的间接作用，这与强制性、自愿性和混合性的政策工具性质是不同的，它不依托于强制力，通过创造政策环境形成联合推动效果，助推人才政策的实现。

（3）从需求层面出发，人才政策的关键词是"突破"，通过产学研合作等相关手段，积极突破人才领域界限、丰富人才类型、推进海内外的协同联络。供给层面的有效推行能够大大减少人才的流失率，提升留存率，而需求层面则是注重突破现有人才类型和层次的桎梏，以合作区的需求为未来可持续性发展的重中之重。在合作区创造一个在生活、学习、工作等方面更加便利的空间，可以在很大程度上增强澳门青年留在合作区的意愿，并且吸引海外高层次人才落户合作区，拓展人才市场，拉动人才市场向高层次高水平迈进，有利于澳门进一步融入国家发展大局和大湾区的协同发展。需求层面的相关政策手段是在现有人才市场体系上的进阶发展，并不适用于以强制力的约束程度作为标准的政策工具分类。

（4）在人才引进政策的相关措施中，我们发现使用管制等强制性工具

---

① 翁清雄、杨书春、曹威麟：《区域环境对人才承诺与根植意愿的影响》，《科研管理》2014年第6期。

的频率不高。政府在相关政策的实施过程中更多的是作为引导者，出台的相关政策约束程度和强制力都不高，更多是一种非强制性的激励政策。因此，Rothwell 和 Zegveld 从供给、需求和环境层面分类的方式更适合对人才政策进行分析。

（二）人才政策

一个国家经济发达，不仅在于拥有高素质的人才队伍，更在于不断创新制度留住人才。乌云其其格[1]研究发现，发达国家通过扶持人才基地、加大科研投入、建设高等院校等方式为本国培养大量人才；给予高额的薪资、股份和期权制度吸引人才；提供优越的生活环境和良好的社会福利留住人才。高额的薪资保障和配套的福利政策是发达国家能够留住人才的关键，引进先进人才为国家发展奠定坚实基础。

随着中央出台引进高层次人才政策后，各省区市紧跟中央步伐，先后制定相应政策吸引人才。朱军文和沈悦清[2]对中国 29 个地市海外高层次人才引进标准和人才引进待遇进行分析发现各省区市人才引进注重个人而非团队，创新工作的开展不仅在于高层次人才的带动作用，更需要一支默契配合、沟通顺畅的团队予以辅助。刘晓光和黄悕[3]选取四川省和江苏省以对比东部和西部人才引进政策存在的差异。发现东西部人才引进政策具有一定同质性，都从新能源、电子信息工程和医疗等领域出发，缺乏地域特征。相比发达国家，中国各省区市人才引进政策除了缺乏区域独特性和高层次人才较少等不足外，在留住人才推动城市创新发展方面也存在不足。

---

① 乌云其其格：《发达国家高科技人才培养、使用与引进政策述要》，《中国科技论坛》2007 年第 10 期。

② 朱军、沈悦青：《我国省级政府海外人才引进政策的现状、问题与建议》，《上海交通大学学报》（哲学社会科学版）2013 年第 1 期。

③ 刘晓光、黄悕：《我国东西部高层次人才引进政策文本比较——以四川省和江苏省为例》，《科技管理研究》2018 年第 24 期。

近年来，学界开始使用政策工具视角研究城市如何留住人才以促进社会和经济发展。谭春辉、梁远亮等①以政策工具为核心基点对中国的科技人才评价政策建立四维度的分析框架，发现政策工具的可操作性、结构优化方面都存在不足。高子平②针对上海市部分人才出现的"二次回流"现象提出应关注城市生活环境等软性吸引力，通过提供公共服务和基础设施，提升人才生活质量以达到留住人才的目的。宁甜甜和张再生运用政策工具对中国人才引进政策进行分析，发现环境型政策工具占比较大，总体政策较为模糊，缺乏可行性。鞠炜和刘宁③对5个经济较发达城市从人才引进、培养和激励三方面进行分析，发现人才引进政策实施力度远高于人才培养和激励政策。引进的人才得不到培养与发展，技能得不到更新，无法充分发挥个人潜力以创造更高的工作价值。孟华等④提出人才吸引力受政策绝对吸引力和当地经济发展水平等客观吸引力双重影响，部分经济欠发达省区市可以通过政策绝对吸引力吸引人才。曹钰华和袁勇志基于三类政策工具对深圳市、苏州市和沈阳市人才政策进行分析发现供给型政策与吸引人才密切相关，但是区域创新发展需要三类政策工具协同发力。

综上所述，中国人才政策仍具有一定缺陷，第一，缺乏区域独特性，各省区市人才引进政策同质化，存在"拼资金"现象；第二，各省区市紧跟中央政策，关注人才引进，忽视人才培养与创新；第三，各地政策具有过度偏好供给型政策工具，弱化环境型和需求型政策工具的现象。

（三）分析框架

基于对政策工具和人才政策的文献综述，本文的分析框架如图1所示，

---

① 谭春辉、梁远亮、魏温静、刁斐、陈晓琪：《基于四维分析视角的我国科技人才评价政策文本计量与优化》，《情报科学》2022年第3期。
② 高子平：《基于层次分析法的上海市人才吸引力研究》，《华东经济管理》2012年第2期。
③ 鞠炜、刘宁：《京沪浙粤苏人才政策比较研究》，《中国人力资源开发》2013年第15期。
④ 孟华、刘婵、苏娇妮：《我国省级政府高层次人才引进政策的吸引力评价》，《中国人力资源开发》2017年第1期。

地方政府根据当地的情况，建立起供给型、环境型和需求型政策工具互相补充的人才引进政策，以期达到人才政策"引得进，留得住，用得好"的目标，有效推动地区的整体发展。值得注意的是，该分析框架强调使用权变视角（contingency），即需要根据现有资源的限制和政策所处的不同阶段来调整每种政策工具的权重，寻求优化组合。注重政策工具间的互动协调性，扬长避短，使得不同政策工具之间相互补充[1]。这与尚虎平、黄六招[2]通过政策文本计量法分析农村合作医疗政策发现不同政策工具的效果显著性会受不同的体制所影响的结论一致。

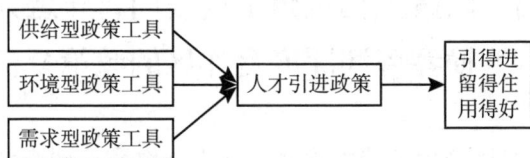

图 1　分析框架

三　研究设计

本文使用了跨案例比较分析的研究方法，以政策工具的视角系统对比合作区和其他地区在人才政策上的差异，解释当前的政策优势与不足并提出相关的建议。

本文选取了珠海横琴、深圳前海和广州南沙的人才引进政策特别是港澳青年引进政策作为分析样本，三地都是粤港澳大湾区建设的重点平台，拥有较大的政策创新空间，均有很高的人才引进需求，出台了一系列吸引港澳青年就业创业的政策。本文通过对三个地区的比较分析，旨在寻求规

---

① 徐媛媛、严强：《公共政策工具的类型、功能、选择与组合——以我国城市房屋拆迁政策为例》，《南京社会科学》2011 年第 12 期。

② 尚虎平、黄六招：《新中国农村合作医疗参合率变迁研究——基于中央层面 316 份合作医疗政策文件的计量探索》，《中国农村经济》2020 年第 7 期。

律，探索人才引进的政策工具优化组合，供三地后续政策改进以及其他地区参考。

在案例研究中，多种来源的资料能够在研究过程中帮助研究者更加全面的考察问题，使得相互印证，几个不同但又相互确证的证据来源会使得研究结果或结论准确并且具有说服力和解释力①。因此，本文在实证数据上综合使用了多来源的二手数据材料，包括政策文本、统计数据和问卷调查等，力求达成证据三角形以增加本文结论的效度。

四 政策工具视角下的澳门青年融入横琴粤澳深度合作区的政策分析

这部分首先对比分析了珠海横琴、深圳前海和广州南沙三地的人才政策，然后以政策工具的视角解释合作区目前的人才政策困境，最后根据一些地区的成功经验提出相应的参考方案。

（一）珠海横琴、深圳前海、广州南沙人才政策对比

珠海横琴、深圳前海和广州南沙都采取相应的人才政策吸引澳门青年来粤工作。从工作到生活给予不同程度的物质奖励。三地提出的人才引进政策都重视澳门青年的创新发展能力，通过开办创新创业大赛、提供企业孵化基地和专业的融资机构等方式帮助澳门青年创新想法落地，促进地区创新能力和经济发展。同时，三地都注重高层次人才的引进，将学历与物质奖励挂钩，对于博士学位人才提供更高的生活和就业补贴。由于三地不同的发展水平和经济实力，在政策工具使用中存在差异（见表2），具体分析如下。

---

① Yin，Robert K，*Case Study Research and Applications*：*Design and Methods*（New York：Sage Publication，2018）.

表 2　珠海横琴、深圳前海、广州南沙人才政策对比

工具类型	工具名称	地区	政策内容
供给型政策	人才培养	珠海横琴	每月按最低工资标准给予就业见习补贴并执行港澳院校学生到珠海市技师学院就读"3+2"等技工教育政策
		深圳前海	鼓励取得港澳执业资格的青年专业人士在前海执业,给予一次性5万元资助
		广州南沙	鼓励在南沙的港澳青年参与各类职业技能培训,给予获取资格证书的港澳青年最高8万元补贴
	人才基础建设	珠海横琴	支持澳门高校与内地机构在横琴联合建立产学研基地,推动澳门高校研究服务和知识成果在横琴转移转化
		深圳前海	建立深港澳联合引才育才基地,引导港澳青年创办企业或创新创业载体在前海设立博士后工作站或创新实践基地
		广州南沙	打造港澳青年学生实习就业基地。在建设认定的港澳青年创新创业基地中推选一批示范基地
	人才资金投入	珠海横琴	创新创业大赛特级优胜团队可获最高1亿元研发经费。港澳青年按学历可申请最高50万元住房和生活补贴,给予一次性3000元就业补贴。在境内外证券交易所成功上市可获最高330万元奖励以及累计获得最高2000万元天使投资资金
		深圳前海	在创新创业大赛中获胜的团队最高给予15万元的奖励。港澳青年按学历可申请最高5万元住房和生活补贴。在境内外证券交易所成功上市的,可获最高20万元上市奖励
		广州南沙	一次性最高12万元就业奖励以及每月最高5000元薪金补贴。建设一批港澳青年创新创业基地给予最高100万元补贴。承办粤港澳青少年大型交流活动的企业给予最高50万元补贴
	公共服务	珠海横琴	澳门青年在横琴购房、子女义务教育、就医、缴纳提取公积金等方面可享受珠海市民待遇。到横琴工作的各类人才,符合规定条件的即可申请租房和生活补贴,其中博士、硕士、学士分别可获得15万元、6万元和3万元
		深圳前海	发放最高3万元的租房补贴和每年3600元交通资助。便利子女教育和医疗保障,子女在本市就读享受本市户籍学生待遇
		广州南沙	提供青年公寓或住宿补贴,支持购买共有产权房。为港澳青年发放"港澳青年人才卡"提供全方位绿色通道服务

续表

工具类型	工具名称	地区	政策内容
环境型政策	人才目标规划	珠海横琴	全国人才管理改革示范区。促进境内外人才集聚,制定吸引和集聚国际高端人才的政策措施,大力吸引"高精尖缺"人才,对符合条件的国际高端人才给予进出合作区高度便利,为高端人才在合作区发展提供更加优质服务。采取多种措施鼓励合作区企业吸纳澳门青年就业
		深圳前海	全国人才管理改革试验区。为港澳青年在前海学习、工作、居留、生活、创业、就业等提供便利。支持港澳和国际高水平医院在前海合作区设立机构,提供医疗服务。建立完善外籍人才服务保障体系,实施更开放的全球人才吸引和管理制度,为外籍人才申请签证、居留证件、永久居留证件提供便利
		广州南沙	全国人才管理改革试验区。推动国际化高端人才集聚,创新人才政策体系,实施面向港澳人才的特殊支持措施,在人才引进、股权激励、技术入股、职称评价、职业资格认可、子女教育、商业医疗保险等方面率先取得突破
	税收金融	珠海横琴	对在横琴工作的境内外高端人才和紧缺人才,其个人所得税负超过15%的部分予以免征。对在横琴工作的澳门居民,其个人所得税负超过澳门税负的部分予以免征
		深圳前海	对符合条件的港澳青年创办企业给予一次性贷款贴息资助,补贴金额不超过实际贷款成本。对经认定的境外人才,按其在前海缴纳的个人所得税已纳税额超过应纳税所得额15%部分给予财政补贴
		广州南沙	对在南沙工作的港澳居民,免征其个人所得税税负超过港澳税负的部分。鼓励银行业金融机构对区内港澳青创项目予以信贷支持,给予最高250万元贷款风险补偿。支持符合条件的港澳投资者依法申请设立证券公司、期货公司、基金公司等持牌金融机构。支持推进外汇管理改革,探索开展合格境内有限合伙人(QDLP)境外投资等政策试点,支持粤港澳三地机构合作设立人民币海外投贷基金
	知识产权	珠海横琴	于2016年起连续3年每年安排不少于1亿元,在高新技术企业培育、科研体系构建、创新平台、孵化器建设和知识产权发展等方面进行专项扶持。对知识产权被侵权的企业,依企业申请,对其司法鉴定费、公证费、诉讼费、仲裁费等分别给予50%的资金扶持

工具类型	工具名称	地区	政策内容
环境型政策	知识产权	深圳前海	一次性给予众创空间、孵化器、加速器每年最高不超过 300 万元运营资助,用于出版/文献/信息传播/知识产权事务费、专家费、场地租金等运营费用
		广州南沙	推动粤港澳科研机构联合组织实施一批科技创新项目,共同开展关键核心技术攻关,强化基础研究、应用研发及产业化的联动发展,完善知识产权信息公共服务
	人才法规管制	珠海横琴	申请资助的单位或个人应当承诺 5 年内不将工作关系、注册地和纳税地迁离横琴。对申报材料不实、恶意套取财政资金的企业,依法追回已扶持资金,其行为列入失信企业名单,依法对失信企业进行联合惩戒
		深圳前海	享受专项资金支持的机构应书面承诺自享受扶持之日起,三年内不将注册地、主要经营地及税务关系迁离前海合作区。面对资助申请、执行过程中弄虚作假且拒绝配合监督检查等违法行为,前海管理局可以终止其享受的相关资助,追回其已享受的相关扶持奖励资金以及同期银行利息,并纳入相关信用监管体系,5 年内不再受理其各类财政补贴或扶持资金申请
		广州南沙	已享受奖励及扶持资金的人才,如出现工作变动或出现其他不适宜继续享受奖励及扶持的,所在单位及个人应立即向各业务主管部门报告停止发放其人才奖励或扶持资金。若因所在单位及个人瞒报、晚报造成损失的,可向个人及负有责任的用人单位进行追偿
	策略性措施	珠海横琴	成立澳门青年创业服务中心,为澳门青年创业项目提供政策法律、会计税务、员工技能、创业指导、企业融资等方面的创业咨询和培训服务
		深圳前海	设立前海服务窗口,为港澳青年在前海发展开设绿色通道服务。设立港澳青年前海发展服务中心,提供港澳青年申请享受前海有关政策的业务受理、咨询和权益保障等服务
		广州南沙	建立首席服务官制度,为来南沙游学、实习、就业的港澳青年提供全流程一对一定向管家式服务,及时为港澳青年提供适应性辅助

续表

工具类型	工具名称	地区	政策内容
需求型政策	人才引进	珠海横琴	符合规定条件的澳门青年特殊人才,依据其做出的直接经济贡献,给予20%~40%的奖励
		深圳前海	对实际落户前海的创业团队按其获奖金额给予配套奖励,并优先安排入驻梦工场等前海创业园区孵化2年
		广州南沙	为南沙引进粤港澳青少年活动或组织港澳青少年来南沙研学交流考察的境内外企业、社会组织、机构,给予每年最高30万元奖励
	产学研合作	珠海横琴	依托澳门大学、澳门科技大学以及澳门技术创新研究院等平台推动产学研合作
		深圳前海	港澳高校、科研院所或港澳青年创办企业承建重点实验室、工程实验室公共技术服务平台
		广州南沙	加快中科院明珠科学园建设,整合中科院在广州研究所、全国重点实验室等科技创新资源,打造具有竞争力的中试和应用推广基地
	海外人才机构	珠海横琴	设立国家级离岸创新创业基地,引进培育一批市场机构,积极探索市场化运作具体模式,不断完善海外人才落地、安居、扶持等配套政策
		深圳前海	打造前海"一带一路"创新创业国际路演中心。支持深港澳三地机构在前海举办具有国际影响力的主题论坛、技术成果交易会、专业研讨会、项目路演、文化交流等各类具有影响力的港澳青年活动
		广州南沙	探索举办"一带一路"相关主题展会,构筑粤港澳大湾区对接"一带一路"建设的国际经济合作新平台。办好国际金融论坛(IFF)全球年会等国际性主题活动,积极承办国际重要论坛、大型文体赛事等对外交流活动

资料来源:《横琴粤澳深度合作区建设总体方案》《广州南沙深化面向世界的粤港澳全面合作总体方案》《关于进一步支持澳门青年在横琴创新创业的暂行办法》《横琴新区促进科技创新若干措施(暂行)》《横琴新区引进人才租房和生活补贴暂行办法》《〈关于支持港澳青年在前海发展的若干措施〉实施细则》《关于以全要素人才服务加快前海人才集聚发展的若干措施》《广州南沙新区(自贸片区)鼓励支持港澳青年创新创业实施办法(试行)》《广州南沙新区(自贸片区)集聚人才创新发展若干措施实施细则》。

1. 供给型政策

供给型政策是政府从公共服务、资金投入、人才培养等方面为人才提供资金及配套支持。政府不仅可以通过和高校联合以培养人才，也可以通过加强基础设施建设提升人才对公共服务的满意度。从整体上看，珠海横琴、深圳前海、广州南沙的人才政策都以供给型政策工具为主，从创业补贴、生活补贴和薪酬提升等资金方面加大对人才的投入。

生活补贴方面，广州、深圳和珠海都属于中国较发达地区，生活成本较高。人才引进不仅要有高额的物质激励吸引人才，更需要稳定的生活保障留住人才。广州南沙的补贴政策更具人性化，除了每人每年有最高2万元的住宿补贴或青年公寓，还包括5000元的医疗补贴。深圳前海根据学历提供不同金额的住房补贴，但学历形成的补贴差额较小，硕士和博士学位租房补贴差5000元，同时一次性给予港澳青年每年3600元的交通资助。珠海横琴提供人才公寓，满足住房需求。同时，大幅提高对博士高达40万元人民币的生活补贴金额，比硕士人才高出32.1万元，横琴的生活补贴金额对高层次人才带来极大吸引力。

薪酬提升方面，薪酬是高层次人才关注的重点。广州南沙除了对就业的澳门青年提供一次性最高12万元就业奖励，还给予每月最高5000元的薪金补贴。深圳前海制定的薪酬更具区别性，对选入"孔雀计划"的高层次人才给予1∶1配套资金；对获取职业资格证书的专业性人才提供5万元资助。

创业补贴方面，广州南沙关注创新项目落地实施。对参加创新创业大赛获得前3名的项目，不论比赛规模是国家、省或市级以上相关部门主办的，只要核心团队以该项目在南沙注册成立港澳青创企业并正常经营1年以上的，即按照参赛项目的奖金给予1∶1配套奖励，奖励资金最高不超过30万元。深圳前海更注重对高水平青创企业的资助，给予的奖励力度也比南沙更高。深圳前海对获得国家级、省市级创新创业大赛决赛的团队按获奖金额给予最高不超过100万元的1∶1配套资助。横琴则提出更具吸引力的物质奖励以及丰厚的额外配套扶持，对获得特级优胜团队给予高达1亿元的研发经费资助；对获得国家、省市创新创业大赛的澳门青年项目可给予高达100万元的配套奖金以及横琴新区额外配套资金。

大规模资金的投入能够有效吸引人才，提升人才工作的积极性，但是基础设施的建设才是留住人才的关键。三地出台的人才政策不同程度地忽视了公共服务以及人才培养方面的相关政策。公共服务方面，广州南沙为了更好地留住青年人才，提供"港澳青年人才卡"，实现居住、就医、工商、教育等一体化绿色通道，打造青创基地为澳门青年提供管家式服务，提供全方位后勤保障。相比南沙具有温度的生活保障，深圳前海和珠海横琴缺少医疗、教育、交通等方面的公共服务措施。在人才培养方面，三地提出的人才培养政策均十分有限。广州南沙关注澳门青年技能提升，提供职业技能培训，对获得相应资格的学生给予最高 8 万元的补贴。深圳前海从企业入手，对接受港澳青年实习生的企业给予单位补贴，极大地增加企业积极性。深圳前海将"粤澳大湾区澳门青年实习计划"与"孔雀计划"相结合，吸引海外高层次人才。珠海横琴也对参与就业见习和技能培训的澳门青年按每月最低工资标准给予见习补贴。但是，相比广州南沙与深圳前海，珠海横琴针对澳门青年的实习政策缺少吸引力。三地都没有有效的运用好本地高等院校的学术资源，开展大学与科研机构与企业的联合培养模式，运用本地资源，培养高水平人才。

2. 环境型政策

环境型政策从税收优惠、金融投资和法律法规等方面加速提升人才引进政策的吸引力。税收优惠是高层次人才关注的重点，珠海横琴对个人所得税负超过 15% 的部分进行免征，其目的是为合作区吸纳高端及紧缺人才。企业的成立与发展，不仅需要政府提供优惠的税收条件，更需要当地银行和金融机构给予的资金支持。深圳前海一次性给予每年不超过 100 万元的贷款贴息资助，对同一家企业资助期限最多持续 3 年。广州南沙则给予最多 30 万元的贷款补贴，给予地方政府债券额度向南沙倾斜，为企业创新投资提供便利。横琴澳门青年创业企业提供高达 300 万元的贴息贷款额度，一次性担保费补贴每笔最高可达 5 万元。此外，知识产权与创新关系紧密，发展水平越高的城市更需要知识产权对创新的保护。但是珠海横琴、广州南沙以及深圳前海都未制定出有关知识产权保护和法规管制的相关政策，不同类型的环境政策缺乏协调性。

3. 需求型政策

三地出台的需求型政策都比较少。广州南沙依托已有的粤港澳青年创新工场、"创汇谷"等平台，提供专业的咨询团队、融资机构等构建多方位政策支持体系。对举办具有行业影响力的企业给予总支出 20% 的补贴。鼓励南沙港澳青创企业参与行业会展并给予会展总费用 50% 的补贴。创业扶持计划与澳门特别行政区"青年创业援助计划"相连接，为创业团队提供政策扶持。深圳前海和横琴粤澳合作区则注重建立新的创新载体。深圳前海的重点在于高校、研究所和青年企业在前海承建各种创新载体，例如重点实验室、工程实验室和公共技术服务平台，根据创新载体的级别给予依托单位最高 1000 万元资助。对一些起步的众创空间、孵化器和加速器等孵化载体的机构，分别给予资金和办公场地的租金补贴。当创办企业获得首次投资后，则按照实际到账金额的 2% 且最高不超过 5 万元，给予孵化载体资助。同时注重高层次人才发展，鼓励"创新型"博士后孵化基地招收培养港澳青年博士后创业人才，每招收一名港澳青年博士后研究人员一次性给予 5 万元资助。横琴新区注重孵化创新创业基地建设，对入驻青年创业谷和横琴国际科技创新中心的企业给予办公场地租金和物业管理费总额补贴。

（二）从政策工具视角解释合作区人才政策现状

1. 供给型政策溢出

合作区在供给型政策方面强调资金对人才的吸引力而忽视其他类型供给型政策工具的使用①。相比前海与南沙，横琴提供最高 50 万元的生活补贴，高出其他两地几十万元，企业创业奖励和融资补贴更是高达亿元。合作区在满足人才对资金需求的同时需要适当将部分资源倾斜到医疗、教育、养老等

---

① 杨艳、郭俊华、余晓燕：《政策工具视角下的上海市人才政策协同研究》，《中国科技论坛》2018 年第 4 期。

方面以保障人才多方面需求。医疗方面，除广州南沙在政策中明确提出给予5000元的医疗补贴外，横琴并没有明确政策满足人才对看病就医的基本需求。横琴急需构建基本医疗保障体系，减轻人才看病就医难题，健全医疗保障体系。教育方面，合作区在《降低横琴粤澳深度合作区企业综合成本的十条措施》中明确"加快合作区内教育配套设施建设，推动目前已规划或在建的幼儿园和小学加快建成使用；通过回购或回收小区配套幼儿园、小学等形式充实合作区公办学位供给，实行与高校、优质教育机构合作办学模式，提升学校教学质量"。最后，构建完善的养老体系也是保障人才能够安心留在横琴创业发展的重要条件。总的来说，加大资金投入不仅无法满足人才多层次需求，更易导致供给型政策过溢，最终形成"政府养企业，政府养人才"的畸形市场。

2. 环境型政策受限

合作区将大部分资源投放在供给型政策，忽视了环境型政策的促进作用。合作区独特的税收优惠政策极大地促进了高层次人才进入合作区发展，但也应出台适合于中低水平人才的薪酬个税政策。从长远来看，横琴缺少吸引以及留住不同层次人才的具体环境政策，除税收减免外，忽视金融投资政策，即给予创新企业人才股权、鼓励员工个人对创业企业投资等方式将员工纳入企业发展，注入企业发展新动力[1]。合作区通过提供青年创业谷、国际科技创业中心等方式帮助澳门青年实现创新发展，而且澳门青年在横琴也可以同等享受澳门的就业创业政策，但知识产权保护和创新成果转化机制的不完善会显著降低环境型政策工具的效用，这对合作区培养人才队伍和实现人才自我价值具有阻碍作用[2]。

3. 需求型政策匮乏

需求型政策是政府通过人才管制、产学研合作以及设立海外机构等方式

---

① 宁甜甜、张再生：《基于政策工具视角的我国人才政策分析》，《中国行政管理》2014年第4期。

② 张惠琴、邓婷、曹文蕙：《政策工具视角下的新时代区域人才政策效用研究》，《科技管理研究》2019年第19期。

打破人才边界，助力合作区多元产业发展①。如今珠海横琴在实施人才引进战略中缺乏对产学研合作的关注。一方面，珠海缺少世界级企业，企业创新能力较弱。相比深圳和广州，珠海市仅有格力一家五百强企业，企业实力明显低于深圳和广州，无法为澳门青年提供更专业的指导以促进能力提升。另一方面，珠海缺少高水平院校给予技术支持。珠海市现有高校多以高等院校分校的形式存在，相比深圳大学、中山大学、暨南大学等高水平院校缺乏竞争力。有关人才引进的相关政策中，合作区只明确提出港澳学校学生到珠海市技师学校就读"3+2"技工教育的有关政策。目前合作区提供的产学研合作政策无法有效提升澳门青年进入横琴发展的意愿。除产学研政策外，其他类型的需求型政策如服务外包、贸易管制以及海外机构设置等都未在政策文本中体现②。合作区具有得天独厚位置优势，不管是与澳门企业合作还是发展进出口贸易，抑或是与澳门高校联合培养人才都具有先天优势。合作区之后的政策方向可以考虑利用好这个优势，帮助澳门青年走向世界，提升创新企业国际化水平和人才国际化能力。

（三）其他地区的经验参考

通过反思当下合作区的政策执行状况和借鉴其他各地方的有效性政策，我们结合政策工具初步总结出如下关于如何改进澳门青年融入横琴粤澳合作区的相关政策建议。

（1）在供给型政策工具上，配套措施的供给是需要重点关注的问题。目前合作区的相关医疗以及教育方面的配套措施仍不完备，需要制定更多针对性的方案解决人才的配套措施空缺问题，形成一个完整的区域人才生态系统，助推人才目标的实现。合作区在教育以及医疗方面仅有指导性的方针和方向，具有一定的战略意义，但是没有衔接具体的配套实施方案。引进的人

---

① 程华、娄夕冉：《海外高层次人才创新创业政策研究：政策工具与创新创业过程视角》，《科技进步与对策》2019 年第 21 期。

② 曹钰华、袁勇志：《我国区域创新人才政策对比研究——基于政策工具和"系统失灵"视角的内容分析》，《科技管理研究》2019 年第 10 期。

才后续如何发展，如何培育产生更大的价值，如何解决成家立业以及健康等问题，都是未来合作区人才政策发展需要考量的关键，最重要的是将设想落地，变成可操作、可实施的具体措施。与此有同样困扰的还有天津市的滨海新区，同样也是在人才的相关配套措施方面做得不够完善，造成了后期很高的人才流失率。在这方面我们可以借鉴四川省和江苏省的相关政策，比如为了保障人才家庭的需要以解决人才的后顾之忧，成立了专门的工作小组，提供针对性的专项服务。还有上海市、杭州市和厦门市出台的定制化医疗服务和补充类保险制度，都起到非常好的保障效果。例如，上海市放开医院与境外保险公司的合作限制，使得可以建立相关的商业医疗保险，并且进一步为领军人物建立定期的医疗修养制度，提供一系列的定制化医疗服务，在公共服务方面推动人才事业的发展；杭州市的相关用人单位除了为相关人才购买基本的养老保险外，还有权购买其他的补充类保险，保障人才的自身权益；厦门市在基本养老保险的基础上也增加了额外的养老保险，使得相关人才能够"老有所养"，提高退休后的待遇。目前合作区的相关人才政策都是从整体概念上规划人才政策，缺少不同层次人才的针对性政策工具，例如针对不同层次人才实行不同的绩效考核体系，提供差异性的奖励措施。同时我们也可以借鉴江苏省在激励措施方面的先行性做法，其不仅仅在物质方面满足人才的诉求，还注重人才的精神诉求。例如江苏省委、省政府设立"江苏创新创业人才奖"，省委知识分子工作领导小组对有重大贡献的相关优秀人才进行表彰和精神激励，每三年评选一次，除了奖励个人，对人才引领高质量发展的先进事业同样进行评选和表彰；另外相关部门大力开展政策的解读与舆论宣传工作，弘扬劳模精神和工匠精神，加强人才激励表彰和典型事迹宣传。江苏省人才引进政策结合物质激励与精神激励，营造了良好的人才培养环境，满足不同技能与专业人才的层次化需求。

（2）在环境型政策工具上，完善人才环境是推行人才引进政策的重中之重。人才生态环境越完备，所能给予相关人才的暗示性承诺越高，加强人才的根植意愿以及提升人才居留的稳定度。从目前政策执行的状况看，合作区制定的企业孵化政策和创新创业政策都是从给予奖金和补贴方面出发，注重资金等物质奖励来保障人才自身利益。与合作区状况相同的还有江苏省的苏州等城市，地方政府出台的人才引进政策同样也是把资源集中在拼资金和提供税收优惠。这种单一的资金竞争短期内确实为人才引进提供了一定的吸引力，但是并没有产生实质性和持续性的助推效果。长此以往，反而加剧了地方政府的财政负担，相关政策实施的可行性成疑。地方政府需要根据地方实际状况有针对性地提出地方特色政策，而不是千篇一律地使用资金政策来寻求短期的人才刺激，要明确创新方向与主导产业，针对地区主导产业方向投入一定的人力与物力，发挥资源的最大优势，同时为了避免产业单一、同质化，还需要对新型产业进行鼓励和积极探索，以形成多层次、有重点和目标明确的发展方向和格局。主导产业需要与资源紧密贴合，使得相关资源利用最大化和共享，以实现人才引进的预期目标。除了要突出地方特色产业机制和主导方向，地方政府还可以在现有激励措施上进行改革和完善。资金激励的效果固然显著，但从政策的前瞻性角度考虑，可以采用股权激励或者知识成果转化收益的办法建立相关的配套机制来完善人才的生存和发展环境。关于股权激励，在国家自主创新示范区中关村和东湖高新区就有着很好的示范效果，相继出台的近90项人才激励政策中，股权激励措施占据相当大的比例，这使得其与财政补贴和资金激励形成了很好的联合效果。还有京津冀协同背景下的人才政策同样也着重强调了员工的股权激励以及知识成果转化的重要性，例如税收金融方面，相关人才政策涉及员工的股权激励以及免征个人所得税等，通过金融性的政策支持来实现对人才的间接性优惠；在知识产权方面，包括建立知识产权保护中心以及相关成果转换机制，来为知识成果提供针对性的服务。股权激励虽然在短期内不能够产生和资金流相同的激励效果，但是它相当于将个人利益与企业和平台的运行紧密相连，能够创造一个良好的人才发展氛围，持续性的产生收益，有利于人才未来的发展。另外科研成果的转化机制也在根本上解决了人才发展的动力性问题，这一点可以借鉴南京市江宁区的"三放"思路，科研成果的收益最高有95%归于个人，极大地提高了人才的待遇问题。

（3）在需求型政策工具上，合作区应基于自身发展的要求，拓展区域人才市场，丰富人才类型，推动人才全方位发展。在人才类型的规划上，英国的高技术移民计划（Highly Skilled Migrant Programme，HSMP）是一个非常好的计分制人才政策。高技术移民计划不仅基于人才的学历对相关人才进行划分和分类管理，还将专业领域也纳入考虑的范围，甚至是技能型与学术型的人才也做了区分，并且把技能型划分为拥有高技能、技能和低技等不同类别。高技术移民计划为英国引进了数以万计的海外人才，推动了英国各行各业的发展。对于人才规划，合作区目前在生物医药和集成电路都出台了专门的政策，但仍缺少总体规划和细分领域规划。总体资源是有限的，但是用有限的资源使得人人都能在对应的岗位体系中发挥最大的作用，得到最优的优待，才能进一步避免资源的浪费，实现可持续发展。除了英国的高技术移民计划，新加坡的外来人才政策也为新加坡的高层次人才库提供了源源不断的新型人才，比如成立"联系新加坡"组织，这个组织在亚洲（中国的北京和上海）、欧洲都设立办事处，为有意愿到新加坡生活和进行商业活动的组织以及个人提供一站式服务，这个组织的诞生为新加坡在 10 年内增加了新移民的数量近 20%。对于高层次人才政策的政策偏好，容易忽视掉很多作为当下产业发展支柱的技能型人才，不利于城市的整体性发展。人才政策应该根据不同情况进行适当的调整，以保证人才政策能够公平地在不同层次人才间有序推行。同时，借助澳门独特的地理位置，还可以推出相关的海外访学体系以及海外高校合作平台，为人才培养提供全方位的支持和保障。在做好个人的保障措施后，对于一些有潜力的青年学者科研团队，应该注重对团队的整体培养和建设。例如上海市的"青年科技启明星计划"和"优秀学科带头人计划"，非常关注团队和团队成员的国际影响力和专业能力，协同个人进行整体性规划培养，注重团队建设，为上海市的人才建设打下了坚实的基础。

五 结论和建议

本文以粤港澳大湾区及合作区引进港澳青年现状与政策为基础，采用供给型、环境型和需求型政策工具的分类方式，以政策工具的视角系统对比合作区和其他地区在人才政策上的差异。通过对比分析珠海横琴、深圳前海和广州南沙三地的人才政策，研究发现珠海横琴、深圳前海、广州南沙的人才政策都以供给型政策工具为主，资金投入在其中占比最大，三地从生活补贴、薪酬提升、创业补贴等多方面为人才提供资金资助；三地均从税收优惠、金融投资和法律法规等方面加速提升人才引进政策的吸引力，但三地都未制定出有关知识产权保护和法规管制的相关政策，不同类型的环境政策缺乏协调性；三地出台的需求型政策都比较少。

研究发现，从政策工具视角来看，合作区人才政策存在以下三方面的困境。第一，供给型政策溢出。相比前海与南沙，横琴提供最高50万元的生活补贴，高出其他两地几十万元，企业创业奖励和融资补贴高达亿元，但在满足人才对资金需求的同时，缺少从医疗、教育、养老等方面保障人才多方面需求。第二，环境型政策受限。合作区独特的税收优惠政策极大地促进了高层次人才进入合作区发展，但也应出台适合于中低水平人才的薪酬个税政策。虽然提供青年创业谷、国际科技创业中心等方式帮助澳门青年实现创新发展，但目前在执业资格互认、市场标准等方面仍存在不少障碍。第三，需求型政策匮乏。合作区在实施人才引进战略中需进一步提升对产学研合作的关注，缺少世界级企业，企业创新能力较弱，无法为澳门青年提供更专业的指导以促进能力提升。

研究认为，尽管当前合作区的政策已非常全面，但整体体系尚需要进一步的梳理。单一的产业造成单一的就业，由于澳门的产业尚待多元化，澳门青年若想在某些产业中发展，需要更大的空间和资源。同时，澳门青年亦需要更多参与区域和国家的建设，与内地青年有更多的交流与合作，而合作区四大产业正显示着良好的发展势头，可为澳门青年提供良好舞台。由于澳门物价和房价高企，居住空间不足，青年人的经济压力较大，合作区从某种程度上可以缓解青年置业和居住的问题。澳门青年如果在合作区寻求到好的就业、创业、置业或其他发展机会，融入的有效性才能进一步增强。通过当下合作区的政策执行状况和借鉴其他各地方的有效性政策，结合政策工具初步总结出五点关于如何改进澳门青年融入合作区的相关政策建议。

（一）加强人才战略顶层设计，统筹规划系统科学的人才政策

目前合作区的相关人才政策都是从整体概念上规划人才政策，缺少不同类型人才的针对性政策工具。合作区在相关医疗以及教育方面的配套措施尚不完善，应在医疗和教育方面政策给予更多的关注，形成一个完整的区域人才生态系统，助推人才目标的实现。完善的青年政策体系将有助青年结合政策导向明确自身角色，并将个人的发展规划融入于社会及国家的整体发展中。合作区在促进澳门青年就业创业方面做了大量工作，但尚未为青年制订出一套成系统、具针对性的政策体系，未来有必要统筹规划青年政策，制订包括针对青年个人成长、职业培训和发展的一系列政策措施。同时，由于学业、置业、就业、创业等议题同时牵涉多个甚至跨部门的职责范围，参照香港青年发展委员会的做法，成立跨部门青年工作领导小组，在青年政策的统筹协调上需加强执委会部门协同，共同检视青年工作相关机制的设置和实施，计划是否符合拓宽青年发展空间的目标，现有工作措施是否确实为青年的个人发展等提供了足够渠道和支持等。

（二）与澳门现有人才与青年扶持政策衔接，形成政策协同效应

目前，澳门特区政府制定的针对和惠及创业者的政策，主要是针对中小企业的资金扶助、信用保证、创业援助、电子商务推广、文化创意产业补助和基金以及税务鼓励计划等；创业培训及专业服务类主要有青年创业创新培育计划、中小企中介咨询服务、企业参展服务、葡萄牙语辅导服务等；行政服务类主要有中小企一站式服务、青年创业一站式支持和创新科技产业一站式孵化机构等；市场开拓服务类主要有扶助中小微型饮食特色老店计划、参与展览展销会之财务鼓励、会展活动激励计划、企业参展服务和商汇馆等。孵化类主要有中小企服务中心、青年创业孵化中心和澳门青年横琴创业谷等。建议进一步打通澳门青创扶持政策在合作区的适用途径，组织两地的高

校、青年组织等开办各种交流活动和工作坊等，提供青年跨区域的就业、创业与发展资讯及相关指导服务，组织澳门青年在合作区企业实习，鼓励青年到横琴企业就业，为特定产业的澳门人才提供特别的引进计划。为在横琴澳门青年创业谷等科创基地创业的提供更多便利条件和优惠费用，比如现有的获最高 80% 的办公场地租金和物业管理费补贴等都受到青年的认同，未来可构思更多对青年有利的条件，降低青年的初创企业成本，并鼓励企业上市。

（三）发挥合作区错位发展优势，优化人才资源配置

《横琴粤澳深度合作区建设总体方案》提出制定吸引和集聚国际高端人才的政策措施，为高端人才在合作区发展提供更加优质的服务。除合作区本身的开发管理运营外，未来产业发展是重点，因此还需要各类与所鼓励发展产业相配套的人才。这些人才需求的用人主体主要是企业。合作区相对于澳门本土，更有条件解决产业人才问题，可从全球人才市场着眼，努力将合作区打造成为面向世界的国际人才聚集高地，吸引全国乃至全球人才涌入汇聚。在人才结构失衡的问题上，建议合作区除了关注高层次人才，也要将目光放在一些研究生学历以及研究生学历以下的人才。地区产业优化需要不同层次和不同类型的人才共同参与。借助澳门独特的地理位置，还可以推出相关的海外访学体系以及海外高校合作平台，为人才培养提供全方位的支持和保障。在做好个人的保障措施后，对于一些有潜力的青年学者科研团队，应该注重对团队的整体培养和建设。

（四）提供多维度融入途径，注重政策工具的组合式运用

在供给型政策工具上，更加侧重配套供给。建议针对不同群体进行二级细分，提供不同形式的湾区生活、就业、创业服务，鼓励在大湾区和在本地工作的澳门年轻人双向晋升和流动。探索为在横琴就业、创业的澳门青年提供青年公寓，加快推进商圈、学校、医院等生活配套设施建设，优化跨境通勤班车安排，更好协助澳门青年适应跨区域生活。在环境型政策工具上，更

加注重税收以外的工具运用，打造良好创业就业环境，比如可探索联合澳门设立专门面向澳门青年、具有公益性质的创投基金，通过提供天使投资、低息乃至无息融资等手段解决项目初期的资金需求，发挥政府基金引导作用，带动战略资本引入澳门青创企业急需的资金、市场、产业配套等发展要素。在需求型政策工具上，注重精准匹配，比如为已经走过初创期的澳门青创项目提供相匹配的加速成长服务，聚焦生物医药、集成电路等重点新兴产业，提供更具规模的灵活物理空间，建立更专业化的法律、市场、人才、融资服务团队，拓展产业链上下游合作网络，打造满足澳门青创项目更高发展层级需求的科技企业加速器。适当采用股权激励或者知识成果转化收益的办法建立相关的配套机制来完善人才的生存和发展环境。

（五）与澳门庞大的社会团体合作，加强政策宣传，提供双向交流机会

加强与澳门爱国爱澳社团的交流合作，建立相关平台，推进琴澳两地青年联系，可通过举办论坛、合办活动、联谊交流等形式，创造条件让不同领域的青年进行经常性交流，增进青年对于两地协作发展的了解。组织澳门青年到合作区参与相关比赛、活动、考察、交流等，让青年熟悉合作区发展。分类分批组织促进座谈会、宣讲会，并借助两地媒体等资源，加大对合作区营商环境和服务宣传推广力度，鼓励澳门青年积极加入，为澳门经济适度多元发展贡献力量。

参考文献

张成福、党秀云：《公共管理学》，中国人民大学出版社，2001。

B. Guy Peters, "The Politics of Tool Choice," The Tools of Government: A Guide to the New Governance; ed. Lester M. Salamon, （New York: Oxford University Press, 2002）, pp. 552-564, pp. 552-564.

Christopher Hood, Tools of Government（London: Macmillan, 1983）.

Theodore J. Lowi, "Four Systems of Policy, Politics, and Choice," Public Administration Review 32 (1972): 298-310.

Lorraine M. McDonnell, Richard F. Elmore, "Getting the Job Done: Alternative Policy Instruments," Educational Evaluation and Policy Analysis 9 (1987): 133-152.

Lester M. Salamon, *The Tools of Government: A Guide to the New Governance* (New York: Oxford University Press, 2002).

Anne Schneider, Helen Ingram, "Behavioral Assumptions of Policy Tools," The Journal of Politics 52 (1990): 510-529.

B.13
专业人才跨境执业便利化研究

——以合作区澳门执业律师为例

熊李梓　宣建国*

摘　要： 党的二十大报告中强调，实施更加积极、更加开放、更加有效的人才政策；着力造就拔尖创新人才，聚天下英才而用之；完善人才战略布局，着力形成人才国际竞争的比较优势；加强人才国际交流，用好用活各类人才。准许境外专业人才跨境执业正是促进人才国际交流的关键举措。《横琴粤澳深度合作区建设总体方案》也提出要支持澳门专业人才在合作区便利执业。本文主要围绕澳门律师在合作区跨境执业的现状和存在的问题进行分析，并提出有针对性的对策建议。

关键词： 联营律师事务所　跨境执业　人才交流

一　澳门律师在合作区跨境执业的现状

（一）执业平台

截至 2022 年 12 月底，广东省内共有境外律师事务所驻粤代表机构 34家，其中香港律师事务所驻粤代表机构 26 家；粤港澳合伙联营律师所 16

---

* 熊李梓，横琴粤澳深度合作区创新发展研究院研究专员，研究方向为比较法学、民事诉讼法学；宣建国，横琴粤澳深度合作区创新发展研究院创新研究部部长、资深研究员，研究方向为区域发展战略、港澳研究。

家，粤港协议联营律师事务所 1 家。共有香港居民律师 196 名，澳门居民律师 22 名，粤港澳大湾区律师 205 名。① 根据珠海市司法局公布的信息，在横琴粤澳深度合作区内共设立了 5 家联营律师事务所，分别是中银力图方氏（横琴）联营律师事务所、人和启邦显辉（横琴）联营律师事务所、金鹏家裔（横琴）联营律师事务所、德恒永恒（横琴）联营律师事务所以及金杜（横琴）联营律师事务所。②

（二）执业范围

澳门律师在内地的执业范围经历了逐渐扩大的变化过程（见表 1）。由最初只能在内地从事非诉讼法律事务，到可以代理涉港澳的民事案件，再到如今可以办理适用内地法律的部分民商事法律事务。国家法律和政策逐步放宽了对澳门律师在内地执业的限制，加深了澳门律师对内地法律事务的参与度，但是澳门律师在内地的执业范围仍然受到较多的限制。

表 1 港澳律师在内地执业范围的变化

实施时间	依据	执业范围
2004/01/01	《取得内地法律职业资格的香港特别行政区和澳门特别行政区居民在内地从事律师职业管理办法》	香港、澳门居民在内地律师事务所执业，只能从事内地非诉讼法律事务
2007/01/01	《取得内地法律职业资格的香港特别行政区和澳门特别行政区居民在内地从事律师职业管理办法（2006 修正）》	取得内地律师执业证的香港、澳门居民在内地律师事务所执业，可以从事内地非诉讼法律事务及涉港、澳婚姻、继承案件的代理活动

① 广东省司法厅：《2022 年度律师工作统计数据》，http：//sft.gd.gov.cn/gkmlpt/content/4/4082/post_ 4082517.html#1202，最后检索时间：2023 年 2 月 1 日。
② 珠海市司法局：http：//cx.zhgzc.com/ls2017/list_ o/？he＝1&page，最后检索时间：2023 年 2 月 1 日。

实施时间	依据	执业范围
2013/10/01	《取得内地法律职业资格的香港特别行政区和澳门特别行政区居民在内地从事律师职业管理办法（2013）》《关于取得内地法律职业资格并获得内地律师执业证书的港澳居民可在内地人民法院代理的涉港澳民事案件范围的公告》	1. 取得内地律师执业证的香港、澳门居民在内地律师事务所执业，可以从事内地非诉讼法律事务，可以代理涉港澳民事案件。 2. 香港、澳门居民律师可以在内地人民法院代理的涉港澳民事案件的范围包括了237类民商事及适用特殊程序的案件，主要类别包括： （1）婚姻家庭、继承纠纷（20类）； （2）合同纠纷（48类）； （3）知识产权纠纷（27类）； （4）与公司、证券、保险、票据等有关的民事纠纷（97类）； （5）与上述案件相关的适用特殊程序的案件（45类）
2020/10/05	《香港法律执业者和澳门执业律师在粤港澳大湾区内地九市取得内地执业资质和从事律师职业试点办法》	取得粤港澳大湾区律师执业证书的人员可在粤港澳大湾区内地九市内，办理适用内地法律的部分民商事法律事务，其中： 1. 诉讼案件为位于大湾区内地九市的高级、中级、基层人民法院和有关专门人民法院受理的民商事案件，案件范围参照取得国家统一法律职业资格并获得内地律师执业证书的港澳居民可以在内地人民法院代理的民事案件范围执行。 2. 非诉业务则需满足以下条件之一： （1）当事人为自然人的，户籍地或者经常居所地在大湾区内地九市内； （2）当事人为法人或者其他组织的，住所地或者登记地在大湾区内地九市内； （3）标的物在大湾区内地九市内； （4）合同履行地在大湾区内地九市内； （5）产生、变更或者消灭民商事关系的法律事实发生在大湾区内地九市内； （6）大湾区内地九市内仲裁委员会受理的商事仲裁案件

二 合作区澳门律师跨境执业面临的困难

（一）业务范围受限多

不论以何种方式在内地执业，澳门律师的执业范围均受到较为严格的限制。总体而言，澳门律师能够承接的业务范围仅限于内地非诉讼法律事务以及涉澳民事案件的诉讼法律事务。取得粤港澳大湾区执业资格的澳门律师，虽然能够开始办理内地诉讼法律事务，但是仍局限于部分民商事案件。因此澳门律师在内地的执业领域相较于内地律师而言较为狭窄，内地的刑事、行政等领域的法律事务，都是澳门律师的执业禁区。同时联营所在政府、国有企业等机构的法律服务招投标竞争中，因其特殊的涉外性质，也处于劣势地位。[①] 种种限制均影响着澳门律师来合作区执业的积极性。

（二）执业环境差异大

澳门与内地的法律体系、法律制度以及司法环境都存在较大差异，尽管澳门律师通过法考或者粤港澳大湾区律师执业考试能够证明其对内地法律制度已有一定程度的认知和了解，但是法律服务行业具有知识覆盖面广、社会性强等特点，对于律师个人的适应能力也有一定要求。即使取得了大湾区律师执业证，澳门律师要想融入内地法律服务市场开展执业活动，需要较长时间学习和适应。对于澳门律师而言，澳门与内地在法律规范、司法环境以及律师执业方法等方面存在的众多差异都将加大其在内地执业的困难度，具体而言主要有以下两个方面的差异。

一是在法律规范方面，澳门的法律体系具有相对独立性，与内地法律规范存在较为明显的差异。两地法律调整事项、调整模式，以及程序规范等均有不同。例如两地关于结婚事项的规定存在显著差异。澳门《民法典》规

---

① 贺海仁主编《横琴粤澳深度合作区法治问题研究》，社会科学文献出版社，2022，第286页。

定法定结婚年龄为 16 岁，但是未成年人须经父母或监护人的许可。而内地《民法典》规定法定结婚年龄为男性 22 周岁、女性 20 周岁；澳门《民法典》将婚约界定为一种承诺缔结婚姻的合同，当事人如果有过错的毁约，造成另一方损失，应当赔偿损失。但在内地婚约是一种私人行为，《民法典》并未赋予婚约法律效力。

二是在案件承办方面，两地律师惯用的文书写作方法以及办案方法不同。内地律师进行文书写作通常需要遵循法院统一的格式。例如起诉状或上诉状的撰写一般按照"原告/上诉人的基本情况、被告/被上诉人的基本情况、请求事项、事实及理由"的结构展开，而澳门律师的法律文书写作一般以直接罗列观点的形式展开，结构布局比较简洁，各观点之间没有明显的先后顺序。就办案方法而言，内地律师办理案件往往会借助各种信息媒介对法律主体进行较为全面的背景调查，例如调查被告的涉诉情况、失信惩戒记录，以及对外股权投资情况等信息，而澳门律师大多数情况下仅通过开展座谈和访谈了解当事人和案件的信息。

（三）执业效率提升难

跨境执业意味着澳门律师要在澳门和内地两个不同的法域承办法律事项，调查取证以及文书送达等区际司法协助事项，直接关系诉讼程序能否及时、顺利地推进，因而两地区际司法协助制度的配套建设也是澳门律师重点关注的问题。最高人民法院以司法解释形式公布了内地与澳门之间区际司法协助的一系列文件，包括《最高人民法院关于内地与澳门特别行政区法院就民商事案件相互委托送达司法文书和调取证据的安排》（2019）、《最高人民法院关于内地与澳门特别行政区相互认可和执行民商事判决的安排》（法释〔2006〕2 号）、《最高人民法院关于内地与澳门特别行政区相互认可和执行仲裁裁决的安排（法释〔2007〕17 号）、《最高人民法院关于内地与澳门特别行政区就仲裁程序相互协助保全的安排》（法释〔2022〕7号）。虽然两地在区际司法协助领域的合作不断深化，但在实务中仍存在以下问题。

一是两地达成司法协助安排的领域有待拓宽。目前两地关于民商事司法协助在送达、取证、仲裁裁决以及法院判决的认可和执行四个领域已达成了一致，但在区际司法救助、文书公证、儿童收养、抚（扶）养费追索等方面尚未启动磋商签约程序，并且两地之间也缺乏刑事司法协助方面的安排。因此执业过程中涉及无相关制度安排的司法协助事项，会阻碍澳门律师的跨境执业活动。

二是司法文书送达途径单一，送达效率有待提升。根据《最高人民法院关于内地与澳门特别行政区法院就民商事案件相互委托送达司法文书和调取证据的安排》的规定，两地证据调取和司法文书送达只能采用两地法院相互委托的方式完成，最高人民法院与澳门特别行政区终审法院可以直接相互委托送达和调取证据。经与澳门特别行政区终审法院协商，最高人民法院可以授权部分中级人民法院、基层人民法院与澳门特别行政区终审法院相互委托送达和调取证据。而实践中常用的其他送达方式并未在安排和协议中予以认可，民间送达现象在实践中广泛存在却存在合法性瑕疵，以官方途径程序委托送达往往存在程序拖沓、周期长等问题，送达时间可能达到 22 天及以上。[①]诉讼流程和时间被送达周期拉长，会导致程序拖延，直接影响办案效率。

三 推动合作区澳门律师跨境执业便利化的对策建议

（一）探索放宽对澳门律师跨境执业范围的限制

目前，对澳门律师在内地执业范围作为明确规定的主要有：《取得内地法律职业资格的香港特别行政区和澳门特别行政区居民在内地从事律师职业管理办法》《香港特别行政区和澳门特别行政区律师事务所与内地律师事务所联营管理办法》《香港法律执业者和澳门执业律师在粤港澳大湾区内地九

---

① 横琴法院：《珠海横琴新区人民法院涉澳民商事审判白皮书（2014 年—2016 年）》，2017，第 17 页。

市取得内地执业资质和从事律师职业试点办法》。扩大澳门律师在内地的执业范围，可以考虑利用珠海经济特区立法权突破上述部门规章以及地方法规的限制，由珠海市人大及其常务委员会对合作区立法，对澳门律师的执业范围作出合理的变通规定。但采用"正面清单"模式划定其执业范围，推进难度更低、可行性更强。现阶段，可以考虑在现有237类案件的基础上，将民事诉讼案件中的人格权纠纷案件以及部分物权纠纷案件纳入正面清单中，并在实践调研的基础上，根据合作区的实际需求，逐步放宽澳门律师在合作区的执业范围。

（二）逐步优化跨境律师的执业环境

一是逐步确立以法院送达为主、当事人送达为辅的双轨道送达机制。横琴法院内部目前已初步建立起司法协助网络平台，由省法院通过线上系统审批委托事项，在省法院审查通过盖章后，由横琴法院自行打印直接寄送澳门，缩短了线下报送所需要的时间。后期可以考虑由法院的协助员直接将司法文书送至澳门，减少流转时间，进一步提升送达效率。同时，应当允许通过民间渠道送达司法文书。可以考虑允许当事人事前协商或者在合同文本中约定送达方式和地点，还可以借鉴内地部分法院的做法，根据对当事人相关信息的掌握，采取通过其熟人（即亲人、朋友、同事等）进行送达的方式，或通过当事人的诉讼代理人进行送达。

二是加强政策吸引力，全方位提供跨境执业支持。筹建澳门律师跨境执业服务平台，为澳门律师提供咨询和指引，根据澳门律师执业和合作区乃至珠海律所的用人需求，居中为双方提供双向推荐、沟通和对接服务，同时建立起沟通协调机制，专门处理澳门律师执业中遇到的困难和问题。在现有系列优惠政策的基础上，对在合作区设立的联营律师事务所实施税收优惠政策，以减轻联营所的纳税负担。推动落实港澳律师职业责任保险制度，统一规划联营律师事务所职业责任保险安排，合理统筹险种范围、保费以及赔偿限额等保险内容。通过系列便利化政策，保障澳门律师以同等标准和同等的便利程度享受律师执业责任保险、重大疾病保险、意外伤害保险等保障权益。

（三）探寻拓宽两地律师的交流合作路径

目前合作区内缺少专门的律师及律师事务所管理和服务组织，相关工作仍由珠海市律协负责。为充分发挥合作区律师行业的自治性，可以向省司法厅请示在合作区设立律师协会[①]，或者参考前海经验，在合作区成立"律师工作委员会"专门负责在合作区执业的澳门律师的管理和服务工作，并联合澳门律师公会或澳门法律工作者联合会定期委派律师或律师事务所在两地之间往来，举办高峰论坛、座谈会议等活动，强化两地律师之间的交流，加深澳门律师对内地法律制度和体系的认知。

参考文献

《横琴粤澳深度合作区建设总体方案》，中国政府网，http：//www.gov.cn/zhengce/2021-09/05/content_5635547.htm，最后检索时间：2023年2月1日。

广东省司法厅：《2022年度律师工作统计数据》，http：//sft.gd.gov.cn/gkmlpt/content/4/4082/post_4082517.html#1202，最后检索时间：2023年2月1日。

珠海市司法局：《全市律师事务所信息库》，http：//cx.zhgzc.com/ls2017/list_o/?he=1&page，最后检索时间：2023年2月1日。

横琴新区人民法院：《珠海横琴新区人民法院涉澳民商事审判白皮书（2014年—2016年）》。

贺海仁主编《横琴粤澳深度合作区法治问题研究》，社会科学文献出版社，2022。

宋锡祥：《论中国内地与港澳区际民商事司法协助及其完善》，《上海大学学报》2009年第16期。

袁发强：《我国区际民商事司法协助"安排"的缺陷与完善》，《法学》2010年第2期。

[①] 青岛市市南区律师协会是我国首家区级律师协会。由青岛市司法局向省司法厅请示，考虑到市南区是山东省律师和律师事务所数量较多的县（市、区），因此省厅复函同意设立。设立工作由区司法局按照《社会团体登记管理条例》规定的要求完成。合作区可以参考这一路径设立合作区律师协会，但是合作区内律师和律师事务所的人数不足可能成为律协设立的阻碍因素。

B.14
横琴粤澳深度合作区协同澳门创建
儿童友好城市报告

徐嘉勃　王　涵　陈晓冬*

摘　要： 近两年来，儿童发展在国家发展战略中的重要性显著提升，国家部委和各地政府部门相继出台一系列专项规划和政策，从社会政策、公共服务、权利保障、成长空间和发展环境等维度加强儿童友好城市建设。与澳门协同创建儿童友好城市，有利于推动横琴粤澳深度合作区在基础设施"硬联通"与规则衔接"软联通"深度对接澳门，从儿童发展的视角加快建设便利澳门居民生活就业的新空间。通过梳理琴澳协同建设儿童友好城市的硬件设施条件和软性政策基础，研究发现，澳门在儿童相关政策体系方面非常完善，在儿童相关设施建设方面极其精细，但在空间供给方面存在严重不足，合作区与澳门协同创建儿童友好城市，应秉持一体化发展的原则，重点借鉴澳门儿童社会参与、公共服务供给、权利保障等方面的政策优势，弥补澳门儿童空间建设的短板，实现琴澳儿童发展软硬件的优势互补。

关键词： 琴澳一体化　儿童友好　城市规划指引　规则衔接

---

* 徐嘉勃，博士，横琴粤澳深度合作区创新发展研究院区域发展与城市规划研究所副所长，研究方向为区域与城市发展战略、国土空间规划、非洲城镇化与产业园区建设；王涵，横琴粤澳深度合作区创新发展研究院区域发展与城市规划研究所研究专员，研究方向为城市公共服务设施、澳门城市规划与设计；陈晓冬，横琴粤澳深度合作区创新发展研究院区域发展与城市规划研究所高级研究员，研究方向为区域合作、区域经济。

2021 年 9 月，党中央、国务院印发《横琴粤澳深度合作区建设总体方案》，明确"加快建设便利澳门居民生活就业的新家园"。自横琴粤澳深度合作区（下称合作区）挂牌以来，琴澳联合的儿童服务相关机构、组织不断增加。2021 年 12 月，澳门妇女联合总会广东办事处暨琴澳亲子活动中心在合作区揭牌，成为澳门妇女联合总会广东办事处在内地首个承接运营服务的项目，致力于成为琴澳儿童学习提升、成长成才的重要平台。尽管受到疫情影响，面向两地少年儿童的活动仍然吸引了大量参与者，2021 年 12 月举办的"琴澳儿童共绘好'井'象"活动，30 组琴澳家庭参与了在横琴花海长廊举办的井盖绘画活动，随后举办的"2021 横琴粤澳深度合作区人工智能大赛暨第三届珠港澳青少年机器人大赛"更是吸引了珠澳两地 752 支参赛队伍近 3300 名选手参与。

本文围绕澳门儿童友好城市建设的现状和相关要素进行评估，对面临的挑战和瓶颈以及合作区协同澳门建设儿童友好城市的切入点分析，并就协同创建儿童友好城市提出有关策略建议，以打造儿童友好对外开放之城为切入点，营造适宜儿童成长的高品质城市环境，以"小手拉大手"的方式吸纳高层次人才（见表 1）。

表 1 《关于推进儿童友好城市建设的指导意见》提出的儿童友好 5 大维度

儿童友好维度	具体举措
社会政策友好	推动儿童优先发展
	城市规划建设体现儿童视角
	推动儿童全方位参与融入城市社会生活
	发动全社会力量共同致力儿童发展
公共服务友好	支持发展普惠托育服务
	促进基础教育均衡发展
	加强儿童健康保障
	服务儿童看病就医和医疗保障
	丰富儿童文体服务供给
权利保障友好	关爱孤儿和事实无人抚养儿童
	推进残疾儿童康复服务
	加强困境儿童分类保障

续表

儿童友好维度	具体举措
成长空间友好	推进城市公共空间适儿化改造
	改善儿童安全出行体验
	拓展儿童人文参与空间
	开展儿童友好社区建设
	开展儿童友好自然生态建设
	提升灾害事故防范应对能力
发展环境友好	推进家庭家教家风建设
	培养健康向上的精神文化
	持续净化网络环境
	筑牢安全发展屏障
	防止儿童意外和人身伤害
	积极预防未成年人犯罪

一 儿童友好城市建设现状与问题

（一）儿童相关社会政策体系现状

建立儿童友好的相关社会政策体系主要体现在儿童优先发展理念贯彻、规划建设的儿童视角、儿童的公共参与和社会力量对儿童友好的支持四方面，主要衡量的是在体制机制和顶层设计层面对"儿童优先"的保障和支持，旨在推动全社会践行儿童友好理念。

1. 推动儿童优先发展的机制保障和主要举措尚不明确

为保护儿童权益，《澳门特别行政区基本法》第 38 条第三款特别提出，未成年人、老年人和残疾人受澳门特区的关怀和保护。早在 1998 年，澳门即引进适用联合国《儿童权利公约》，目前，澳门与儿童权利有关的法律法规共 55 项，适用的有关保护儿童权利的国际法共 27 项。但是在儿童优先和儿童参与方面尚处起步阶段，主要还是将儿童与老年人、残疾人等作为特殊群体予以特别关怀和保护，在顶层设计层面，包括《澳门特别行政区经济和社会发展第二个五年规划（2021-2025 年）》（简称"二五"规划）、《澳门城市总体规划（2021-2040）》（简称"澳门总规"）等，都没有体现明确的儿童优先理念，也未建立完善的儿童决策机制。

不过，澳门社会对于儿童优先的共识正在逐步提升。2016 年，为维护儿童健康发展，在妇联的积极推动下，特区政府将儿童权益相关事务纳入妇女事务委员会，设立"妇女及儿童事务委员会"，并设"关注儿童权益专责小组"，随后建立开通了"澳门儿童数据资料库"。2021 年，在国家发布新的儿童发展纲要和建设儿童友好城市指导意见后，特区政府妇女及儿童事务委员会编制并发布了"澳门特别行政区儿童政策现况"，对特区政府现有的儿童权利相关执行政策措施情况进行了系统梳理和检视，为未来持续优化儿童法律、政策和措施提供了参考。

2. 城市规划建设中的儿童视角体现不充分

在发展规划层面，澳门二五规划指出，要"切实保障及维护妇女和儿童应享有的机会、权利及尊严，推动妇女和儿童事务发展，提升妇女和儿童权利及福祉"。规划强调应充分发挥特区政府妇女儿童工作委员会的功能，制定并推动相关政策，共同关注妇女儿童的发展需求。澳门"二五"规划还提出应提升针对幼儿的服务水平，特别是托育质量和托额供应，"全面保障儿童权利，为儿童成长发展提供适宜的条件、环境和服务，与社会各界共同推动儿童多元发展"。同时指出应充分利用各区闲置土地建设休闲场所，特别是针对儿童和青少年的活动场所。在空间规划和建设层面，《澳门城市总体规划（2021—2040 年）》并未特别提及关于儿童发展的内容，也没有专门体现儿童视角的规划内容。从现行规划法律法规和相关政策来看，专门针对儿童的规划建筑标准以《特区无障碍通用设计建筑指引》最为集中，但也仅仅是针对儿童及伤残儿童在建筑设计层面的刚性要求。

从合作区的情况来看，目前总体发展规划中针对儿童友好的内容比较有限。而珠海市已明确提出建设儿童友好城市，并将建设目标纳入各层级规划，形成"以国民经济和社会发展规划为统领、以儿童发展规划为支撑、以儿童友好城市建设规划为基础、以儿童友好试点社区建设规划和青少年宫、儿童公园等建设规划为抓手"的珠海市儿童友好城市建设规划体系，专设了"妇女儿童健康发展工程"、"儿童友好型城市建设工程"以及"家庭发展政策体系工程"等重点工程和具体建设项目。《珠海市儿童友好型城市规划建设指引及试点建设规划》从空间维度对城市公共服务友好和成长空间友好两个方面进行重点研究，并将研究结果纳入《珠海市国土空间总体规划》，实现对儿童友好城市建设的空间系统性安排。

3. 儿童对城市社会生活的参与逐步拓展

澳门儿童政策指出，"儿童有权表达意见，享受社会、经济、文化、宗教生活，成年人应尊重其发表意见和参与的权利，儿童亦应有权接触各种有益身心的资讯"。不过，澳门目前关于保障儿童参与权的相关法律法规还不多，特区政府 2012 年实施的《澳门青年政策 2012—2020》提出了"推动社会参与"、"促进身心健康"、"营造关爱氛围"及"增进社会流动"等方面的政策，但其施政主体主要是面向 13~29 岁的澳门青（少）年。

总体上看，澳门目前对于支持更广泛的儿童社会参与措施并不多，特别是缺乏一些对儿童参与社会生活的制度性保障，基本以政府部门或社会团体的不定期宣传或活动为主。澳门社会工作局不定期以多种渠道向社会宣传儿童权利，形式包括专业培训、资助计划、媒体宣传、派发宣传品等，旨在提升社会大众对儿童权利的认识。自 2019 年起，澳门妇儿委、妇联、社工局联合推出了"澳门小特首计划"，旨在为儿童创建发声及参与社会事务的平台，培养儿童对社会事务的触觉和分析力。小特首计划每年举行一次（后因疫情暂停），2020 年的活动主题为"儿童友好城市"，参与活动的儿童开展了"我眼中的社区"问卷调查、参与了城市总体规划咨询会并制作城市模型，表达了对未来社区和城市发展的期望，以唤起社会关注儿童需求，在社区和城市建设中纳入儿童声音。

合作区儿童参与城市公共事务也尚处起步阶段，在机制上主要参照内地儿童议事会制度，逐步推行社区儿童议事会全覆盖，全面保障儿童在社区发展、家庭事务中的知情权、表达权和参与权，推广少先队员、共青团员

"小提案征集"活动，畅通学生参与学校事务、社会事务的渠道。同时着力构建儿童参与长效机制，将儿童视角纳入城市治理决策体系，引导儿童参与工作的常态化、规范化有序开展。

4. 社会力量加强对儿童发展的关注和支持

除了妇女儿童工作委员会、妇女联合总会和社会工作局等政府部门和社会组织，澳门社会各界还有不少关注儿童发展的社团组织和机构，包括"澳门儿童基金"，向儿童提供社会和家庭援助、提供福利的"澳门关爱儿童协会"，致力于推动儿童机会均等的"澳门儿童发展协会"（其下属项目"澳门儿童发展中心"是为自闭症等障碍儿童提供早期介入和初期预防的非营利项目），致力于提升儿童身心发展水平、提供家长和儿童培训计划的"澳门儿童教育及成长协会"，保护儿童免受暴力等虐待的"澳门防止虐待儿童会护儿中心"，以及一些慈善组织和服务机构，如旨在帮助社会弱势儿童接受公平优质教育的"澳门同济慈善会"，开展医疗、教育和社会服务的"澳门明爱"等。

（二）面向儿童的公共服务供给现状

推进儿童友好的公共服务主要体现在完善各类满足儿童成长发展需要的公共服务设施和相关政策保障，重点包括教育和医疗健康两个基础领域，同时在儿童以外，特别增加了给予父母的对应支持措施。得益于澳门良好的福利基础，相较于"指导意见"的各项要求，澳门在儿童教育和医疗相关保障方面较为完备，特别是在普惠性教育、儿童医疗保障、儿童福利等方面都处于领先水平。合作区依托珠海加快推进"一老一小"优养优育计划，在提升儿童公共服务供给方面不断加快步伐。

1. 托育及育儿支持措施不断完善

根据 2020 年 5 月生效的澳门特区政府《劳动关系法》（第 7/2008 号法律，经第 8/2020 号法律修改），女性雇员享 70 日有薪产假，男性雇员则享有 5 日待产假。对于由 56 日延长至 70 日的有薪产假制度，设立产假报酬补贴措施作为过渡性安排（执行至 2023 年 5 月 25 日），符合条件的女性雇员可向社会保障金申请产假报酬补贴，雇主向符合资格女性雇员支付至少 56

日产假报酬，特区政府向相关雇员提供产假报酬补贴，补贴金额为雇主实际支付的产假报酬与相关雇员依法有权取得的产假报酬之间的差额，上限为14日基本报酬。此外，子女出生或收养60日内，父母可申请5418澳门币的出生津贴。①

根据澳门目前的托儿所服务情况，幼儿一般在1.5岁之后可申请入托（满2岁优先），部分托儿所设有婴班，接受更小的孩子。托儿所由特区政府社会工作局与民间机构合作提供，类型包括全日班、半日班（上午、下午）、紧急/临时暂托、假日托管、延长托儿时间等，主要负责为日间因父母或其他家长工作或外出无法获得看护的幼儿提供合适的环境。2017年，为解决托额数量不足、分配不匹配需求等问题，提升托育服务质量、完善弱势群体幼儿优先入托制度，澳门特区政府制定了《2018—2022年托儿服务规划方案》，以确保托额供应和合理分配、拓展新型托儿和其他育儿支援措施，规划目标分阶段执行，是特区政府发展托儿服务的行动纲领。规划方案实施至今，澳门共有超过11000个托额供应，大部分受资助托儿所收费在每月2000澳门元左右，个别在3000澳门元以上。现有托额覆盖了3岁以下幼儿人口的55%，可基本保证2岁幼儿入托需要和弱势家庭幼儿优先入托，全日班与半日班的比例进行了合理调整，能够更好地满足不同家庭的幼儿照护需要。

合作区方面，推动琴澳一体化发展，已与澳门缔结姊妹学校（园），例如横琴一小与澳门葡文学校、澳门坊众学校、澳门劳校中学、澳门妇联学校结为姊妹学校，横琴一中与澳门坊众学校结为姊妹学校，并继续与澳门学校缔结姊妹学校，加强琴澳校际教育交流，在坚持传统的体育、艺术、文化方面交流的同时，深化学生科技创新、爱国主义教育、职业教育培训和研学体验活动交流②，联合澳门相关部门开展两地教师共同培训、联合教研交流、合作课题研究等，构建有合作区特色的教师发展体系。

---

① 父母双方皆符合条件的可同时申请。
② 谢佳瑶、王倩、茹长宝、李海梅：《国际杉板桥 儿童化友好——S社区"1+N"服务模式助推国际化儿童友好社区建设》，《黑龙江人力资源和社会保障》2021年第20期。

2. 基础教育体系发展成熟

琴澳目前共有非高等教育学校 86 所，其中合作区 11 所，澳门 75 所。根据澳门特别行政区第 9/2006 号法律《非高等教育制度纲要法》规定，所有人依法享有不受歧视的受教育权，政府提供条件保证受教育者在入学和学习方面机会均等。澳门实施义务教育和 15 年免费教育，根据第 42/99/M 号法令，年龄介于 5~15 岁的未成年人强制实行普及教育，从年满 5 周岁后首个学年开始，至 15 周岁后学年终止或合格完成初中教育终止，特区政府和教育机构有责任保障该年龄段未成年人完成义务教育。整个正规教育内的 15 个年级（包括 3 年幼儿园、6 年小学、3 年初中及 3 年高中）自 2007 年起全部实行免费教育。同时，针对未享受免费教育且就读于私立学校正规教育课程的学生，经教育暨青年发展局统计，由特区政府以学费津贴方式向所在学校发放。

为提升学生学习积极性和学习效率，培养终身学习习惯，《非高等教育制度纲要法》对学校课程的内容和实施给出了指导性意见，包括对特殊教育课程个性化定制要求，并对闲暇活动安排提出了基本要求，使其补足和发展教学计划，着眼于学生全面发展和自我实现，并使其善于利用闲暇，包括开展体育活动、文化艺术相关的教学和活动等，同时要求教育机构能鼓励并提供机会让学生积极参与社会服务和社区活动。

3. 儿童健康保障

在对儿童的早期健康保障方面，澳门特区政府通过多种途径推动母乳喂养，包括宣传母乳喂养信息、提供合适的母乳指导和卫生教育、奖励持续母乳喂养的母亲、推行"母乳喂养友善场所"约章计划并制定《母乳喂哺室设备及管理标准指引》，对母乳喂哺室设置要点、基本设备、面积和管理维护要求等做出要求，鼓励公共部门新设办公或服务设施设立符合指引标准的母乳喂哺室。卫生局积极与社团合作，向其他政府部门和私人企业推广母乳喂哺室建设，至 2019 年底，政府建有母乳喂哺室 232 间，私营企业建有 67 间，共 299 间。2021 年，全澳母乳喂养率达到 93.14%。

为保障孕产妇及新生儿健康，澳门卫生中心和各公立医院为孕妇提供全面的免费产前检查，并提供血液化验检查、胎儿超声波扫描检查等，以加强检测和早期发现包括唐氏综合征及其他先天性结构性畸形等情况。自 2003年起，卫生局与上海市儿科医学研究所合作开展新生儿遗传病筛查，包括自2007 年起推行的感染乙型肝炎高危新生儿随访计划，2015 年 6 月开始在全澳推行的新生儿听力筛查，自 2019 年 6 月起，针对新生儿的各类遗传病筛查项目增加到 14 种。针对低收入非澳门居民家庭，根据第 52/2018 号社会文化司司长批示，社会工作局会向每月收入低于一人家庭最低维生指数的家庭签发"经济状况证明书"，作为减收外雇人士怀孕及分娩产生的医疗费用的凭据。

4. 儿童就医和医疗保障

根据澳门特区政府确立的"预防优先，妥善医疗"方针，澳门实行免费医疗保健政策，第 24/86/M 号法令《订定澳门居民取得卫生护理规则》规定，澳门居民除享有免费的卫生中心保健服务外，幼童、中小学生、孕妇、残疾人士及特殊病患等人群均纳入免费的专科医疗范围内。卫生局在此基础上制定了针对孕妇及胎儿的医护计划，包括一般和专门护理服务及生产住院涉及的免费医疗服务。2020 年，澳门产前保健覆盖率达 93.2%，产后检查覆盖率仅 15.55%，新生儿早期检查率在 50% 左右，卫生中心的儿童保健覆盖率仅 30.51%，1 岁以下儿童保健覆盖率在85% 左右。

5. 儿童文体活动供给

为强化面向少年儿童的文化艺术教育，为推行艺术教育，教育暨青年局于 2004~2005 学年开始推出"中学生普及艺术教育计划"，目的是让澳门中学生每年均有 1 次欣赏不同表演艺术的机会。学生经学校安排在课堂时间走进正规剧院欣赏专业艺团的演出及介绍，从而认识木偶、戏剧、中乐、西乐、舞蹈及戏曲等艺术的特色及剧场礼仪，借此提升对表演艺术的欣赏能力。该计划于 2015~2016 学年延伸至小学六年级，新增以"视觉艺术"为主题的"走进艺博·涵泳艺文"，并正式易名为"学生艺术教育普及计划"。此外，为使青少年对艺术有更深入的认识及了解，发挥艺术潜能，教育暨青年局综艺馆青年中心自 2006 年开始主办"艺术教育雪球计划",开展包括戏剧和立体视觉艺术方面的培训。该计划于每年的 7~12 月举行,对象为 13~25 岁儿童及青年,参加者按个人兴趣选择参加工作坊,表现优秀者将有机会甄选参加戏剧实习演出或学员作品成果展。

此外,每年六一国际儿童节,澳门"六一国际儿童节组织委员会"都会组织开展儿童节系列活动,围绕联合国《儿童权利公约》规定的各项儿童权利开展宣传,组织居民和儿童共同参与活动,唤起全社会对儿童权利与福祉的重视和认同。"六一国际儿童节组织委员会"筹备并成立于 2013 年,由社会工作局、市政署、法务局、教育及青年发展局、体育局组成,文化局公共图书馆、治安警察局、澳门科学馆、母亲会、澳门工会联合总会、澳门明爱、澳门妇女联合总会、澳门街坊会联合总会等部门和组织共同协办。自 2013 年起,委员会先后组织了围绕环保、受保护权、发展权等不同主题活动,2022 年国际儿童节的主题是儿童权利公约中的儿童参与权宣传,委员会于儿童节前后组织了园游会、"童声童行"系列活动、嘉年华及网上游戏、赠送礼物予住院儿童及其他配套活动。

合作区方面,通过合理安排文体设施功能和布局,打造 10 分钟文体圈,提高了市民运动积极性。澳门街坊会联合总会下设的横琴居家养老服务中心和横琴新家园社区中心为儿童及青少年提供了多项服务,举办了例如"笨爸爸工房""中医启蒙班"等各种活动,在提供了欢乐与知识的同时,帮助营造了良好的家庭氛围环境。

(三)儿童权利保障体系现状

推进儿童权利保障体系友好的目的是保证儿童作为社会中的弱势群体,能够免受各类侵害,同时完善公益普惠的儿童福利体系,使儿童权利和福利能得到充分保证。为实现上述目的,特区政府为儿童提供了多种福利和特殊关怀保护,以保护儿童免受任何形式的虐待、疏忽照顾和剥削,并在各种不利情况下使儿童受到最大程度的保护。合作区则依托珠海困境儿童关爱保护的各项措施，着重缩小城乡、区域、群体之间的儿童发展差距，满足儿童多样化需求，让儿童享有更加均等可及的基本公共服务[①]，重点针对留守儿童扩大社会关爱。

1. 对无人抚养儿童的社会保护

在澳门特别行政区，规范收养的法例主要有《民法典》及第65/99/M号法令《未成年人司法管辖范围内之教育制度及社会保护制度》。社会工作局是澳门特区处理收养服务的唯一合法机构，当司法机构按《民法典》第1830条（待被收养之人）及第1831条（待被收养人所处之情况）的条件确认儿童的弃儿身份后，社会工作局便会为儿童开展收养程序，安排儿童配对合适的收养家庭及跟进试养，直至儿童获初级法院宣告收养关系成立为止。

除针对弃儿的领养安排外，社会工作局会安排儿童及青少年住宿服务——院舍，其目的是向因为各种个人、家庭与社会问题而处于不适应或缺乏适当照顾的儿童及青少年，提供住宿及照顾服务，使他们能在健康及安全的环境下正面成长，同时协助创设适当条件，支持他们尽早重回家庭及小区生活，服务形式包括儿青院舍及寄养服务。目前，澳门共有9间儿青院舍，户内面积1.3万平方米以上，共能接纳445个不同年龄段男女儿童和青少年的住宿和照顾服务。此外，社会工作局会针对儿童的家庭风险状况进行监测，在接触处于危机状况的未成年人个案后，会先对其进行危机风险评估，并制订各项适切的保护及支持措施。

2. 儿童疾病筛查及康复

为实现"及早发现、及早诊断、及早介入"的目标，澳门特区政府极为重视推动及完善儿童的早疗服务，除了积极扩大各类遗传疾病筛查，在社会文化司的统筹下，卫生局、社会工作局和教育暨青年局于2016年6月合作成立了儿童综合评估中心，2017年成立儿童康复治疗中心，为6岁及以

---

① 国务院妇女儿童工作委员会：《中国儿童发展纲要（2021—2030年）》，2021年9月27日，https://www.nwccw.gov.cn/2021-09/27/content_295247.htm。

下疑似生长发展障碍的儿童提供一站式、跨部门和多专业的发展评估和康复治疗服务。所有疑似发展障碍的 6 岁以下儿童均可通过居住地区所属卫生中心进行初步评估后转介至儿童综合评估中心，入托或入学儿童可通过托儿所和学校向社会工作局和教青局申请评估并转介，评估等候时间不超过 1 个月。

服务于残疾儿童康复的主要有两类设施，6 岁以下儿童早期治疗与康复可在儿童康复治疗中心完成，中心由仁伯爵综合医院康复科负责，为 6 岁或以下的儿童提供语言治疗、职业治疗及物理治疗的早期疗育服务。另一类为康复院舍，可以为不同年龄段精神障碍、肢体障碍的儿童提供康复服务。目前澳门共有各类康复院舍 11 所，其中主教山儿童中心专门为 15 岁或以下智力障碍或肢体伤残儿童提供康复服务。

同时，社会工作局也通过不同措施保护儿童在托儿所、儿青院舍中得到安全及适切的照顾及身心发展。根据第 90/88/M 号法令《设立管制专为儿童、青年、老年人、伤残人士或一般市民发展社会辅助活动之社会设备的一般条件》第 25 条，社会工作局有权限封闭及封印证实由于运作之偏差，而导致使用者身心严重受损之设施。

3. 困境儿童支持及援助

根据 2021 年初澳门明爱与北京师范大学—香港浸会大学联合国际学院发布的"澳门贫穷儿童状况研究"，受访贫穷儿童约 46.6% 来自单亲家庭，属于新来澳人士家庭占 24.6%，家庭成员中有残疾人士的贫穷儿童占 17.1%。根据第 6/2007 号行政法规《向处于经济贫乏状况的个人及家团发放援助金的制度》及第 18/2003 号社会文化司司长批示订定的《弱势家庭特别援助规章》，社会工作局为个人或家庭由于社会、健康及其他需要特别援助的因素而处于经济贫乏状况的人士，尤其向三类弱势家庭，即单亲、残疾人士和长期病患者家庭额外提供特别援助，以协助有关人士渡过较为困难的时间。凡处于社会工作局规定的最低维生指数以下的单亲家庭和祖孙家庭，可向社会工作局为其就读于幼儿园、小学、中学或大学的子女申请学习活动补助，有关补助每月发放（见表 2）。

表 2　针对单亲（祖孙）困难家庭儿童的学习活动补助标准

困难家庭儿童教育阶段	补助标准（澳门元/月）
幼儿园/小学	200
中学	400
大学	600

澳门特区政府实施 15 年免费教育，或向未享有免费教育学生提供学费津贴，以及向全澳学生提供书簿津贴，在上述政策执行后家庭仍有困难的学生，按照第 134/2010 号社会文化司司长批示核准的《学费援助、膳食津贴及学习用品津贴发放规章》，教育暨青年局的学生福利基金向经济困难的学生提供津贴，以确保学生不会因为经济因素而影响其受教育机会。[①] 在就学方面仍存有经济困难的个别家庭可申请学费援助及学习用品津贴，膳食津贴则是为协助家庭经济困难的学生取得均衡的营养饮食，以确保学生健康成长。针对非义务教育阶段学生，根据第 12/2022 号行政法规《2021/2022 学年大专学生学习用品津贴》，凡持有澳门特别行政区居民身份证，并修读在澳门特别行政区或外地经所属国家或地区主管当局认可的公立或私立高等院校所开办的颁授学位或学习期不少于两学年的高等教育课程，可申请 3300 澳门元的学习用品津贴用于购买书籍、参考资料和学习用品。

合作区则发挥儿童游乐场所优势，服务留守儿童。自 2010 年起，横琴星乐度后山营地为 80 多个参加广东省留守少年儿童珠海市福彩夏令营的孩子，举办营地研学游戏活动。10 余年来已有近 1000 名留守少年儿童、异地务工人员子女和生活困难少年儿童参与，夏令营积极弘扬"扶老、助残、救孤、济困"公益慈善理念，让留守少年儿童感受到社会的关爱。

（四）儿童友好城市空间建设策略

打造儿童能在其中安全生活、玩耍、行走、学习、社交，并能充分感受

---

① 澳门特别行政区教育及青年发展局：《学生福利及相关事务》，https：//portal. dsedj. gov. mo/
webdsejspace/addon/allmain/msgfunc/Msg _ funclink _ page. jsp？msg _ id ＝ 7988&device ＝
mobile&langsel ＝C。

自然、释放天性的城市空间，提升城市空间品质和服务效能是推行成长空间儿童友好的主要目标。

1. 以无障碍为主的适儿化公共空间建设

将澳门建设成健康城市符合其世界旅游休闲中心的发展定位，为落实《澳门特别行政区 2016 至 2025 年康复服务十年规划》，澳门正在大力推行无障碍设施的建设，真正惠及到民，方便市民和游客的生活和出行。特区政府于 2018 年发布《澳门特区无障碍通用设计建筑指引》，涉及所有公众使用及聚集的场所，特区政府所有新建的公共工程及政府资助工程，均可按指引的无障碍通用设计原则进行设计及建设。在公共场所内，指引要求百货公司及购物中心、公众及私人文娱中心（如电影院、剧院、音乐厅等）以及康体及体育场所、博物馆、主题公园除无障碍通用设计外还必须设置亲子厕所、厕格和亲子设施以及亲子停车位。设有观众席的地方以及医疗场所，还需配备哺乳间、小型厕所、更换尿片的设施。学校等教育场所中，通过提供无障碍设施来营造平等安全的学习环境，并且根据学童年龄来设置符合人体工程学的设施，以 3~6 岁、7~12 岁为组别，提供包括但不限于扶手、厕所、桌椅、通道宽度等的建议数据。其中特别强调鼓励建设以儿童为使用主体，且能关注到残疾儿童，从生理、社交和感知要素出发，为儿童提供玩耍娱乐的无障碍康乐空间，设施需考虑到包容性、舒适性、通达度和安全度，提升儿童的使用感受。澳门正多渠道推广"无障碍共融小区"，上述指引已经得到广泛的应用并在持续推进中，许多公共场所已经配置完成专门的亲子厕所等设施，为儿童提供了更加舒适安全便利的环境。

2. 慢行系统为儿童出行安全提供支持

从澳门整体出行结构来看，在小街区和 5 分钟生活圈支持下，步行为居民主要出行方式，同时，澳门将宜行纳入规划蓝图之中。2011 年澳门颁布了《澳门陆路整体交通运输政策（2010-2020）》，提出"打造居民宜行、旅客宜游的绿色交通城市"的政策愿景，以"公交优先、绿色出行、世遗保护、区域融合、城规结合"的基本原则。根据《澳门陆路整体交通运输规划（2020-2030）——咨询文本》提供的数据，2019 年中步行占全部出行方式中的 46.3%，但因为本岛区域地形高差较大，部分步行道不连贯，步行道距离较窄；氹仔部分区域道路尺度不适宜、步行偶尔需绕行，距离较远；路环道路建设不完全等，慢行交通无法形成连贯的系统，步行舒适度和过路安全性都需要进一步提升。澳门计划增加步行通道来提升步行出行的吸引力，至 2030 年步行网络密度超过 13km/km^2，增加约 10 公里的步行通道及行人天桥来增加居民步行的便捷性。另外，通过对建成区道路持续开展交通整治优化、街道美化、路面重铺等工程，提升道路的平整性和舒适性，改善道路的交通条件和交通环境。重点在学校、医院周边，完善过路讯号控制及加装"人形横道发声系统"，保障儿童的道路安全。此外交通事务局积极推广交通安全相关知识，开展"交通知识校园互动——幼小版及高小版"，以话剧以及互动游戏的形式，以轻松愉悦的方式将交通知识传递到校园之中。

3. 文化传播渗透到生活的方方面面

澳门有着悠久的历史和丰厚的文化底蕴，根据澳门 2020 年的统计年鉴数据，全澳共有 28 间博物馆和 15 间公共图书馆以及 62 间阅览室。除了提供场地外，民政总局和文化局举办了各项讲座、艺术展览和文艺表演，即使是在疫情阴霾笼罩下的 2020 年，依旧举办了舞蹈、音乐会、综合表演、戏剧、电影、展览等公开活动超过 15000 场，将近 146 万人次参与。根据《澳门健康城市健康状况分析报告（2020 年）》中关于政府或私营机构所提供的服务或工作满意度的调查结果，澳门市民对文娱康乐设施（图书馆、体育场地、博物馆等）满意度最高，其中非常满意达到 16.71%，满意率为 38.94%，不满意和非常不满意结果加起来仅为 8.41%。澳门的图书馆相比内地开放时间更长，大部分的图书馆都设有专门的儿童阅览区并拥有一间专门的儿童图书馆，由文化局牵头联合教育及青年局等机构，举办了多场鼓励市民特别是儿童阅读的项目，例如为响应"世界读书日"，自 2002 年起举办的"澳门图书馆周"活动，为市民提供丰富的摊位游戏、绘本共读、亲子手工坊等活动，做到寓教于乐，即增长了儿童关于阅读的兴趣，也拉进了亲子关系。澳门妇女联合总工会也积极参与儿童成长的各种事宜，例如与澳门美术协会联合举办儿童画展，组织亲子参加"本地游"活动来促进家庭关系，开展家庭教育相关讲座，带幼儿体验手做食物的乐趣等。受疫情影响，澳门博物馆、科学馆等场馆为无法现场参观的观众，透过云共享模式，为市民提供线上教育资源。文化局为了加大文化遗产推广力度，推出"FUN 享文遗"系列项目，走入校园与社区宣传分享文遗共护的讯息，使儿童在成长过程中受到历史文化的熏陶，更加爱护家园。

4. 关注儿童成长的社区服务环境

澳门特区政府在儿童及青少年服务上的支出逐年上升，2020 年相较 2010 年增加 440.65%。社会工作局持续通过不同途径推广《儿童权利公约》，以提升社会大众关注儿童的权利，在澳门各区共下设 5 个社会工作中心，向陷于困境的个人或家庭提供一般性质的服务，包括家庭辅导、24 小时紧急支持服务、灾难性援助等。截至 2020 年，全澳共有儿童及青少年服务中心 11 间，托儿所 66 间，儿童及青少年院舍 9 间。儿童及青少年院舍为孤儿、被遗弃、缺乏家庭照顾，以及与家庭或社会环境有冲突而可能濒临危机边缘的青少年，提供良好的居住环境，使他们得到短期或长期照顾与辅导。另设有小区青年工作队、青少年及家庭综合服务中心以及非营利的学前教育中心，为青少年以及有特殊需要的儿童，提供关于个人及家庭相应的辅导和教育支持，并推动社会大众关注青少年的问题与需要。社工局 2020 年将"弱势家庭幼儿优先入托制度"纳为恒常制度。2020 年澳门妇联举办的"澳门小特首"活动，推动更多儿童真正实践参与权，担当好澳门"小主人翁"角色。

横琴选取横琴第一小学、首都师范大学横琴伯牙小学两所小学作为试点学校，率先开展暑假小学生托管服务工作，优先满足平时家中无人照管的双职工家庭、中低收入家庭等群体需求，由学生家长自主自愿报名参加，服务包括游戏活动、文体活动、阅读指导、综合实践、兴趣拓展、作业辅导等。

5. 为儿童提供安全的绿色开放空间

绿色开放空间对提升关键的生态系统服务，以降低居住在人口稠密城市地区社区的社会压力水平至关重要，儿童往往受到缺乏绿地的影响最大。澳门可使用土地面积较少，人口密集，随着城市开发人均绿地逐年减少。但是澳门政府一直在通过垂直绿化等手段，见缝插针将绿色空间点缀在市民的生活区域之中。游乐场和儿童友好型公共和绿地空间能促进儿童认知能力的发展，近年来，在澳门市政署和妇联的积极推动下，公园和休憩区增设儿童游乐场，儿童和青少年游乐休闲空间有了不同程度的优化。澳门的公园多夹在城市道路和街道之中，紧邻居住区，空间规模不大，以游憩健身功能为主。澳门市政署将其管辖下的绿化用地分为四个部分：公园绿地（公园/花园、郊野公园）、休憩区/绿化带绿地（休憩区、绿化带）、山林绿地（澳门步行径系统、澳门山林）、其他绿地（湿地、农场等）。根据澳门自然网上公布的资料，澳门共有 78 个休憩区，其中有儿童游戏设施的为 25 个，占比为32%；41 个城市公园，其中 25 个拥有儿童游乐设施，占比为 61%，且多集中于本岛，存在分布不均以及人均绿地较少资源不足的情况。目前所有儿童游乐区域都已将地面铺装换为对儿童更加安全的软质铺装，并出于保护考虑将场地进行一定程度的围合，在设施旁设置方便家长陪伴看护的休息座椅和关于设施适宜玩耍的年龄和安全相关提示标识。大型综合公园如白鸽巢公园和氹仔中央公园等公园中，除以上设施外，儿童游乐区域内设置儿童专用的洗手池和厕所，并配有专门电子监控，保障了儿童的卫生健康和人身安全。根据调研发现，由于澳门校园内可供学生活动的场地存在部分不足或缺失的状态，因此公共空间中的游乐场就承担起释放儿童多余活力和强健身体的功能，存在使用人群较多，资源拥挤的情况。澳门共有四个郊野公园，且都在路环区域，为市民在假期时娱乐休闲提供了感受自然、亲近自然的良好去处。部分城市和郊野公园以及农场和博物馆承担起教育设施的功能，起到科普动植物外表习性、了解自然生长环境、体验绿色生态空间，爱护成长家园的作用。

合作区也提出城市发展建设以绿色宜居为目标，横琴国家湿地公园、全民健身广场、横琴体育公园、健康主题公园、长隆海洋王国等为儿童休闲娱乐、运动健身提供了好去处。另外，珠海市结合实际重点谋划和组织实施一批城市公共空间和公共设施适儿化改造工程，加强儿童安全保障、劳动教育、课外实践、科技体验、素质拓展等校外活动场所设施建设，出台《珠海市普通中小学校园建设标准指引》《城市公共休闲沙滩管理服务规范》《珠海市城市街道交通规划导则》等 10 余份文件和"珠海市城市规划技术标准与准则""珠海经济特区防台风条例""珠海市园林绿化规划设计准则""珠海市园林绿化规划设计指引""珠海经济特区无障碍城市建设条例"（拟于 2023 年出台），围绕与儿童日常生活、学习、出行最密切的三大类空间——室内公共服务空间、户外开敞空间（公园、广场、沙滩等）及街道空间，规范儿童友好社区、儿童友好空间的建设，及提升灾害事故风险防范的能力。

6. 积极开展各项防灾活动保障校园安全

澳门在自然灾害、事故灾难、公共卫生事件、社会安全事件等领域面临各种风险与挑战。2019 年澳门特区政府根据《澳门特别行政区五年发展规划（2016—2020 年）》《粤港澳大湾区发展规划纲要》《澳门特别行政区民防总计划》等，编制了《澳门特别行政区防灾减灾十年规划（2019—2028 年）》，来加强应急能力建设，提升澳门应对各种突发事件的能力和水平，针对应急能力进行现状评估，得出对澳门应急能力发展优先评价结果，按照规划任务主线，从基础设施防灾减灾、应急管理体系、风险管理与监测预警、应急队伍救援和装备等 9 个方面 37 项指标对澳门防灾减灾与应急能力进行建设。充分利用体育中心、学校、公园等，按照居民在市区 15 分钟内可步行到达的原则，规划设置空间分布合理、规模满足小区避险需要的固定避险中心，提高防灾抗灾标准，加强救灾物资配备，使其具备应急避险、生活安置等基本功能。优化完善"避险中心综合管理平台"的软硬件配套，令民防行动中心能实时掌握避险中心的各项实时统计，做出及时协调。全澳目前有一间灾民中心，18 个避险中心，4 个集合点和紧急疏散点。为受灾的民众提供临时的安全庇护场所。为了保障校园安全，澳门社工局为包括社工局、教育及青年发展局和学校及社会服务机构等工作人员进行了防灾培训，增强避险中心工作效能。2018 年完成了编制《学校防灾工作计划》和《安全教育补充教材》，涵盖幼儿、小学、中学教育阶段。实现安全及防灾教育普及化，学校安全教育普及率达 100%。教育及青年发展局编制《教育机构防灾应急工作计划》以及《学校防灾应急工作计划》来应对各种灾害风险，要求各教育机构和学校必须成立"危险管理小组"，以及确保准备足够的各项应急物资，包括防灾系统和设备、食物和饮用水等，为儿童在校时提供了更加坚实的安全防护。

（五）儿童发展环境现状

推进发展环境友好旨在打造保障儿童健康成长的社会环境，特区政府对儿童全面发展高度重视，于不同领域推出一系列政策措施，以缔造尊重、爱护儿童的社会环境氛围，保障儿童参与及体验文化、艺术、体育培训、闲暇、娱乐的权利。珠海市则出台《珠海市深化家庭文明建设工作方案》《珠海市迅速开展涉校安全隐患排查整治专项行动方案》等 30 余份文件，推进儿童家庭家教家风建设、培养儿童健康向上的精神文化、牢筑校园安全发展屏障。

1. 丰富儿童康体活动

澳门教育暨青年局每年举办多项体育、文娱、数学及科普等学界活动和比赛，同时派出学界代表队参与国际和全国性的比赛。此外，教育暨青年局辖下的青年中心以群体发展、休闲教育、艺术教育及康体发展等为服务方向，持续为儿童开展有助他们成长和发展的活动，辅导服务及义工培训；并通过辖下的青少年展艺馆持续为儿童及青年提供更多展览及演出的空间。为兼顾学生学习与身心健康发展，教育暨青年局着力减轻学生学习负担，要求学校更好地提供符合学生身心发展规律的教育教学活动，根据第 15/2014 号行政法规《本地学制正规教育课程框架》规定，学校须确保学生每周进行不少于 150 分钟的体育运动，以培养学生良好的生活作息及运动习惯，促进学生健康活泼地成长。同时推行不同形式的学校健康促进计划，为方便学校及老师对相关计划的了解，构建"澳门中小学生健康教育指导平台"，协助老师、家长及学生了解健康状况发展的信息平台，包括"活力恒动123"计划、"校园爱眼护齿"活动、"儿童健康工具箱"计划、"活力校园嘉许计划"等。

2. 预防各类成瘾服务

为及早预防儿童成瘾行为，包括滥药及赌博失调，社会工作局结合澳门社会现状，于2000年起为5～12岁儿童提供一项国际认可的"健康生活教育课程"，让学童认识健康生活的益处及滥用药物的危险性，从而达到预防滥药的目标，每年为约2万名学童提供教育服务。课程于2003年扩展为"健康生活教育中心"，并于2016年迁往"健康生活教育园地"，内设3个课室，加设了多媒体设备配合本地化课程的发展。同时，社会工作局联同民间机构，于2015年开始以入校讲座形式推行"精明理财推广计划"，从小培养学生善用零用钱并确立正向的理财概念及金钱观，以形成儿童日后对相关观念的正面发展，避免赌博风气影响儿童身心健康。计划内容涵盖小一至高三，以澳门真实的社会环境设计，让学生了解到社会存在的消费陷阱、信用与借贷、投资与投机差异等理财概念和知识，培养良好的金钱价值观及预防赌博行为。

此外，对根据第47/98/M号法令《核准对特定经济活动发出行政准照之新制度》第31～36条等（对未成年人进入各类娱乐场所之限制），特定场所如桌球及"保龄球"的场所、专门经营色情物品之场所、网吧、蒸汽浴及按摩之场所、"卡拉OK"类型等禁止未成年人进入。根据第21/96/M号法律《吸烟的预防及限制制度》第2条及第4条，禁止以推销、广告或商业信息为目的向18岁以下人士出售或赠予烟草。出售烟草的地点应张贴禁止向18岁以下人士出售或赠予烟草的适当指示的告示。法律同时规定，为18岁以下人士而设的地点，尤其包括幼儿护理场所、休闲活动中心、度假营及其他类似地点或单位，以及教育场所禁止吸烟。

3. 保障儿童安全健康

为解决因城市化而造成影响的健康问题，澳门自2004年正式推行健康城市计划，这既满足了市民对于改善城市环境和对追求健康的热切诉求，也符合澳门可持续发展的需求和城市发展定位。儿童的健康发展关系城市的未来，澳门政府一直关心儿童成长中遇到的各种困境与难题，提供了各种保障儿童生命与健康的措施。例如为 0~13 岁的儿童提供全面的促进健康和预防疾病的服务，对 6 岁或以下在发展上有疑似障碍者提供儿童综合评估服务，以及每年为小学一年级新生做体检和健康评估，为适龄儿童接种疫苗，并在学校开展健康卫生的讲座等。卫生局和教青局通过设立"学校健康促进"方案，来全面系统地促进儿童和青少年的健康成长。一方面通过学校来为学生营造有益于成长的健康环境，另一方面培养健康的生活习惯和掌握个人生活技巧等。

4. 防止未成年人受到侵害

为加强儿童在家庭和学校的人身安全保护，相关部门出台了相应的法律法规以规范有关方的行为。教育暨青年局每年向学校发出《学校运作指南》对校园危机管理小组、保障及处理受助学生免受性侵犯指引及欺凌行为提供辅导策略，强调管理者应负的义务和责任，明确信息的通报、传递的机制、事件的处理和支持的方案等。在家庭暴力防治及保护方面，2006 年第 2/2016 号法律《预防及打击家庭暴力法》生效，为在出现家庭暴力时公共实体介入提供了规范性框架，规定了家庭暴力犯罪类型和处罚制度，为保护及援助受害人的措施打下重要基石。根据法律，社会工作局联同法务局、治安警察局、司法警察局、卫生局、教育暨青年局、劳工事务局及房屋局建立常规合作机制①，定期召开"《预防及打击家庭暴力法》公共部门合作机制常规工作会议"，持续改进及优化合作机制和运作流程，并与民间机构共同协力执行有关工作，各部门充分发挥合作性、专业性和互补性。

为了响应《准予就业最低年龄公约》，特区政府于 2001 年开始，将就业最低年龄下限由 14 岁调升至 16 岁。第 7/2008 号法律《劳动关系法》第26~32 条对未成年人的劳动合同做出规范，第 343/2008 号行政长官批示–核

---

① 苏宁：《反家暴，澳门设男士避静中心》，《人民日报》2017 年 3 月 30 日，第 20 版。

准"限制未成年人提供的工作清单"以及第 344/2008 号行政长官批示-核准"禁止未成年人提供的工作清单",保障未成年人的工作安全及身心健康发展。

5. 儿童法律保护

澳门特别行政区的刑事归责年龄是 16 岁,即年满 16 岁的人犯罪需承担刑事责任,可被判监禁及留有案底。法律亦规定,年满 12 岁而未满 16 岁的人士,如做出法律所规定的犯罪(如盗窃、伤人)或轻微违反(如无牌驾驶等)的行为,适用第 2/2007 号法律《违法青少年教育监管制度》,未满 12 岁的人士则适用第 65/99/M 号法令所规定的《社会保护制度》中的一般措施。因此,不论任何年龄做出违法行为,均会承担相应的法律后果。

同时,特区政府通过多项法律法规向未成年人提供司法援助,根据《刑事诉讼法典》第 53 条第一款 d)项,除成为嫌犯外,在任何诉讼行为进行期间,只要嫌犯为盲、聋、哑、未成年或就嫌犯的不可归责性或低弱的可归责性提出问题时①,必须有辩护人之援助。根据第 65/99/M 号法令《未成年人司法管辖范围内之教育制度及社会保护制度》,未成年人处于遭到虐待、遗弃、无助或其他危害其健康和教育等涉及滥用亲权的情况,社会工作局应一方面对涉及未成年人案件的司法权行使向法院提供协助,另一方面援助陷于困境或处于社会不适应的儿童。

2022 年儿童节,全国首个涉澳妇女儿童权益保护合议庭在珠海市中级人民法院揭牌成立,实行民事、刑事和行政案件"三审合一"审理模式,建立了妇女儿童权益案件"四优先"工作机制,专门审理涉澳妇女儿童婚姻家庭权益等案件。

(六)琴澳儿童·友好城市建设的优势和短板

从琴澳两地关于儿童发展的各类政策文件和面向儿童的服务、设施供应

---

① 陈兰、王峰:《香港、澳门与大陆刑事辩护制度比较研究》,《理论界》2006 年第 1 期,第 167~168 页。

现状来看，两地目前针对儿童权益保护的相关措施较为完善，各类儿童活动丰富，但在儿童优先理念贯彻、儿童友好空间和设施建设方面存在短板，突出表现在：软件措施方面，澳门各类规划中对儿童优先和儿童视角体现不足，儿童决策和参与公共事务不充分，合作区在儿童文体活动组织、儿童医疗教育保障方面也与澳门存在差距；硬件设施方面，儿童游憩设施、游乐场所数量不足，儿童友好的绿色开放空间匮乏，合作区步行出行环境差、尺度不宜人、步行系统不连贯，基本不具备儿童自由、安全出行的条件。

二 建设琴澳一体的儿童友好城市策略建议

儿童友好城市是对各年龄段儿童及其陪护者都友好的社区和城市，是硬件设施和软件措施共同支持形成的城市空间和社会环境。充分参考儿童友好城市建设先进地区的经验，从合作区目前具备的条件和资源入手，为合作区协同澳门创建琴澳一体的儿童友好城市提出建议和阶段性措施。

（一）规则衔接：促儿童优先融入琴澳社会政策体系

在合作区构建衔接澳门、接轨国际的规则体系总体要求下，针对琴澳目前发展规划、城市总体规划等顶层设计层面儿童优先理念不突出、儿童参与不充分的现状，从理念提倡宣传、公众参与机制、儿童组织发展等工作机制层面，采取以下策略强化儿童优先发展。

1. 在合作区建立对接澳门的儿童工作体制机制

成立合作区妇女儿童工作委员会，全面对接澳门妇儿委工作，健全推动儿童优先发展工作机制。联合澳门妇联总会广东办事处、横琴妇联成立儿童友好城市建设工作小组，负责儿童友好城市宣传、琴澳儿童现状调查。建立儿童友好城市建设联合工作和常态化宣传机制，加快启动琴澳联合申报儿童友好城市试点工作。

2. 延续澳门儿童数据资料专项统计工作，制定《琴澳儿童发展目标》

以"澳门儿童数据资料库"为基础，基于琴澳儿童现状调查，增加关于儿童设施、儿童组织等领域的统计指标，补充完善合作区相关儿童数据资料，形成"琴澳儿童数据资料库"。对标国家儿童发展纲要和儿童友好城市建设指导意见，衔接澳门城市总体规划"快乐、智慧、可持续及具韧性"的发展定位与合作区总体发展规划四新定位，制定"琴澳儿童发展目标"，明确儿童教育、医疗、福利、安全、社会参与等方面的阶段性发展目标。

3. 在城市规划建设环节强化儿童友好理念渗透

形成儿童友好城市建设标准与准则，实现儿童友好城市建设有据可依、有章可循，在尚未出台的合作区总体发展规划、国土空间规划和其他相关专项规划中体现儿童优先和儿童友好的基本原则，在澳门城市总体规划后续修编工作中强化儿童友好理念。结合琴澳城市更新的机制特征出台城市新建地区、填海区及重点地区儿童友好建设指引和城市建成地区适儿化改造指引，逐步推动控制性详细规划和城市设计指引中增加儿童友好专项指标。加强面向儿童的规划宣传和政策宣讲，针对规划中的涉儿童内容和涉儿童政策，制定儿童宣讲版。

4. 在合作区借鉴澳门方式培养儿童参与公共事务的意愿和国际视野

践行儿童议事会制度，保证在城市发展重大事项决策过程中，儿童的意见能够被充分倾听，合理诉求能够被充分满足，儿童参与能够得到制度性保障，在城市儿童设施建设、儿童政策制定等领域充分听取监护人意见，引入儿童议事会决策机制。特别是发挥澳门国际化优势，在合作区联合开展中小学联合国模拟辩论等活动，组织"中国与葡语国家儿童论坛""一带一路儿童国际论坛"等以儿童为主体的国际论坛，延续"澳门小特首"活动，在儿童节期间于琴澳两地开展"澳门小特首+横琴小主任"系列活动，培养儿童议事、决策的意识和视野。

5. 发挥澳门社团组织发达的优势强化全社会对儿童友好的共识

以"澳门儿童基金"为主导，鼓励社会力量合作或与政府合作成立"琴澳儿童发展专项基金"，在年度重点项目谋划建设中优先儿童游乐设施、学校、公园等涉儿童项目，以投资补助、运营补贴、资本金注入等方式鼓励社会力量参与儿童服务设施建设，对儿童服务设施建设、儿童服务专业人才培养给予支持，形成社会资源配置向儿童倾斜。充分发挥各类社团组织力量，支持服务儿童的社会组织得到充分发展，培育专业的儿童服务和促进儿童发展人才队伍。整合澳门大学、澳门城市大学等高校、智库力量成立儿童发展研究中心，为儿童友好城市建设出谋划策。在琴澳企业 ESG 评价体系中，增加"儿童友好"企业社会责任贡献指标，鼓励企业积极参与儿童友好城市建设。

（二）服务一体：借儿童友好强化琴澳青年人才引力

澳门空间有限、人口密度高，公共服务供给压力大，合作区作为便利澳门居民生活就业的新家园，能够对面向儿童的公共服务供给起到很好的补充作用，特别是新增、更新儿童公共服务设施所需的空间；另外，澳门面向儿童的文体活动极为丰富，能够为拓展合作区儿童课余生活提供支持。优化琴澳生育环境和儿童公共服务供给质量，能够有效减轻年轻人生育压力，提供有吸引力的育儿环境，以此吸引青年人才落户合作区。

1. 以合作区资源补充澳门托育服务

增加公办托额供应，允许澳门非资助类托儿所在合作区运营托儿服务，为在合作区工作的年轻澳门父母提供日间托育服务，缓解澳门托额不足的现状，实现琴澳两地家庭儿童 1.5 岁可入托。优化生育支持措施，近期支持在合作区的澳门企业参照内地标准向女性员工提供"98+N"额外带薪产假，其中超出澳门 70 日产假部分（28 日）由合作区财政过渡性承担，远期支持在合作区的澳门企业逐步按照广东省标准执行"98+80"带薪产假及 30 日带薪陪产假。同时鼓励合作区企业试行父母育儿假，允许新生儿出生 24 月内，父母双方可留职或半职。加强家庭科学育儿指导服务，出台育儿指南计划，设立家庭科学育儿基金。

2. 在合作区建立国际化基础教育体系

近期加快推进在澳门新街坊开设学制及课程体系与澳门一致的小学，远期逐步放宽澳门非高等教育在合作区办学并执行澳门课程体系，允许国际学校、澳门学校、内地学校在合作区并行办学，为合作区儿童提供多样化基础教育选择，便利父母在合作区工作的澳门儿童跨境上学。提升学前教育和特殊教育普惠水平，强化特殊教育资源供应，借鉴澳门融合教育方式，推进特需学生在普通学校接受无歧视教育，开展特殊教育人才培养专项计划。鼓励各类公办和私立学校开展儿童友好学校建设。

3. 扩大琴澳母婴和儿童健康保障范围

扩大生命早期 1000 天健康保障、遗传病及出生缺陷筛查、免费疫苗接种范围。提升横琴医院生育服务能力，完善针对孕产妇的医疗保险制度，将澳门及横琴户籍居民全过程常规产检、生育服务项目纳入医疗保险统筹范围，特别是将针对高龄、高危产妇的特殊产检项目纳入保障目录。完善未成年人医疗保险制度，将琴澳 0~3 岁儿童保健项目和各类遗传病及出生缺陷筛查纳入医疗保险统筹范围（48 项二代新筛），增加幼儿罕见病、早期高发病等免费筛查种类。提高社区医院（卫生中心）儿童保健和儿童健康管理水平，推进产前保健全覆盖。构建鼓励母乳喂养的社会环境，鼓励合作区政府、企业在工作场所按需设置集乳室。

4. 建立儿童友好的就诊和医疗保障体系

借鉴澳门方式研究出台合作区户籍儿童免费医疗实施方案，以横琴医院和仁伯爵综合医院为试点开展儿童友好医院建设。推动建设琴澳儿童医院，弥补两地目前没有专门儿童医院的短板。推动两地综合医院完善产科、新生儿科、儿科建设，将珠海市妇幼保健院纳入合作区医保定点单位，逐步在合作区实现趋同澳门的儿童免费医疗，形成社区医院（卫生中心）+儿童医院+妇幼保健院+综合医院儿科的儿童医疗服务体系。完善儿童基本医保、大病保险及医疗救助制度，研究出台琴澳儿童跨境诊疗、转介和医疗保险衔接办法；全面推动两地医院建立母婴和儿童友好的就诊环境；加强儿科医师、医护人员人才引进和培养，出台专项人才激励机制，推动专业儿科医师、儿科医护在社区医院（卫生中心）全覆盖。实现琴澳 0~15 岁儿童残疾预防、早期筛查、诊疗康复医疗保险全覆盖，在合作区建设儿童诊疗康复中心，将残疾儿童诊疗、康复轮候时间缩短至 1 周以内。研究出台残疾儿童救助办法、救助标准及鼓励社会力量建设康复机构的支持措施。

5.搭建琴澳一体的儿童文体活动供应体系

加快建设合作区公共文化场馆，丰富面向儿童的文体活动设施供给，鼓励图书馆、文化馆、美术馆等公共场馆设置儿童专区，面向儿童免费开放，鼓励各类公共体育场馆在16:30~18:00面向琴澳儿童免费开放。增加两地共办的儿童体育赛事和文体活动，促进两地儿童共享文体设施、共同参与文体活动，推动澳门暑期活动、六一国际儿童节等系列活动延伸至横琴，面向横琴户籍儿童开办暑期特殊签证。推动合作区民生事务局、城市规划和建设局、横琴妇联等相关部门和组织加入"六一国际儿童节组织委员会"，两地共办六一国际儿童节等与儿童相关的系列活动。

（三）空间共享：以儿童需求引导琴澳城市空间建设

在城市规划建设中将儿童友好空间建设融入顶层设计、标准制定、建设实施各个环节，针对澳门儿童游乐设施不足、开放空间有限、老城区更新困难和合作区空间尺度大、建设尚不完善的现实情况，对新老城区公共空间进行适儿化改造。

1.出台衔接琴澳两地标准的公共空间适儿化建设与改造指引

促进琴澳规划建设标准衔接，完善新建地区（填海区）社区、学校、医院、公园、图书馆等公共场馆和轻轨站、机场等公共交通枢纽儿童友好建设指引，研究制定老城区、城中村以小微更新为主的公共空间适儿化改造指引。研究制定儿童友好空间建设支持和鼓励措施①，特别是针对老城区和城中村的制度和资金支持措施。建立儿童友好公共服务体系，在新建公共服务设施、公共场馆等项目推广儿童友好空间和儿童服务设施建设，普及公共场所母婴室和儿童无障碍设施建设，建立体现琴澳特色的儿童服务实施标识标牌系统。

---

① 国家发改委印发《关于推进儿童友好城市建设的指导意见》（发改社会〔2021〕1380号），http：//www.gov.cn/zhengce/zhengceku/2021-10/21/content_ 5643976.htm。

2.对标澳门尺度改善儿童安全出行体验

通过增加绿化、构筑物、路权再分配等方式优化合作区城市尺度，形成儿童优先、步行优先的城市空间格局和交通出行体系，打造安全、自由、有趣的儿童友好出行环境。开展城市慢行空间"体检"，梳理慢行系统目前存在的问题，制定分类解决措施，着重优化合作区过街设施建设，以环岛东路为试点，分类增设、改造过街设施，增加儿童友好的过街辅助、标识系统，规划学径系统，开通步行巴士，通过路面抬高、过街抬升等方式，构建儿童上下学连续无障碍通行环境。推进建成区道路路权重新分配，出台临时用地、建设工地围挡、路面停车、路边绿化设置规范，保障步行系统连续性，建立连贯的"步道+自行车道+学径系统"构成的儿童无障碍出行体系。在学校、居住小区、儿童游乐设施周边分时段采取交通稳静措施，实现重点地区儿童友好出行和交通安全监测全覆盖，并通过交通安全教育强化儿童安全出行能力。

3.开展琴澳儿童友好基地和友好社区建设

充分利用各类社会资源，建设具有科学性、艺术性、趣味性、开放性和公益性的儿童活动场所，扩充儿童美育资源，拓展儿童活动空间，以图书馆、体育馆、美术馆、公园等公共场馆和开放空间为主体开展阅读类、运动类、文娱类儿童友好基地建设，鼓励中医药产业园、超算中心等特色园区、企业加入儿童友好基地建设，向儿童定期开放场地、设施、科普资源。建设满足各年龄段儿童需求、符合儿童天性、保障儿童安全的社区公共空间，提供儿童户外和室内活动空间、儿童步行路径及亲子空间。利用社区零散、小规模绿地，结合口袋公园建设，设置儿童游戏空间和设施，建设儿童友好步径，与非机动车或机动车道路相邻时采用隔离桩、绿化带、地面高差等方式隔离独立的儿童步行空间①，增加学步保护、辅助和亲子监护等空间和设施。建立涵盖保健、学习、托管、文娱活动等多领域的社区儿童服务体系，

---

① 深圳市妇女儿童工作委员会办公室印发《深圳市儿童友好型社区建设指引（修订版）》，2021 年 10 月 20 日，http://www.szfegw.cn/gzdt/tzgg/content/post_ 745383.html。

实现社区儿童友好图书馆全覆盖，向社区内儿童提供"四点半托管"服务。以澳门新街坊为试点开展儿童友好社区建设。

4. 以长隆为龙头打造琴澳亲子游国际品牌

发挥长隆业已形成的品牌优势，增加琴澳亲子游空间和设施建设，丰富儿童游乐设施供应层次，推动长隆海洋王国、创新方等儿童主题乐园、儿童场馆推出琴澳套餐卡，向澳门及合作区户籍儿童家庭推出日常家庭优惠卡。开展琴澳儿童活动空间生态环境风险识别与评估评价，在龙环葡韵、杜洲湿地、二井湾湿地等建设儿童自然教育基地，对天沐河两岸开展儿童友好岸线改造，增设儿童游憩设施。实现体育公园儿童运动设施全覆盖，将城市休憩区儿童游戏设施覆盖率提升至80%以上，城市公园儿童游乐设施全覆盖。

（四）保障延伸：依国际标准搭建琴澳儿童保护网络

通过多种途径建立及加强对弱势家庭和社群的响应，促进社会的公平及包容性，形成政府与社会组织合力保障儿童权利的格局。在家庭、学校、社区和社会全方位宣贯儿童友好理念，加强社会力量协作，建立共同呵护儿童、尊重儿童的社会环境。

1. 延续澳门院舍模式建立以共融为目的儿童关爱体系

开展儿童情况普查，以社区为平台，完善走访、监护评估、家庭培训和保护制度，发挥社区和社会组织力量，强化对事实无人抚养儿童的医疗、教育救助。改善澳门儿青院舍设施条件和户外活动场所，在合作区建设配备户外活动空间的儿青院舍，推行家庭式儿童救助养育模式，帮助事实无人抚养儿童回归或建立家庭。发挥学校、社区的监督作用，防止针对儿童的性侵、家暴事件，开展消除校园欺凌专项行动，建立儿童侵犯数据库和信息公开制度。

2. 参考澳门教育津贴模式强化困境儿童生活及教育保障

建立完善的困境儿童生活、医疗、教育救助体系，参考澳门学费、膳食、学习用品津贴补助方式，向合作区困境儿童发放教育津贴。研究出台针对外雇人士、流动人口子女专项保障措施，以社区为主体，强化对低收入外雇人士（流动人口）家庭的定期查访，建立低收入外雇人士（流动人口）子女需求反馈渠道和就学、就医渠道。

3. 构建琴澳学校—社区—家庭协同育人体系

推广琴澳亲子中心模式，发挥社区亲子中心在社区服务体系中的核心作用，制定推广家庭教育指导手册，重视单亲家庭子女家庭教育，在社区开展儿童心理学、儿童教育等各类培训课程，帮助家长更好了解儿童成长过程中的心理变化，以建立和谐亲子关系，增强家庭监护责任意识和能力。建立家庭学校日常沟通和协作机制，支持学校布置、组织亲子互动活动，定期举办家庭日活动，共同培养儿童良好思想品行和生活习惯。支持学校向父母双方受教育程度在高中以下家庭学生提供延时托管，供有需要的学生在校内完成课程作业。

4. 强化网络环境净化和跨境监管

加强对网络直播、网络游戏、网课平台等儿童上网重点环节和应用的网络环境保护，对相关内容和广告投放建立严格的审查机制，鼓励网络平台和应用向儿童提供优质学习、文娱、科普信息等内容，研究制定跨境网络平台和应用监管办法，强化自查和日常监管，对儿童常用网络平台和应用投放不良信息及违法违规内容的行为从严从重处罚，建立健康的网络环境。

5. 参照澳门标准强化针对儿童的安全和健康保障

加强校园食品、用品、设施安全保障，建立儿童校园安全校（园）长负责制，对校园食品、用品、设施安全开展定期督查，建立校园问题食品、用品、设施黑名单制度，向社会公示安全问题产品黑名单，相关企业禁止参与包括学校在内的任何形式的政府招标和集中采购。参照澳门标准严格推行控烟行动，在学校、公共场馆、交通场站、公园周边全面禁烟，出台上述公共场所吸烟处罚措施，加大向未成年人出售烟草制品和电子烟处罚力度；仿照澳门健康生活教育中心在合作区建设健康生活教育中心，在合作区推广澳门精明理财计划，帮助未成年人杜绝不良行为。进一步发挥涉澳妇女儿童权益保护合议庭的积极作用，结合合作区法律集聚区建设设立未成年人司法援助中心。建立儿童意外事故预防和处置机制，普及防灾减灾和自救互救安全教育；应对疫情常态化防控要求，储备满足儿童特别是婴幼儿需求的儿童用品和应急物资。

参考文献

《横琴粤澳深度合作区建设总体方案》，中国政府网，http：//www. gov. cn/zhengce/2021-09/05/content_ 5635547. htm，最后访问时间：2022 年 12 月 30 日。

国家发改委：《关于推进儿童友好城市建设的指导意见》，http：//www. gov. cn/zhengce/zhengceku/2021-10/21/content_ 5643976. htm，最后访问时间：2022 年 12 月 30 日。

深圳市人民政府：《关于印发深圳市妇女发展规划和深圳市儿童发展规划的通知》，http：//www. sz. gov. cn/zfgb/2022/gb1241/content/post_ 9794564. html，最后访问时间：2022 年 12 月 30 日。

刘宇：《儿童友好学校：高质量学校发展的可能路径》，《教育发展研究》2022 年第42 期。

谢佳瑶、王倩、茆长宝、李海梅：《国际杉板桥 儿童化友好——S 社区 "1+N" 服务模式助推国际化儿童友好社区建设》，《黑龙江人力资源和社会保障》2021 年第20 期。

《中国儿童发展纲要（2021—2030 年）》，国务院妇女儿童工作委员会，https：//www. nwccw. gov. cn/2021-09/27/content_ 295247. htm，最后访问时间：2022 年 12 月 30 日。

宗冬艳：《澳门特区立法会合基本法审查标准研究》，华东政法大学硕士学位论文，2021。

澳门特别行政区教育及青年发展局：《学生福利及相关事务》，https：//portal. dsedj. gov. mo/webdsejspace/addon/allmain/msgfunc/Msg_ funclink_ page. jsp？ msg_ id = 7988& device = mobile&langsel=C，最后访问时间：2022 年 12 月 30 日。

苏宁：《反家暴，澳门设男士避静中心》，《人民日报》2017 年 3 月 30 日。

陈兰、王峰：《香港、澳门与大陆刑事辩护制度比较研究》，《理论界》2006 年第1 期。

深圳市妇女儿童工作委员会办公室：《深圳市儿童友好型社区建设指引（修订版）》，http：//www. szfegw. cn/gzdt/tzgg/content/post_ 745383. html，最后访问时间：2022 年 12 月 30 日。

B.15
合作区支持澳门中小企业发展的
路径和建议

张 旭[*]

摘 要： 中小企业对促进澳门经济适度多元发展、维护经济社会稳定起到十分重要的作用，澳门特区政府十分重视中小企业发展，出台多项扶持政策及专项支持计划。合作区发展为澳门中小企业提供了更加广阔的发展空间。澳门中小企业应把握合作区建设机遇，利用合作区拓展发展空间，利用澳门与合作区两个市场、多重优势，加快提升自身的市场竞争力。合作区应打造适合澳门中小企业发展的营商环境，提供良好的载体平台支撑，加大政策扶持力度，为澳门中小企业在合作区发展提供更多优质服务，激发澳门中小企业发展活力和动能，令澳门中小企业成为合作区支撑澳门经济适度多元发展的重要力量。

关键词： 横琴粤澳深度合作区 澳门 中小企业

一 中小企业是支撑澳门经济多元化发展的重要力量

（一）中小企业为澳门经济社会发展作出重要贡献

在澳门企业中，中小企业占比达九成以上，提供就业超过六成，在澳门

---

* 张旭，横琴创新发展研究院高级研究员，研究方向为产业经济、现代金融、企业管理。

经济社会中占有举足轻重的地位，对促进澳门产业多元、增强区域经济活力、维护澳门社会稳定等起到至关重要的作用。澳门中小企业主要从事传统服务业，围绕民生服务和博彩旅游服务两个方向，分布于批发零售、建筑工程、工商服务、餐饮酒店、个人服务等劳动密集型行业。根据澳门经济及科技局 2021 年相关统计数据，澳门中小企业行业分布情况见图 1。

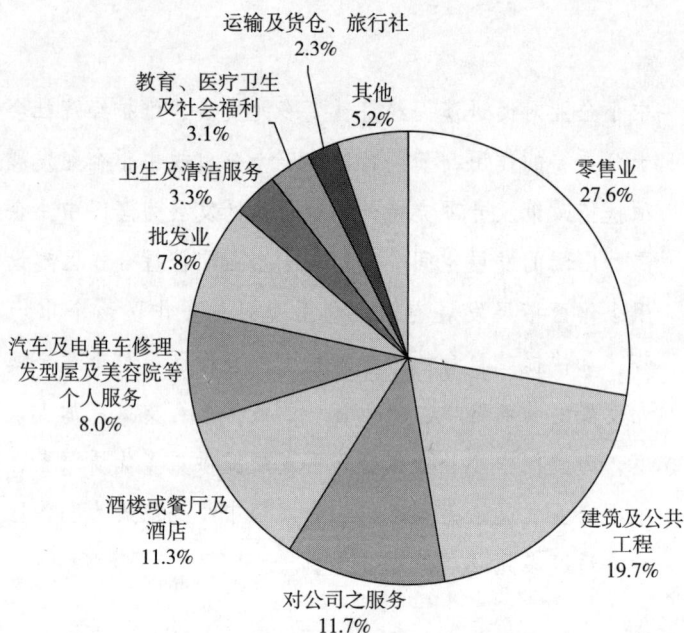

图 1　澳门中小企业行业分布

澳门中小企业发展对澳门稳经济、稳就业具有十分重要的作用。在新冠疫情背景下，澳门中小企业发展受到冲击。以 2020 年为例，相关统计数据显示，澳门有饮食业及零售业店铺 9600 间，从业人员 7.4 万余人，受到疫情影响，旅客量已跌至回归初期水平，全年服务旅客及本地居民 700 万人，疫情给中小企业经营带来困难，也使失业者增多。为应对疫情对澳门经济的影响，特区政府先后推出多项支援措施，包括开放"中小企业银行贷款利息补贴计划"申请、临时放宽"中小企业援助计划"申请资格，延长"调整各项援助计划的还款"申请期等。

贺一诚在《2023 年财政年度施政报告》中强调，要扶持中小企业发展，协助企业走出困境，助力中小企业提升竞争力。协助中小企业把握非博彩业发展的机遇，实现与综合旅游休闲体互动发展。支持传统中小企业数字化转型，鼓励企业善用电商及直销渠道开拓市场。推广特色店品牌，科技赋能特色街区，促进社区消费。不断完善各项法律法规，优化投资营商手续流程，创造更加便民便商的营商环境。放眼未来，澳门特区政府和合作区都将加大对澳门中小企业发展的支持力度，澳门中小企业将在琴澳舞台上发挥越来越大的作用。

（二）中小企业是澳门优秀传统商业文化的传承者

商业文化是一定区域内从事商业活动的人群在长期商业实践中形成的行为范式，包含交往文化、商业礼仪、商务风格、谈判语言、着装外貌、商业活动风俗等。澳门回归 20 多年来，经济社会发展取得长足进步，成为中国与世界联系的主要窗口城市之一，澳门的服务业比重占地区生产总值的 95%以上，产业体系具有典型的服务密集型特征，澳门中小企业在创造经济价值的同时，也创造社会价值，是澳门传统优秀商业文化的传承者，展现了澳门经济和产业发展的特点，呈现澳门商业社会独有的风采和面貌。澳门商业文化具有高度开放的国际化特色、以街市经济为载体的外貌风格、基于妈祖信仰的诚信传统等特点。

澳门是文化、商业、休闲、娱乐之都，充溢着各式各样的消费体验店，这些店铺集中于广场和步行街，澳门的小广场空间也称前地，周围集合了教堂、市政厅、商业建筑，一些古老的街市建筑成为澳门旅游打卡必经地，许多澳门中小企业将自家作坊生产的手信、杏仁饼等食品在街市的店面中销售，形成"加工制造+商业零售"的街市经济活力生态。

妈祖信仰起初是渔民祈求海上平安，后来伴随渔业等经济发展，妈祖也成为商业的守护神，在早期澳门渔业关系中扮演了信用担保者的角色，妈祖信仰与澳门商业经济互动，逐渐被中外人士普遍认同，成为一种澳门商业进取精神的象征。澳门企业家十分重视诚信，许多澳门中小企业家认为人品、家风、商誉紧密相关，形成了良好的商业信誉和口碑，澳门中小企业家所传承的优秀商业文化，是澳门文化软实力的重要体现，对澳门吸引游客、吸引投资产生了良好的影响。支持澳门中小企业发展本身就是支持澳门商脉传承与商业文化勃兴，对琴澳未来共同的优质商业氛围的形成具有十分重要的价值和意义。

二 合作区为澳门中小企业发展带来全新机遇

澳门经济适度多元发展的过程，既是一个量变积累的过程，又是一个质变提升的过程，既包括产业规模方面量的增长，又包含发展内涵方面质的丰富。合作区为澳门中小企业发展提供了重要的机遇：一方面澳门中小企业有了更加广阔的发展空间，有了更多与内地企业和海外企业合作的机会；另一方面，可以利用合作区特殊优惠的支持政策实现创新升级，带来业态变革。

（一）量变拓维——拓展多元化发展空间

1. 市场拓展的空间范围扩大

合作区启动建设以后，过去的澳门本地市场，拓展为澳门本地市场和合作区本地市场跨境联结的"1+1"模式，澳门中小企业的"本地"空间活动范围扩大了。同时通过澳门与合作区的深度合作，优势互补，能够发挥融合两制之利的特殊优势，更好联结国际、国内两个"大"市场，用好境内境外两种资源，创造和寻觅新的商机。

2. 资源要素的聚集能力增强

合作区是重大的国家战略，国家给予合作区一系列特殊优惠政策。合作区与澳门优势叠加，随着琴澳深度合作态势持续深入，双城渐似同城，这种基于"一国两制"的新实践，令琴澳两地具有独特的发展优势和竞争力，将吸引国际、国内优质产业要素向琴澳两地集聚。尽管当前受到疫情等因素影响，合作区自身的发展建设水平也还处于比较早期的阶段，但我们看到这

种态势已经初步显现。截至 2022 年 6 月底，合作区实有澳资企业 4934 户，较 2021 年底增长 3.63%，占全部企业的比重由合作区成立前的 8.58% 提高到 9.08%，注册资本总额增长至 1425.49 亿元。新登记澳资企业占同期新登记外资企业总数 70.2%，实有澳资企业数占外资企业总数 64.41%（见图 2）。

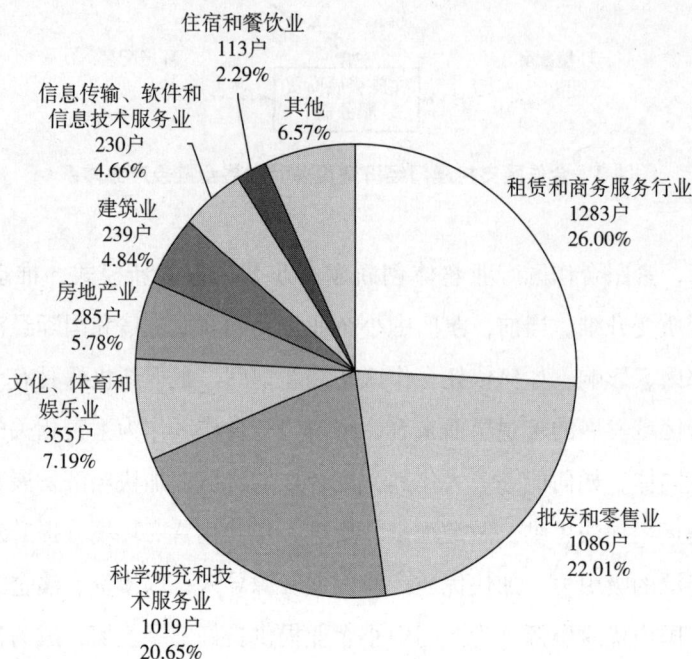

图 2　截至 2022 年 6 月底合作区实有澳资企业行业分布情况

（二）质变升维——提供业态变革新动力

《横琴粤澳深度合作建设总体方案》明确提出发展促进澳门经济适度多元的新产业，重点发展科技研发和高端制造产业，发展中医药等澳门品牌工业，发展文旅会展商贸产业，发展现代金融产业。从合作区重点发展的四大产业方向能够看出，合作区致力于构建有利于澳门经济适度多元发展的全链条产业体系（见图 3）。

澳门中小企业在合作区发展，应找准自身定位，与上下游企业建立良好

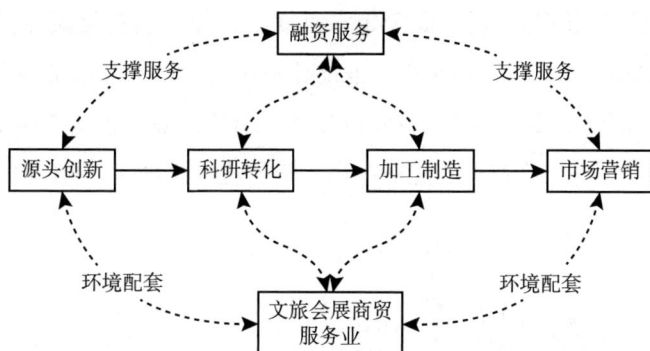

图3　合作区支持澳门经济适度多元发展全链条产业体系

合作关系，紧跟合作区产业整体创新发展步伐，探索新模式，推动业态变革，实现质变升维。当前，澳门中小企业正受到新冠疫情和国际经济不确定性等外部因素影响。如何依托合作区拓展新空间、把握新机遇具有十分重要意义。从区域发展的宏观层面来看，将澳门与合作区作为紧密相关的区域经济发展共同体，如何能够最大化其深度合作的价值，加快经济发展呢？

一是运用加法思维，做足增量。要进一步优化营商环境，提升对优质产业发展资源的吸引力，加快优质产业发展资源导入，以澳资、澳企为主，吸收国际、国内优质资源，为澳门中小企业提供良好发展土壤，成为富含资源要素给养的产业发展"培养基"。

二是运用乘法思维，用活变量。用投行思维做产业，精准发现产业风口和潜力赛道，引导资本投向高成长型项目，重点培育有潜力的种子项目，为源头创新和科研成果转化提供优质载体平台和综合服务配套，在澳门中小企业中培养一批"专精特新""小巨人""隐形冠军"企业，通过产业裂变，实现"以一搏十"的乘数增长效果。

总体而言，就是要将澳门中小企业作为重要的产业发展要素，在合作区新空间上加大扶持和培育力度，加快优质资源导入，加快打造粤港澳大湾区澳珠极点，向"集聚"要规模，向"裂变"要速度，最大化抵消新冠疫情等因素的负面影响，促进澳门经济适度多元发展提质增速。

三 以合作区为支撑，加速澳门中小企业 融入国家发展大局

（一）主动适应新环境变化，积极推动创新发展

澳门中小企业在合作区，一方面，要认识琴澳逐步融合，双城渐似同城的大趋势，坚定发展信心，另一方面，也要认识到澳门作为国际自由港，实施高度自由开放的贸易政策，当前合作区与澳门在贸易规则、法律制度上均存在一定的差异，澳门中小企业应主动适应合作区发展新环境，加强对合作区政策的学习，在澳门原有发展基础和模式的基础上，注重创新转化，探索适应合作区发展新环境的发展路径。澳门中小企业在合作区的发展是一个全新的学习过程，应弘扬开拓进取的创新精神，勇于学习新模式，探索新业态，拓展新实践，积累新经验。应加强与合作区企业沟通交流，学习已在合作区取得成绩的澳资企业的先进经验，找到适合自身发展的创新路径。

合作区应加强对澳门中小企业的指导和引导，灵活运用媒体资源加强政策解读，组织宣讲活动，印发办事手册等。开设专门服务、咨询窗口，设立代办员服务制度，进行"一对一"辅导服务。合作区应积极营造鼓励创新、包容创新、扶持创新、保障创新的发展环境，引导企业将创新精神贯穿产业发展全链条、各环节，形成"创意+创造""创新+创业""创投+创收"的活力生态，切实帮助澳门中小企业熟悉新环境，探索新路径、扎根新土壤（见图4）。

图4 打造贯穿全产业链条企业创新生态

（二）科技与品牌双重赋能，提高企业利润空间

党的二十大报告提出加快实施创新驱动发展战略。强化企业科技创新主体地位，发挥科技型骨干企业引领支撑作用，营造有利于科技型中小微企业成长的良好环境，推动创新链产业链资金链人才链深度融合。当前我国大量新技术、新产业、新业态、新模式都源自中小企业。截至 2021 年底，全国中小微企业数量达到 4800 万家，规模以上工业中小企业年营业收入超过 75 万亿元。我国目前已培育省级专精特新企业 4 万多户，国家级专精特新"小巨人"企业 4762 户，制造业单项冠军企业 848 户。数据显示，2021 年，专精特新"小巨人"企业利润率为 10.6%，较规上工业中小企业高 4.4 个百分点。

专精特新的中小企业之所以能够创造更高的利润率，是因为能够在产业链条的关系中居于上游位置，能够创造更多的附加值，具有两个方面的鲜明特征：一是科技竞争实力强，二是品牌运营效果好。由此可见，澳门中小企业未来在合作区的多元化发展，不仅是对澳门原有业态的延伸、规模的增长、市场份额的增加，同时还包含着科技附加值以及品牌附加值提升的双重探索，在原有产业赛道上，占据利润更高环节的有利位置，实现自身利润价值的扩大。这说明澳门中小企业一是要立足原有的发展优势，利用合作区发展环境扩大市场份额，守住自身发展的基本盘，二是要关注自身产业发展赛道的前沿变化，特别是关注科技创新成果的应用趋势，关注行业市场拓展以及商业模式领域发生的新变化，通过提升自身企业的 R&D 指标，或通过资本合作、市场合作等形式，创造科技增值、参与并分享科技创新红利。同时，澳门中小企业应注重自身品牌价值提升，建立品牌战略，尽快熟悉内地品牌营销及保护方面的政策，学习掌握运用新媒体手段推广品牌的技巧和方法，并在熟悉内地知识产权保护政策的基础上，妥善实施知识产权保护，提升公司自身的品牌、商誉等无形资产价值。

（三）保持传统发展优势，推动数字化转型升级

实体经济数字化、网络化、智能化已是大势所趋，越来越多的中小企业正加入数字化转型浪潮。工信部、财政部联合印发《关于开展财政支持中小企业数字化转型试点工作的通知》，提出分阶段遴选试点支持一批数字化公共服务平台，培育数字化转型样板企业。中国社会科学院相关研究显示，我国中小企业正在经历"数实"融合发展新变化，并将这一新变化总结为9个方面（见表1）。

表1　我国中小企业"数实"融合的9个变化

序号	变化内容
1	农业成为数字技术的融合厚土
2	技术人才从"大厂"流向"工厂"
3	区块链技术加速落地第二产业
4	县域产业集群迎来数字化新浪潮
5	"微型跨国企业"异军突起
6	餐饮业黄金地段被重新定义
7	低代码开发极大降低数字化成本
8	数字化服务商将成下个风口
9	中小实体企业"数据意识"开始觉醒

表2　我国中小企业未来"数实"融合的6个趋势

序号	未来趋势
1	更多中小企业将天生数字化
2	数据将成中小企业核心资产
3	核心企业技术外溢提速
4	数字服务商推动技术普惠
5	产业带集群正在"数字蝶变"
6	前沿技术深度融合农业制造业

当数字资产成为经济发展的重要因素的时候，我们对于区域经济发展认识逻辑也将发生变化，数字资产不同于资本、人力、土地等生产要素，其对

经济系统的促进作用不局限于区域内部，具有公共性、共享性和开放性的特征，在空间上分布于不同城市的两个企业可以产生数据关联，共享数字资产。同时，数字经济的发展已经从数字技术应用、商业价值开发过渡到"数实"融合的发展新阶段，数字经济本身要找到自身的实体出路，实体经济本身要找到自身的数字化出口，形成了"双向奔赴"的新局面。对于实体经济领域的中小企业而言，数字化转型既是当下的现实机遇，也是未来的大势所趋。我们看到在经历电商平台的繁荣发展后，消费者更加注重线下体验与线上支付同步消费，催生了"线上+线下"的新零售、新经济、新形态。

零售业、实体店是澳门中小企业的集中领域和传统业态，澳门中小企业拥有十分良好的实体经济资源，为数字化的转型提供了内容、蓄积了能量。目前我们在澳门已看到这一趋势和积极的变化。澳门本土 App 正在不断涌现，资讯服务平台、第三方支付平台等平台正在开发运行。在电商"直播带货"的潮涌中，澳门正在积极加入直播电商行列。澳门特区政府及社团机构正积极培育相关人才，由澳门直播协会发起成立的澳门直播服务中心也已正式揭牌，截至 2022 年 1 月底，澳门直播基地共计引导成交额超过 1.27 亿元人民币。同时，应该看到，相较于内地较为成熟的数字经济体系，澳门物流仓储配套不足，电商品牌开发不足，没有形成网红产品系列，不适应"手机一划，货比千家"，"收藏一点，复购复选"的购物特点，尚未形成足够的电商声势和卖家优势。

合作区恰恰可以为澳门中小企业的数字化转型提供支撑，合作区可以将制度优势、税收优惠等政策整合进电商产品链条中去，用澳门特色优势产品引领融通，完善生产、仓储配套体系，将澳门中小企业产品直接链入的数字化产业链条，引进电商头部企业，运用资本杠杆，发挥国企优势，构建"大企业建平台、小企业用平台"的合作模式，提供"上云、用数、赋智"服务，激发澳门中小企业数字化活力。如果说内地较为完整的数字化产业链条是一条充满机遇的"金项链"，澳门中小企业的固有优势，例如宝石、服装、食品、化妆品正像一块璞玉，合作区正是可以将这块璞玉加工后，镶嵌于项链上的首选之地。

（四）强化价值创造思维，涵养企业文化内涵

树立价值创造思维，就是要思考企业的发展能够为客户、为社会创造哪些福利增值效果，价值创造思维有利于企业做好自身定位，谋划长远发展，做出独特贡献。企业价值创造主要包含商业价值、社会价值以及人文价值三个方面。商业价值是指企业提供的产品和服务的质量，以及商业运营模式的复制推广价值。社会价值指企业自觉承担的社会发展责任，主动积极参与的社会公益和慈善事业。人文价值是指企业的独特文化，以及企业家个人情怀和修养对企业整体运行效果的积极影响。澳门中小企业在合作区发展，既是一个"产值"创造的过程，又是一个"价值"创造的过程，应强化价值创造思维，将企业自身发展目标融入国家重大战略大局，在澳门经济多元化发展的时代潮涌下，深植合作区机遇沃土，实现自身更好发展。

一是建设学习型的企业团队。合作区致力于发展成为丰富"一国两制"实践的新示范，将率先在改革开放重要领域和关键环节大胆创新。合作区的发展是一条持续推动制度创新的探索之路，澳门中小企业在合作区的发展也将是一个持续学习的动态过程，应打造一个学习型的管理团队，在学习中探索，在探索中进步，积极贡献企业自身的创新价值。

二是追求长期价值增长目标。合作区时至今日，经历了一年多的发展，尚处于初期发展阶段，是一个相当新的发展平台，澳门中小企业在合作区发展要有在新平台上做"老店"的长远规划和打算，持续追求价值增值，不断积累科创实力，不但提升品牌价值，不断适应市场环境变化提供优质产品和服务，扎根琴澳，引领湾区，持续供给大湾区发展新动能，成为新兴业态发展策源地。

三是培育具有合作区特征的优秀企业文化。澳门企业家怀有深挚的"爱国爱澳"情感，强烈的发展责任和使命担当意识，为澳门"一中心，一平台，一基地"发展目标做出了突出贡献。合作区作为国家重大发展战略，是丰富"一国两制"实践的重大部署，为澳门长远发展注入重要动力，致力于发展促进澳门经济适度多元的新产业，建设便利澳门居民生活就业的新

家园，与澳门携手打造粤港澳大湾区宜居宜业宜游的优质生活圈。澳门中小企业在合作区发展，应传承澳门优秀商业文化，主动适应新时代、新形势、新要求，丰富企业发展的文化内涵，形成具有粤澳深度合作特色，体现融合两制之利优势的区域商业文化，引领大湾区商业文明向前发展，形成良好的区域商业氛围，在持续价值创造的基础上，不断提升企业文化软实力。

参考文献

徐雅明、孙代尧、郭永中：《提升澳门中小企业竞争力研究》，澳门理工学院出版社，2004。

澳门《统计年鉴2011》，澳门特别行政区政府统计暨普查局出版，2012。

澳门特别行政区政府统计暨普查局：《公司统计》，http：//www. dsec. gov. mo/Statistic. aspx？NodeGuid=95c4621a-073a-4548-8615-d81e50479056。

澳门特别行政区政府统计暨普查局：《按行业统计之就业人口》，http：//www. dsec. gov. mo/PredefinedReport. as-px？ReportID=10。

B.16
横琴粤澳深度合作区与澳门药品安全治理体系研究

许文杰　刘耀文*

摘　要： 药品安全是重大民生和公共安全问题，打造完善健全的药品安全治理体系，是保障和改善民生的重要基础。本文立足于横琴粤澳深度合作区与澳门药品安全治理体系的发展现状，通过对比分析的方法，讨论探索两地在监管体系，药品经营环节上的主要差异，在对比分析研究的基础上，提出构建合作区与澳门药品监管新模式所面临的主要障碍，并从放宽市场准入、拓宽执业渠道、创新监管模式、提升监管能力四个方面提出完善合作区药品安全治理体系的建议。

关键词： 药品安全治理体系　监管体系　药品经营环节　药品监管新模式

《横琴粤澳深度合作区建设总体方案》提出："对接澳门教育、医疗、社会服务等民生公共服务和社会保障体系，有效拓展澳门居民优质生活空间"。为深入研究横琴粤澳深度合作区（以下简称合作区）与澳门药品安全治理体系、对比分析两地在药品经营环节的主要差异，探索推动两地在药品安全领域体制机制的有序衔接。横琴粤澳深度合作区创新发展研究院开展了"合作区与澳门药品安全治理体系"专题调研，通过现场座谈、实地走访、

---

* 许文杰，横琴粤澳深度合作区创新发展研究院研究员，研究方向为政策研究、自贸区改革创新发展；刘耀文，横琴粤澳深度合作区创新发展研究院实习生，研究方向为政策研究。

书面调研等形式，调研组全面梳理了合作区与澳门在药品安全治理领域（特别是在药品经营环节）的基本情况，归纳总结了建立两地互动互利药品监管新模式的主要障碍，初步提出了以落实药品"四个最严"监管要求为前提，以全面提升合作区药品监管能力为主线，以探索与澳门在药品经营环节逐步有序开放为目标，建立健全合作区科学、高效、权威的药品监管体系的意见建议。

本报告主要分成五个部分，第一部分对内地与澳门药品监管体系进行简要对比，主要从监管机构、监管环节、法律法规三个方面进行论述。第二部分对比分析了两地在药品经营环节的异同点，重点从药品经营场所类型、要求、范围等方面进行阐述。第三部分分别对内地及澳门药品社会治理情况进行了阐述。第四部分在前期对比分析研究的基础上，结合合作区与澳门药品经营、监管的实际，从药品经营、人员跨境、行业监管三个方面，提出制约合作区与澳门互动互利药品监管新模式的主要障碍。第五部分为建议部分，从放宽市场准入、拓宽执业渠道、创新监管模式、提升监管能力四个方面提出完善合作区药品安全治理体系的建议。

一　内地与澳门药品监管体系对比

（一）药品监管机构对比

1.内地药品监督管理机构

内地按照政府行政级别实行层级管理的药品监管组织架构。根据《中华人民共和国药品管理法》（以下简称《药品管理法》）相关规定，国务院药品监督管理部门主管全国药品监督管理工作，省、自治区、直辖市人民政府药品监督管理部门负责本行政区域内的药品监督管理工作。县级以上地方人民政府，对本行政区域内的药品监督管理工作负责，统一领导、组织、协调本行政区域内的药品监督管理工作以及药品安全突发事件应对工作，建立健全药品监督管理工作机制和信息共享机制。

2. 澳门药物监督管理机构

2022 年以前澳门特区政府负责药物监督管理工作的部门为卫生局药物事务厅。主要负责执行药事法规、监督和管理与中药及天然药物、化学药及生物制剂有关的所有活动。考虑到澳门的药业活动监管范围广泛，同时为了配合落实多项新政策和新措施，包括执行《中药药事活动及中成药注册法》、实施小型医疗器械注册制度、协调和执行关于粤港澳大湾区建设惠澳政策措施中有关药物监督管理方面的各项工作，特区政府建议将卫生局药物事务厅升格为局级部门，成立"药物监督管理局"。第 35/2021 号行政法规《药物监督管理局的组织及运作》于 2021 年 10 月 25 日公布，澳门药物监督管理局于 2022 年 1 月 1 日正式成立，其主要职责是负责研究、统筹、协调及落实澳门特别行政区药物监督管理范畴的政策，尤其是包括中药在内的药事活动及药物注册、药剂专业活动、小型医疗器械注册，以及药物及相关产品广告活动的管理。

（二）药品监管环节对比

1. 药品定义对比

（1）内地。《药品管理法》对药品有明确的定义。药品是指用于预防、治疗、诊断人的疾病，有目的地调节人的生理机能并规定有适应症或者功能主治、用法和用量的物质，包括中药、化学药和生物制品等。

（2）澳门。澳门地区对药物的定义见于《管制从事药物专业及药物业的活动》（第 58/90/M 号法令）。药物是指由一种物质或由多种物质构成而供人或动物使用的制剂，无论用作诊断，预防或治疗疾病或其症状，又或用以矫正或改变机能者。药物业活动是指药物的制造、出入口、库存、交易和供应。澳门对药品的定义见于《订定药品广告方面之法律制度》（第 30/95/M 号法令）。药品是指由一种物质或由多种物质之混合物组成之药物制剂，且在施用于人体时可达到下列目的：诊断、治疗、减轻或预防疾病或疾病之症状；诊断、治疗、减轻或预防任何不正常身体及精神状况或该等状况之症状；改变、更改、矫正或恢复任何器官功能。

2. 药品注册制度对比

（1）内地。概念方面，根据《药品注册管理办法》（国家市场监督管理总局令第 27 号），药品注册是指药品注册申请人依照法定程序和相关要求提出药物临床试验、药品上市许可、再注册等申请以及补充申请，药品监督管理部门基于法律法规和现有科学认知进行安全性、有效性和质量可控性等审查，决定是否同意其申请的活动。分类方面，药品注册按照中药、化学药和生物制品等进行分类注册管理。管理方面，国家药品监督管理局主管全国药品注册管理工作，负责建立药品注册管理工作体系和制度，制定药品注册管理规范，依法组织药品注册审评审批以及相关的监督管理工作。省、自治区、直辖市药品监督管理部门负责本行政区域内以下药品注册相关管理工作。

（2）澳门。澳门地区实行强制性成药登记制度，所有未经预先登记的成药，一概不能投放澳门市场。有权申请登记的机构为：①成药制造厂或拥有成药的或有关成药牌子的药品公司；②持有有关牌照的成药入口商、出口商或批发商，须经第 1 款所指机构授权申请登记。需注意的是，澳门的中成药（按中医药理论配制及使用，并施用于人体，以达到预防、治疗疾病或减轻其症状的目的，由一种或多种中药成分组成的制剂）采取的是强制性注册制度，但下列中成药无须注册：①为应对公共卫生紧急且缺乏药物的情况，经监管实体命令或批准制造或进口的中成药；②按方特制的中成药；③经监管实体批准的医院制剂；④经执业中医生或中医师做出临床解释及监管实体批准，视为对特定病者的特殊病况做治疗或诊断所需的中成药；⑤仅供研究及临床试验的中成药；⑥用于组成注册卷宗的中成药样品。

3. 药品生产制度对比

（1）内地。管理方面，内地对药品生产实行许可证管理。从事药品生产活动，应当经所在地省、自治区、直辖市人民政府药品监督管理部门批准，取得药品生产许可证。无药品生产许可证的，不得生产药品。条件方面，从事药品生产活动应当具备以下条件：①有依法经过资格认定的药学技术人员、工程技术人员及相应的技术工人；②有与药品生产相适应的厂房、设施和卫生环境；③有能对所生产药品进行质量管理和质量检验的机构、人员及必要的仪器设备；④有保证药品质量的规章制度，并符合国务院药品监督管理部门依据本法制定的药品生产质量管理规范要求。

（2）澳门。品类方面，根据《中药药事活动及中成药注册法》（第11/2021号法律），澳门地区对下列产品的生产施行准照管理：①中成药；②以公布于《公报》的社会文化司司长批示所核准的中药材表的毒性中药材或普通中药材制造的饮片或提取物；③其他中药饮片及中药提取物；④其他与卫生健康有关的产品。条件方面，同时符合下列要件的自然人或法人，方获发或续发制造准照：①如属自然人，住所位于澳门特别行政区；如属法人，在澳门特别行政区依法设立；②场所具备由经济及科技发展局发出的具条件进行中药制药业务的工业准照及倘有的工业单位准照；③场所的间隔、设施及设备符合《中药药事活动及中成药注册法》第18条的规定，且符合申请人拟制造的中成药剂型、中药饮片或中药提取物所需的制造条件；④制药活动符合生产质量管理规范的要求；⑤场所具备一名所定要件的技术主管；⑥非处于禁止从事药事活动的附加刑、附加处罚或保安处分的期间内；⑦未有任何债务正透过税务执行程序进行强制征收。

4. 药品经营制度对比

（1）内地。药品经营主要包括药品批发和药品零售两个方面。管理方面，内地对药品经营实行许可证管理。从事药品批发活动，应当经所在地省、自治区、直辖市人民政府药品监督管理部门批准，取得药品经营许可证。从事药品零售活动，应当经所在地县级以上地方人民政府药品监督管理部门批准，取得药品经营许可证。无药品经营许可证的，不得经营药品。条件方面，从事药品经营活动应当具备以下条件：①有依法经过资格认定的药师或者其他药学技术人员；②有与所经营药品相适应的营业场所、设备、仓储设施和卫生环境；③有与所经营药品相适应的质量管理机构或者人员；④有保证药品质量的规章制度，并符合国务院药品监督管理部门依据本法制定的药品经营质量管理规范要求。

（2）澳门。类别方面，澳门地区从事药物业活动的商号共分六类，即：

①制药厂；②中药处方的制药厂；③药物产品的出入口及批发商号；④药房；⑤中药房；⑥药行。其中，从事药品制造的是前两类，从事药品经营的是后四类，即药物产品的出入口及批发商号是指从事入口、出口或批发制药厂、药房及药行需要的药品及其他产品的商业机构；药房是指按处方配药及销售或给予公众任何种类的药物或物质的商号；中药房是指专门销售草药及配制物质用于中药学的商号；药行是指在药物业活动范围内，只可提供公众那些可自由销售的药物的商号。

5. 药品进出口制度对比

（1）内地。一是药品注册证书强制性规定。在中国境内上市的药品，应当经国务院药品监督管理部门批准，取得药品注册证书；但是，未实施审批管理的中药材和中药饮片除外。实施审批管理的中药材、中药饮片品种目录由药监局会同中医药管理局制定。国外企业生产的药品取得《进口药品注册证》，港澳台地区企业生产的药品取得《医药产品注册证》后，方可进口。二是药品进口依据法定流程。药品应当从允许药品进口的口岸进口，并由进口药品的企业向口岸所在地药品监督管理部门备案。海关凭药品监督管理部门出具的进口药品通关单办理通关手续。无进口药品通关单的，海关不得放行。口岸所在地药品监督管理部门应当通知药品检验机构按照国务院药品监督管理部门的规定对进口药品进行抽查检验。

（2）澳门。进出口主体：除卫生司（第35/2021号行政法规《药物监督管理局的组织及运作》，现为澳门特区政府药物监督管理局，下同）外，下列商号可入口药物及其他药物产品：①药物产品的出入口及批发商号；②制药厂。进出口产品：除药物外，有关的商号可入口所有用于制药厂、药房及药行的产品包括：①外科医学的物料；②包扎用品，控制及诊断测试的物料；③义肢物品；④药用矿泉水；⑤个人卫生、香水及化妆产品；⑥营养产品；⑦试剂；⑧植物药剂产品；⑨用于医学或科学用途的药品及化学产品。预先许可：药物产品的入口及出口须得卫生司司长的预先许可，关系人须在预计做出上述行动至少3天前，向卫生司递交拟入口或出口产品清单。有适当理由证明的紧急情况下，上述所指的期限可被免除。

（三）两地药品监管法律法规对比

内地是以《药品管理法》《疫苗管理法》《中医药法》三法为药品安全监管的主要法律规范，具体涉及药店开设法律有《药品经营许可证管理办法》《广东省药品零售许可验收实施细则》等，涉及药师规定有《执业药师注册管理办法》《执业药师职业资格制度规定》《执业药师职业资格考试实施办法》等。涉及进出口由《对外贸易法》《海关法》《药品进口管理办法》规定。药品各不同管理环节由《药品生产质量管理规范》《药品注册管理办法》《麻醉药品和精神药品管理条例》等做具体规定。

澳门主要适用《管制从事药物专业及药物业的活动》（第58/90/M号法令）《中药药事活动及中成药注册法》（第11/2021号法律）为药品相关监管法律，涉及药店开设并无专门法律，而是作为药物业活动由法令规制。药剂师作为澳门医疗人员，涉及的相关规定可见《医疗人员专业资格及执业注册制度》（第18/2020号法律）《医疗人员学历或专业资格水平》（第23/2021号行政法规）《药剂师及高级卫生技术员职称制度》（第6/2010号法律）等。涉及药品其他环节可见《管制药物登记》（第59/90/M号法令）、《规范麻醉品及精神科物质之买卖及合法使用》（第34/99/M号法令）、《订定药品广告方面之法律制度》（第30/95/M号法令）进行规定。

二 内地与澳门药品经营环节对比

（一）药品经营场所类型对比

内地药品经营企业分为零售及批发两种。澳门开设药物业活动的商号分为药房、药行、中药房以及药物产品出入口及批发商号四种。

1. 广东省药品经营企业许可情况

根据《广东省药品监管统计年度报告（2021年度）》，2021年全省共有《药品经营许可证》持证企业57784家。其中以零售单体药店为主，共计32696家，占比56.6%。批发企业1468家，占比2.5%，零售连锁总部数536家，占比1%，零售连锁企业门店和单体共计55788家，占比96.5%。珠海零售连锁门店数为544家，零售为646家，合计1190家。

2. 澳门药物业商号情况

截至2021年底，澳门有602间药物业商号，包括291间药房、24间药行、130间中药房，以及157间药物产品出入口及批发商号。另有9间制药厂，其中两间领有药物生产质量管理规范（GMP）证书。[1]

（二）开设药品经营场所要求对比

内地（零售和批发）与澳门（药房、药行、药物产品出入口及批发商号以及中药房）开设药品经营场所要求对比详见内地申领《药品经营许可证》的条件对比。

（三）经营范围对比

内地从事药品零售的，应先核定经营类别，确定申办人经营处方药或非处方药、乙类非处方药的资格，并在经营范围中予以明确，再核定具体经营范围。医疗用毒性药品、麻醉药品、精神药品、放射性药品和预防性生物制品的核定按照国家特殊药品管理和预防性生物制品管理的有关规定执行。

（四）内地药店特殊类型及服务

1. 乙类非处方零售药店

乙类非处方零售药店为药店中的特殊类型，其人员要求为经过药品监督管理部门组织考核合格的相关业务人员即可。

根据《广东省药品零售许可验收实施细则》粤药监规药二〔2021〕3号，乙类非处方零售药店验收要求如下，对于人员、场地、选址、流程等都

---

① 资料来源于澳门药物监督管理局官网。

放宽了要求。

（1）人员：经药监局考核人员。只经营乙类非处方药的，应当至少配备其他药学技术人员或者经过药品监督管理部门组织考核合格的相关业务人员1名。

（2）场地：无具体面积要求。对企业申请仅经营乙类非处方药，其营业场所面积应与经营品种、规模相适应，没有具体的营业场所面积要求。

（3）选址：可在商超等场所开设。按照便民原则，允许在商超、24小时便利店等场所开设经营乙类非处方药，让公众购药需求更加便利。

在超市等商业场所内开办药品零售企业，应当设置有效隔断的独立区域或者采用有效隔离，周围环境不得对药品造成污染；药品销售区域应当与药品储存、办公、生活辅助及其他区域分开。

（4）流程：告知承诺制。《广东省药品零售许可验收实施细则》粤药监规药二〔2021〕3号对申请开办只经营乙类非处方药的企业审批实行告知承诺制，放权由市县药品监督管理部门编制告知承诺事项办事指南，方便申请人业务办理。告知承诺制是指申请人只要向药品监督管理部门提交开办申请，资料审查符合开办验收标准后可免于现场检查验收环节，即可获得经营资格，可以依法经营乙类非处方药。药品监管部门依法开展事中事后监管，发现申请人不符合许可验收条件的，应当依法做出处理。

2. 远程药学服务

《广东省药品零售许可验收实施细则》允许连锁企业开展远程药学服务，在满足质量安全和公众用药服务需求的前提下，贯彻落实国家对零售药店执业药师配置的要求。远程药学服务是指药品零售连锁企业由其连锁总部通过互联网信息技术对所属连锁门店获取的处方实施在线审核及提供合理用药指导等药学服务的活动。连锁总部配备执业药师在营业时间内开展远程药学服务，可以作为连锁门店药学服务的补充，规范药学服务、提高药学服务质量的辅助措施。

支持和鼓励药品零售连锁企业开展远程药学服务，开展远程审方药学服务必须同时具备以下条件：药店属于药品零售连锁企业的门店，在连锁企业总部的统一管理下开展远程审方药学服务；连锁企业和门店必须配备符合要求的药学技术人员，设施设备，管理制度等条件。

（五）两地开设药店流程

1. 内地开设药店流程

（1）申请。申请人可以在网上提出申请，根据选择网上全程无纸化办理或者办事窗口办理提交申请材料。

（2）受理。办理机关收到申请材料之日起在5个工作日内做出受理或不予受理决定。经审查，材料不全或不符合法定形式的，办理机关应在5个工作日内一次性告知申请人需补正的全部内容。

（3）获取办理结果。实施机关决定予以许可的，申请人可获得《药品经营许可证》，有效期为5年。实施机关决定不予许可的，申请人可获得《不予行政许可决定书》，注明不予许可的理由。实施机关自做出审批决定之日起10个工作日内在网上公开办理结果，并告知申请人。

2. 澳门开设药店流程

澳门开设药物业活动的商号，必须获得预先许可，流程为需先行选址、向卫生局递交相关申请材料并获取场地设置许可，还需通过工务局的场地竣工检验以及由卫生局、消防局及劳工事务局代表组成的查验委员会检查；最终方可获取卫生局发出准照。

三 内地与澳门药品社会治理体系对比

（一）内地药品社会治理基本情况

2021年10月，国家药监局等8部门联合印发《"十四五"国家药品安全及促进高质量发展规划》（国药监综〔2021〕64号）提出："坚持社会共治，严格落实药品安全企业主体责任、部门监管责任和地方政府属地管理责任，鼓励行业协会和社会公众参与药品安全治理，推动形成政府监管、企业主责、行业自律、社会协同的药品安全共治格局。"

1. 政府监管

一是完善法律法规。《中华人民共和国药品管理法》、《中华人民共和国中医药法》、《中华人民共和国疫苗管理法》和《医疗器械监督管理条例》、《化妆品监督管理条例》等法律的陆续制定和修订，基本实现了内地在药品领域的上位法全覆盖。未来，随着制（修）订配套法规规章，及时清理完善规范性文件，有序推进技术指南制（修）订等，将构建更加系统完备的药品监管法律法规制度体系。二是出台支持政策。2021年5月10日国务院办公厅印发《关于全面加强药品监管能力建设的实施意见》（国办发〔2021〕16号），提出"提升标准管理能力"等6个方面18项具体举措，全面加强药品监管能力建设。三是加大药品监管检查力度。政府部门在出台支持政策的同时，以药品安全"四个最严"为基本要求，持续强化"两品一械"领域高风险产品的监管，不断加大风险隐患排查化解以及对违法犯罪行为的打击力度。以去年为例，2021年各级药品监管部门进一步加大执法办案力度。从案件数量看，全年共查办"两品一械"案件13万余件，较2020年增幅达27%。其中，来源于日常监管和专项检查的案件数量10万余件，较2020年增长超30%；来源于监督抽检、执法检验案件数量1万余件，较2020年增长近28%。从案件货值金额看，全年案件查办货值超19亿元，罚款金额超16亿元，没收违法所得近2亿元，较2020年分别增加44%、36%和12%；责令停产停业企业500余户，吊销许可证约60件；不断加强与公安机关等部门协调配合，强化行刑衔接、行纪衔接，严格落实违法行为处罚到人要求，严厉查处多个大案要案，移送司法机关案件近700件，开出我国第一张化妆品终身禁业罚单，打出了严惩违法违规行为的重拳，保障了药品安全形势总体稳定。

2. 企业主责

完善社会共治体系，需要企业担负起主要责任。优质的药品不是监管出来的，也不是检验出来的，而是合规的药品企业生产经营出来的。一是严格落实生产环节"源头"责任。《中华人民共和国药品管理法》（2019年修订）提出："药品上市许可持有人应当依照本法规定，对药品的非临床研究、临床试验、生产经营、上市后研究、不良反应监测及报告与处理等承担责任。其他从事药品研制、生产、经营、储存、运输、使用等活动的单位和个人依法承担相应责任。药品上市许可持有人的法定代表人、主要负责人对药品质量全面负责。"二是严格落实经营环节"中间"责任。全面落实《药品经营质量管理规范》（2016 年修订）要求，企业应当在药品采购、储存、销售、运输等环节采取有效的质量控制措施，确保药品质量，并按照国家有关要求建立药品追溯系统，实现药品可追溯。三是严格落实使用环节"终端"责任，完善相关制度，加强执业药师的配备和管理。另外，推行药品安全信用监管。完善药品信用监管体系，依法依规建立严重违法失信名单判定标准、公示制度和信息共享机制，并实施信用联合惩戒。根据监管相对人的信用等级实施不同的监管措施，实施守信激励和失信惩戒机制，探索将药品安全信用状况与医疗医保政策衔接，引导安全信用良好的企业、质量可控性更好的产品优先进入医疗采购和医保目录，优化提升公众对药物的可及性。建立执业药师执业行为个人诚信记录，对优良诚信记录执业药师提供更多服务与支持，对失信执业药师进行惩戒。加强企业诚信体系建设，引导企业诚信经营、守法经营。

3. 行业自律

一方面，推动药品安全行业自律自治。政府鼓励引导行业协会商会发挥行业自律、科技创新、建立团体标准、产业峰会、高端论坛、学术交流活动、安全教育等方面的功能作用，推动行业诚信建设。发挥行业组织作用，加强政企合作，及时发现和打击苗头性、行业性违法行为，形成社会各方参与的打击合力。另一方面，发挥行业协会在药品科普普法宣传方面的作用。《中华人民共和国药品管理法》（2019 年修订）第 13 条明确要求："各级人民政府及有关部门、药品行业协会等应开展药品安全宣传教育与普法工作。"药品行业协会可以发挥自身优势，创新科普宣传方式和手段，加大药品安全正面宣传力度，普及消费者对药品法规、标准、成分、功效等科普知识，引导消费者树立科学合理的消费意识。运用多途径开展药品安全科普宣传进社区、下基层活动，保持科普普法教育的全国领先地位。通过药品普法宣传周等形式，加强"两法两条例"（即《中华人民共和国药品管理法》《中华人民共和国疫苗管理法》《医疗器械监督管理条例》《化妆品监督管理条例》）及其配套法规制度的宣传贯彻，公众参与科普体验人次逐年增加。

4. 社会协同

完善社会共治体系，需要社会各界共同参与。药品安全事关人民群众身体健康和生命安全，需要社会各界的广泛参与。鼓励公众积极参与药品安全治理，推进信息公开。充分发挥新闻媒体、科研院所、专家队伍、志愿者队伍等社会各界作用，形成药品安全治理的强大合力。一方面，创新监管手段，提升综合治理能力。社会共治对创新监管有着强大的推动力。近年来，药品监管部门积极探索，创造了信用奖惩、有奖举报、分类监管、量化分级、信息公开、责任约谈等监管新机制，激活了政府、企业、行业、社会、媒体等各方面的积极性和创造性，开创了药品安全社会共治的新局面。进入信息化新时代，要综合运用监测评价、监督检查、投诉举报、舆情监测等各种数据信息，充分应用互联网、物联网、大数据、云计算等新技术手段，更有效促进社会共治，为更好地服务监管、提升监管效能、规范行业秩序提供帮助。另一方面，畅通投诉举报渠道。发挥国家市场监督管理总局全国12315平台作用，同时畅通电子邮件、电话、信件、走访等渠道，方便公众参与药品安全监管，优化投诉举报工作程序和办理规范，建立投诉举报台账管理系统，做好及时接收登记、分派交办、告知送达、跟踪督办等工作，形成投诉举报到执法检查的快速反应工作机制。积极探索与检察机关的联动机制，推动涉药品安全公益诉讼活动的开展。

（二）澳门药品社会治理基本情况

严格意义上来说，澳门在药品监管领域并没有形成社会治理的概念。目前主要还是政府行政体制主导下的药品监管体系，特别是 2022 年 1 月 1 日设立药物监督管理局，负责研究、统筹、协调及落实澳门特区药物监督管理范畴，尤其包括中药在内的药事活动、药物注册管理，以及药剂专业活动的政策，并推动制定和完善小型医疗器械的注册管理制度及依法进行审批。此外，为配合医疗服务发展的需要和药监局的设立，澳门特区政府同时调整卫生局的组织及运作，加强公共卫生、电子政务和中医范畴的服务职能。从 2023 年 1 月 1 日起，将疾病预防及控制中心升级为厅级部门，其下设传染病防控处和健康促进处两个处级单位；同时增设中医服务发展厅，以配合和规范中医发展策略，促进中医服务在社区的普及应用。

同时，澳门社会治理的一个鲜明特色是社团和政府形成了良好的和谐合作关系，社团在澳门的社会治理中发挥了举足轻重的作用。社团一方面代表社会各个阶层向政府表达和反映居民的各项要求，另一方面成为特区政府施政的合作伙伴，提供包括教育、卫生、公益、慈善等各项社会服务，形成了政府和社团和谐相处的澳门社团文化。具体到药品领域，澳门目前较大的社团有澳门大药房商会、澳门西药业商会、澳门药厂商会等。

四 制约合作区与澳门互动互利药品监管新模式的主要障碍

近年来，随着"港澳药械通"、简化传统外用中成药注册审批等大湾区药品监管创新政策的落地实施，以及跨境电商等新型药品经营流通模式的出现，新业态新模式在引领生物医药产业创新发展的同时也带来了新挑战。合作区与澳门之间在药品经营环节也存在一些亟待突破的瓶颈。

（一）在药品经营企业方面

调研中一些澳门药品经营企业和行业协会反映，随着《横琴粤澳深度合作区总体方案》的印发，很多澳门药品经营企业想来横琴开设药店。但根据《广东省药品零售许可验收实施细则》（粤药监规药二〔2021〕3 号）的相关规定，大湾区药品经营使用面积不少于 60 平方米（澳门对药店经营没有面积要求），这无疑提高了澳门药品经营企业来合作区开设药店的门槛。

（二）在人员跨境执业方面

根据《香港和澳门特别行政区医疗专业技术人员在内地短期执业管理暂行规定》（卫医政发〔2010〕106号），澳门医疗专业技术人员中的药剂师、药房技术助理属于港澳医疗专业技术人员，可通过短期执业的形式来内地执业。按照澳门第18/2020号法律《医疗人员专业资格及执业注册制度》，澳门医疗人员专业类别已做出调整，其中新增了"中药师"，将其纳入澳门医疗人员范畴。而现行的《内地与澳门关于建立更紧密经贸关系的安排》（简称CEPA）补充协议六及补充协议七，没有将"中药师"归入有关补充协议的适用范围，导致目前澳门的中药师无法在内地按照相关规定要求，进行短期执业。

（三）在行业监管方面

一是新政策。"港澳药械通"、粤港澳大湾区药品上市许可持有人（医疗器械注册人）制度改革、简化外用中成药注册审批等一批新政策落地实施为行业监管带来挑战。二是新业态。省政府于近日印发《关于推进广东自贸试验区贸易投资便利化改革创新的若干措施》明确提出"支持在自贸试验区开展跨境电商零售进口部分药品及医疗器械业务"，新的业态颠覆了传统的药品经营流通模式，更是对药品行业监管提出了新要求。三是新机构。澳门药物监督管理局于2022年1月成立，其主要职责是负责研究、统筹、协调及落实澳门特别行政区药物监督管理范畴的事务。新机构的设立也为两地充分发挥先行先试的政策优势，体制创新的制度优势，药品通关的区位优势更大范围的惠及市场主体，促进两地医药产业高质量发展提供了新机遇。

五 关于完善合作区药品安全治理体系的建议

药品安全事关人民群众身体健康和生命安全，是严肃的政治问题、基本的民生问题、重大的经济问题、严谨的技术问题。为全面贯彻新发展理念，构建合作区与澳门互动互利药品监管新模式，现就建立健全合作区科学、高效、权威的药品监管体系提出以下建议。

（一）以促进澳门经济适度多元发展为目标，放宽澳门经营企业市场准入

一是建议在合作区取消药品零售企业营业面积限制，进一步降低澳门药品经营企业来合作区开设药店的门槛。目前，河北、湖北等省份均已发文明确取消药店经营面积的相关限制。如河北省药监局 2021 年 8 月印发《关于优化药店开设审批有关事宜的通知》提出："取消药品零售企业距离设定和营业面积等限制。按照营业面积、设施、人员等与经营品种、规模相适应的原则，办理药店开设审批。"建议在合作区取消药品经营使用面积不少于 60 平方米的限制，按照面积与品种、规模相适应的原则，办理合作区药店审批，鼓励更多的澳门药品经营企业来合作区开设药店。二是在合作区探索开展经营乙类非处方药综合改革试点工作。2022 年 2 月 8 日省药监局印发《广东省经营乙类非处方药综合改革试点工作实施方案》，支持和鼓励属于同一集团管理的大型连锁便利店总部与药品零售连锁企业跨界融合，在便利店设置乙类非处方药销售专区或专柜。建议将此模式在合作区进行复制推广，探索"澳门大型连锁便利店总部+药品零售连锁企业"的模式。在应用场景方面，未来随着"澳门新街坊"项目的建成，将有更多的澳门居民来横琴生活居住，引进澳门的连锁便利店经营乙类非处方药销售，创新药品零售经营模式，引领和满足社区居民日常急需用药的多元化需求，推动传统药店向社区健康便利店转型。在企业选择方面，澳门来来集团是集物业、超市、药房等业务为一体的综合性产业集团，占据澳门零售业市场份额 50% 以上，是澳门最具影响力的零售集团，且澳门来来集团已在珠海市投资运营多家实体便利店，具备此项创新模式在合作区落地的现实基础。

（二）以粤澳双方共同推动为主要形式，拓宽人员跨境执业渠道

澳门方面，将澳门注册中药师纳入短期执业的范围。CEPA 补充协议

七："允许澳门法定医疗专业人员来内地短期执业。短期执业的最长时间为三年，期满需要延期的，可以重新办理短期执业。（澳门法定医疗专业人员包括医生、中医生、中医师、牙科医生、牙科医师、药剂师、药房技术助理、护士、治疗师、按摩师、针灸师、诊疗辅助技术员等12类人员）。"按照澳门第18/2020号法律《医疗人员专业资格及执业注册制度》，澳门医疗人员专业类别已做出调整，新增了"中药师"。建议澳门药品行业监管部门提议在新修订的CEPA补充协议中将澳门注册中药师纳入短期执业范围。合作区方面，一是探索经合作区药监主管部门考核合格后，澳门的药房技术助理可以在合作区经营乙类非处方药。《广东省药品零售许可验收实施细则》（粤药监规药二〔2021〕3号），对只经营乙类非处方药药品零售企业执业药师配备的要求是至少配备其他药学技术人员或者经过药品监督管理部门组织考核合格的相关业务人员1名。目前，根据原国家卫生部印发《香港和澳门特别行政区医疗专业技术人员在内地短期执业管理暂行规定》的通知（卫医政发〔2010〕106号），澳门药房技术助理可应聘在内地医疗机构从事不超过3年的执业活动。建议合作区探索对澳门现有的药方技术助理（专业资格水平为药剂技术课程，课程为期至少三年）进行培训合格后在合作区内只经营乙类非处方药的企业进行执业。二是比照短期执业的形式，在合作区对澳门的药剂师、中药师、药房技术助理进行直接认可，允许其在药品生产、经营、使用单位中执业。根据目前我国对港澳医疗专业技术人员在内地执业的相关规定，澳门的药剂师和药房技术助理只能在内地的医疗机构进行短期执业。未来可探索推动合作区卫生健康主管部门出台《横琴粤澳深度合作区药学技术人员执业备案暂行规定》（暂定名），从备案条件、执业程序、行为规范、监管措施、法律责任等方面对澳门药剂师（中药师、药房技术助理）来合作区医疗机构以外的单位进行跨境执业单向认可。

（三）创新合作区药品监管模式

一是推进在横琴自贸试验区开展跨境电商进口零售药品及医疗器械业

务。2022年2月5日省政府印发的《关于推进广东自贸试验区贸易投资便利化改革创新的若干措施》提出在自贸区开展跨境电商进口零售药品及医疗器械业务。目前，跨境电商进口零售药品及医疗器械只在北京和郑州开展试点工作。2019年12月，北京市印发《跨境电商销售医药产品试点工作实施方案》，允许在北京天竺综合保税区以1210模式进口销售跨境电子商务零售进口商品清单内的医药产品，首次突破通过跨境电商零售模式进口药品。2021年5月，国务院下发《关于同意在河南省开展跨境电子商务零售进口药品试点的批复》，河南成为第二个可以跨境电商零售模式进口药品的地区。"河南模式"在"北京模式"基础上突破跨境电商零售进口商品清单限制，试点产品新增13种清单外非处方药，且在通关环节不验核进口药品通关单，改革力度更大。横琴自贸区可按照"三限定"原则，开展相关业务工作。限定企业要根据企业经营实力、相关资质、仓储能力、信誉水平、平台建设情况、产品追溯体系等系列标准进行筛选，首批选取不超过2家试点企业（横琴及澳门企业各一家）。试点企业为试点产品进口质量追溯的责任主体，负责跨境零售进口药品平台运营和管理。限定品种要严格按照《跨境电子商务零售进口商品清单》确定的药品品类实施进口。限定区域：限定药品进口口岸为拱北口岸，药品存储区域为横琴自贸试验区，试点企业建立药品全流程追溯体系、售前售中售后服务体系和质量保障体系。

二是在合作区开展药品上市许可持有人和医疗器械注册人制度改革。2020年11月26日国家市场监管总局等部门关于印发《粤港澳大湾区药品医疗器械监管创新发展工作方案》，提出在粤港澳大湾区开展药品上市许可持有人、医疗器械注册人制度改革。合作区可探索开展药品上市许可持有人、医疗器械注册人为港澳企业的，由其指定合作区企业法人履行药品上市许可持有人、医疗器械注册人义务的，与相关港澳企业承担连带责任，支持港澳药品上市许可持有人、医疗器械注册人将持有的药品医疗器械在合作区符合条件的企业生产。充分发挥港澳对接国际创新要素的优势和内地创新转化及产品制造的优势，进一步推动合作区与港澳生物医药产业深度融合，实现三地医药产业共同发展。

三是推广 DTP 药房模式。DTP 药房是医药企业将自身产品的经营权交给药店，患者可以凭借医生的处方直接在药店购买药品并享受相关专业药事服务的药品销售模式。未来，合作区建设不断推进，将有越来越多的澳门居民来合作区生活居住，而 DTP 药房因具有主要销售面向肿瘤、自身免疫疾病等的高附加值新特药，以及需要长期服用的慢性病药物等特点，这将在一定程度上解决在合作区生活的澳门居民（特别是年长者，慢性药服用人群）用药问题。另外，DTP 药房需要足够数量的专业药师或药剂师为患者提供专业服务，而澳门药剂师（中药师、药房技术助理）来合作区进行跨境执业后，能在 DTP 药房提供专业的用药服务。

（四）提升合作区药品监管能力

一是构建两地药品安全联动机制。探索建立药品安全联席会议制度，加强合作区药品安全主管部门与澳门药物监督管理局之间的联动，全面落实地方政府属地总责、企业主体责任、监管部门监管责任、相关部门协管责任、社会各方共治责任的药品安全"五位一体"责任体系。建立两地药品监管信息共享通报、安全风险会商、事件联合处置、技术互助协作、标准互通引领、人才培育合作、社会共治合作等协作机制，实现"信息互换、监管互认、执法互助、资源共享、结果互通"。提升两地跨区域协同处置药品安全突发事件能力。通过培训、交流访问、跨境检测等多种形式，推动两地药械化产品技术标准及检验检测结果互认，推动行业协会和民间组织之间的合作交流，推进合作区"两品一械"产业高质量发展。

二是加强智慧监管体系和能力建设。一方面，创新药品溯源体系建设。落实港澳药品上市许可持有人追溯主体责任。完善药品信息化追溯体系，构建合作区与澳门药品追溯协同服务和监管体系，推进药品追溯信息互通共享，实现重点类别药品全过程来源可溯、去向可追。另一方面，探索推动合作区与澳门两地药品监管数据开放共享，制定两地药品监管数据资源共享管理办法，依托大数据中心采集汇聚各类药品监管数据、市场主体数据、第三方机构数据，形成统一权威的合作区药品监管数据中心，提升信息公开服务水平，推进药品安全社会共治。

参考文献

《药物监督管理局的组织及运作》，澳门特别行政区政府印务局，2021 年 10 月 25 日，https：//bo. io. gov. mo/bo/i/2021/43/regadm35_ cn. asp。

《管制从事药物专业及药物业的活动》，澳门特别行政区政府印务局，1990 年 9 月 19 日，https：//bo. io. gov. mo/bo/i/90/38/declei58_ cn. asp。

《订定药品广告方面之法律制度》，澳门特别行政区政府印务局，1995 年 7 月 10 日，https：//bo. io. gov. mo/bo/i/95/28/declei30_ cn. asp。

《药品注册管理办法》，中华人民共和国中央人民政府网，2020 年 1 月 22 日，http：//www. gov. cn/gongbao/content/2020/content_ 5512563. htm。

《中药药事活动及中成药注册法》，澳门特别行政区政府印务局，2021 年 7 月 26 日，https：//bo. io. gov. mo/bo/i/2021/30/lei11_ cn. asp。

《广东省药品监管统计年度报告（2021 年度）》，广东省药品监督管理局，2022 年 2 月 8 日，http：//mpa. gd. gov. cn/attachment/0/481/481226/3805699. pdf。

《广东省药品零售许可验收实施细则》，广东省人民政府网，2021 年 8 月 21 日，http：//www. gd. gov. cn/zwgk/gongbao/2021/25/content/post_ 3519302. html。

《"十四五"国家药品安全及促进高质量发展规划》，国家药品监督管理局，2021 年 12 月 30 日，https：//www. nmpa. gov. cn/xxgk/fgwj/gzwj/gzwjzh/20211230192314164. html。

《关于全面加强药品监管能力建设的实施意见》，中华人民共和国中央人民政府网，2021 年 5 月 10 日，http：//www. gov. cn/zhengce/content/2021-05/10/content_ 5605628. htm。

《中华人民共和国药品管理法》，中华人民共和国中央人民政府网，2019 年 8 月 26 日，http：//www. gov. cn/xinwen/2019-08/26/content_ 5424780. htm。

《广东省药品零售许可验收实施细则》，广东省人民政府网，2021 年 8 月 21 日，http：//www. gd. gov. cn/zwgk/gongbao/2021/25/content/post_ 3519302. html。

《医疗人员专业资格及执业注册制度》，澳门特别行政区政府印务局，2020 年 9 月 14 日，https：//bo. io. gov. mo/bo/i/2020/37/lei18_ cn. asp。

《香港和澳门特别行政区医疗专业技术人员在内地短期执业管理暂行规定》，中华人民共和国中央人民政府网，2010 年 12 月 16 日，http：//www. gov. cn/zwgk/2010-12/29/content_ 1775219. htm。

《关于推进广东自贸试验区贸易投资便利化改革创新的若干措施》，广东省人民政府网，2022 年 1 月 29 日，http：//www. gd. gov. cn/zwgk/wjk/qbwj/yfh/content/post_ 3814464. html。

《关于同意在河南省开展跨境电子商务零售进口药品试点的批复》，中华人民共和国商务部，2021 年 5 月 8 日，http：//www. mofcom. gov. cn/article/b/g/202107/20210703174171. shtml。

《粤港澳大湾区药品医疗器械监管创新发展工作方案》，国家药品监督管理局，2020 年 9 月 29 日，https：//www. nmpa. gov. cn/xxgk/ggtg/qtggtg/20201020145834142. html。

Abstract

Since the promulgation of the "Overall Plan for the Construction of the Guangdong-Macao In-Depth Cooperation Zone in Hengqin" (the "Hengqin Plan"), the concept of extensive consultation, joint contribution, joint management and shared benefits between Guangdong and Macao has been further implemented, the integrated development process of Hengqin and Macao has accelerated, the deep integration of people's livelihood in Hengqin and Macao has continued to be promoted, and the pattern of regulatory coherence, mechanism combination, and resource elements connectivity has been comprehensively promoted, opening up a new model for the distinctive regional innovation practice. In 2022, the Guangdong-Macao In-Depth Cooperation Zone in Hengqin (the "Cooperation Zone") ushered in a new stage of comprehensive implementation and accelerated progress. A number of important reform arrangements and task deployments have been implemented around the convergence of laws and rules, industrial development, customs clearance facilitation, infrastructure and public service support, and institutional construction.

The "Development Report of 2022 for the Guangdong-Macao In-Depth Cooperation Zone in Hengqin" is China's first book of research on the overall development for the construction of the Guangdong-Macao In-Depth Cooperation Zone in Hengqin, which is planned by Hengqin Institute of Innovation and Development, with the participation of a great number of scholars and researchers from Macao and the Chinese Mainland. Themed on the in-depth cooperation between Guangdong and Macao, and the integrated development of Hengqin and Macao, the report consists of a total of 15 special reports in five sections: the general report, the institutional innovation, the diversified industry, the cooperation and exchange, and the integration of people's livelihood. It deeply analyzes the current situation, problems and characteristics of the Cooperation Zone and Macao in relevant fields such as industrial development, integration of people's livelihood, rule convergence and institutional innovation, and puts forward relevant strategic suggestions.

This report, focusing on the combination of theory and practice, has ranged over important topics on, for example, how to promote the Cooperation Zone to build a leading demonstration of modernization in China, and facilitate the flow of cross-border elements, multicultural exchanges, high-tech industries, Macao's youth entrepreneurship and employment, cross-border connection of livable cities and public services, etc. It systematically explores the unique political value, innovative value, opening-up value and economic value of the Cooperation Zone, and takes advantage of specific and in-depth research to provide constructive and strategic suggestions for high-quality development practices in the Cooperation Zone.

The promotion for the construction of the Guangdong-Macao In-Depth Cooperation Zone in Hengqin is a major decision and deployment made by the Central Committee of CPC with President Xi Jinping at the core. It is of great significance for enriching the practice of "one country, two systems", adding the important momentum to the long-term development in Macao, and promoting Macao's long-term prosperity, stability and integration into the overall national development. It is a new measure to promote the formation of a new pattern of comprehensive opening up in China in the new era. The report holds that the promotion for the construction of the Cooperation Zone is the first demonstration of the great practice of modernization in China, the must-do for enriching the great practice of "one country, two systems", the only way to promote the moderate and diversified development of Macao's economy and meet the expectation of people for effectively expanding the new space for residence and employment in Macao, and the key move to support the accelerated development in the Guangdong-Hong Kong-Macao Greater Bay Area. In addition, some proposals have been put forward in the report, for example, focusing on four major industrial directions to vigorously develop new technologies, new industries, new forms and new models of business, promoting the integrated development of people's livelihood, creating a livable and business-friendly environment similar to that of Macao, boosting the combination of rules and mechanisms, improving the integrated development pattern of Hengqin and Macao, giving play to the roles of a significant strategic platform, and supporting the energy-level upgrading of the Macao-Zhuhai pole in the Greater Bay Area.

Contents

I General Report

Abstract: In 2022, Guangdong-Macao in-depth cooperation zone in Hengqin entered a new stage of full implementation and accelerated progress. Various key deployment and reform arrangement are implemented, focuing on legal system connection, industry development, border crossing facilitation, infrastructure and public service, and institutional structuring. In accordance with the Constitution and the Basic Law of the Macao SAR, a system of civil and commercial rules connecting Macao and international society is being structured. Hengqin, as a demonstration of regional development in China's characteristics and the strength of "one country, two systems", is keeping stepping into the "deep-water zone" of reforming and opening up, exploring new institutional strengths, new growth drivers, new mechanisms, and a new mode of regional development in China's modernization drive. This report comprehensively concludes the necessity and feasibility of Hengqin's development, and a summarization of the main achievements of Hengqin's construction follows, which include institution improvement, system integration, industry development, and integration of the public livelihood service. Then, this report indicates some suggestions for Hengqin's development in the future.

Keywords: China-style Modernization; One Country Two Systems; Modernization in China Guangdong-Macao In-Depth Cooperation Zone in Hengqin; Pioneering Demonstration

II Industry Chapters

B.2 Research on Digital Economy Development of
Guangdong-Macao In-Depth Cooperation Zone
in Hengqin   *Chu Xiao , Ren Xingzhou* / 016

Abstract: With the rapid development of the global digital economy, the importance of developing the digital economy in the Hengqin Guangdong-Macao In-depth Cooperation Zone has become more prominent. Based on the connotation and extension of digital economy, An in-depth analysis of the development of the digital economy in the Hengqin Guangdong-Macao In-depth Cooperation Zone was conducted, and the existing problems and challenges to be faced were sorted out, and then analyzes the successful experience of the United States in developing digital economy, which are focusing on innovation, platform titles, data-driven, universal benefit sharing and property rights protection. Finally, referring to the advanced experience of the United States, the paper puts forward specific policy suggestions for Guangdong-Macao In-Depth Cooperation Zone in Hengqin to develop digital economy.

Keywords: Guangdong-Macao In-Depth Cooperation Zone in Hengqin; Digital Economy; Strategy Research

B . 3 Research on Development Problems and Solutions of

Cultural Creative Industry in Hengqin Guangdong-

Macao Deep Cooperation Zone   *Zuo Nan* / 028

Abstract: The cultural industry plays an important role in promoting the country's economic and social development and meeting the people's spiritual and cultural life needs. Based on the current development status of the cultural and creative industry in Hengqin Guangdong-Macao Deep Cooperation Zone, this study studies and analyzes the main problems in the development of the cultural and creative industry, and finds that there are mainly bottlenecks such as imperfect policy system of the cultural and creative industry, imperfect management mechanism of the cultural and creative industry, shortage of cultural and creative enterprises and talents, and imperfect cultural and creative industry chain. At the same time, it lists in detail the main experiences and practices of Beijing, Guangzhou and Shenzhen in the development of cultural and creative industries in the aspects of building policy system, building platform and carrier, and developing multiple business forms. Based on the above problems and the advanced experiences of other cities, It is proposed that Hengqin Guangdong-Macao Deep Cooperation Zone can carry out top-level design work for the development of cultural and creative industry, set up leadership and coordination institutions for cultural and creative industry, provide space, talent support for the development of cultural and creative enterprises, and create cultural and creative brands, so as to help the vigorous development of cultural and creative industry in Hengqin Guangdong-Macao deep cooperation Zone.

Keywords: Cultural and Creative Industry; "Culture Plus" Industry; Cultural Industry Policy System; Cultural Industrial Park

III Feature Chapters

B.4 Suggestions of Allowing Overseas Professionals to Register
and Practice in the Guangdong-Macao in-depth Cooperation
Zone in Hengqin   *Zhang Yunxia, Lin Jiezhi* / 043

Abstract: China's central authorities have issued a general plan for building
the Guangdong-Macao in-depth cooperation zone in Hengqin, which clearly states
that "professionals with Macao and other overseas practice qualifications in the fields
of finance, architecture, planning, design and other fields are allowed to provide
services in Hengqin after filing, and their overseas experience can be regarded as
domestic experience". At present, HK and Macao doctors, tour guides,
construction engineering consulting enterprises and professionals , as well as other
overseas talents have been able to work in Hengqin conveniently. However, HK
and Macao professionals in strong regulatory fields such as finance, accounting,
taxation, education are still unable to practice in Hengqin conveniently. Some areas
of cross-border practice also have problems in high practice threshold, limited scope
and type of practice, and unclear professional title evaluation rules, which has
affected the enthusiasm of Macao and other overseas professionals to practice cross-
border in Hengqin. On the basis of study of overseas practice policies in Shanghai,
Shenzhen, Hainan and other places, this paper puts forward relevant suggestions on
accelerating the promotion in Hengqin to allow overseas professionals to register for
practicing. It will make a view to further easing the restrictions on the direct
provision of professional services by Macao and other overseas professionals in
Hengqin, especially laying the foundation for building Hengqin into a new space
convenient for the life and employment of Macao residents.

Keywords: Cross-border Practice; Overseas Practice Qualification; Filing
Practice; Overseas Professionals

Contents ⌐⟩

B.5 Influencing Factors and Promotion Strategies of Regional

Business District Development: A Case Study of Guangdong-

Macao in-depth Cooperation Zone in Hengqin

Abstract: China's central authorities have issued a general plan for building a Guangdong-Macao in-depth cooperation zone in Hengqin . The plan will be an important driving force for Macao's long-term development. In this context, based on the urban consumption theory, this report discusses the important role and influencing factors of business districts in regional economic growth. Through investigation, it is found that there are still some problems in the cooperation zone, such as low rental rate of shops, low traffic, poor business performance, and poor brand positioning. Put forward specific suggestions on how to increase the rescue efforts for business districts and physical businesses in the near future, and how to strengthen the attraction, competitiveness and influence of business districts in the medium and long term. It provides a reference for further gathering the business atmosphere, popularity and fireworks in regional business districts.

Keywords: Business District Development; Urban Consumption Theory; Guangdong-Macao in-depth Cooperation

B.6 The Driving Force of the Digital Economy for the

High-quality Development of the Henqqin-Guangdong-

Macao In-Depth Cooperation Zone

Abstract: The significant development of digital economy fosters the economic growth and acts as an important element of high-quality development in China. Digital economy is a new economic formation with the core value of knowledge and information, which can accelerate the regional economic development and strengthen the resources allocation in economic evolution.

横琴蓝皮书

Facilitating the construction of Henqqin-Guangdong-Macao In-Depth Cooperation Zone is a national economic strategy, while digital economy is an effective economic formation for enhancing the competitiveness of the Zone. This research studies the features of digital economy and high-quality development, conducts an in-depth analysis of relationships from the micro, meso and macro perspectives. Providing the optimal path selection for the development of the Zone by digital economy in order to eliminate the current challenge based on the new system of wide consultation, joint contribution, common administration and shared benefits. The suggestions concern about the construction of the latest digital infrastructure, the formulation of the integrated digital economic strategy, the promotion of the digital technology and economy consolidation, and the exploration of the potential usage on cross-border data, aims at stimulating the high-quality development of the economy at the Zone.

Keywords: Digital Economy; High-quality Development; Henqqin-Guangdong-Macao In-Depth Cooperation Zone

B.7 Collaborative Development Path of Elderly Service Under the Background of Guangdong-Macao In-Depth Cooperation Zone in Hengqin

Chen Jianxin, Zhang Rui and Xia Junying / 085

Abstract: With the continuous booming economy, Macao residents' health and life expectancy have already greatly improved; whereas, Macao becomes an aging society. Expectedly, the demand for elderly services is also rising. With our country's supports, the Government is searching for effective strategy for developing elderly service under the limitation of Macao's micro-economy. The Guangdong-Macao In-Depth Cooperation Zone in Hengqin, build by the Central Government, helps the SAR to provide better living environment for Macao residents through regional cooperation and coordinated development. By analyzing the elderly services and the related resources of the In-Depth Cooperation Zone, i. e. "Macao New Neighborhood" project, and Macao SAR, i. e. the social welfare system, the study explores the collaborative development path of elderly services. Under the framework of PEST, the study proposes four suggestions:

Political aspect-promoting the mutual qualification of aged care service personnel in the two places;

Economic aspect-cooperation between universities and research institutes helps to build an old-age industrial cluster;

Social level-give play to the leading role of social groups as bridges;

Technical level-to smooth the circulation of health information of the elders in Guangdong-Macao In-Depth Cooperation Zone in Hengqin, so as to promote the integration of old-age services in Guangdong-Macao In-Depth Cooperation Zone in Hengqin.

Keywords: Guangdong-Macao In-Depth Cooperation Zone in Hengqin; Pension Services; Social Security; Hengqin "Macao New Neighborhood"

B. 8　Comparative Analysis of Pension Security Policies in
　　　Hengqin and Macao and How to Get Connected

Tang Shiya / 099

Abstract: In September 2021, the Master Plan for the Construction of Guangdong-Macao In-Depth Cooperation Zone in Hengqin was officially issued, it mentioned that "To promote the Zone's in-depth integration with Macao's public services and social security system". "A new space to facilitate the life and employment of Macao residents", as one of the four strategic positioning, is an important measure to achieve the deep integration of the people's livelihood of Hengqin and Macao and create a living environment that converges with Macao. The extension and docking of the pension security policy of Hengqin and Macao, as good benefits to Macao, will directly affect the effectiveness of the Zone in attracting

Macao residents to live and work, and play an important role in supporting Macao's economic development, improving people's livelihood and better integrating into the overall development of the country. The paper starts from the basic situation of the pension security policies of the two places, extends and thinks about the effective rule connection strategy through comparative analysis, in order to provide useful reference for the integrated development of Hengqin and Macao.

Keywords: Social Security; Pension System; Rule Connection; Guangdong-Macao In-Depth Cooperation Zone in Hengqin

B . 9　How can Cross-border Governance of Community Public
Services Promote the Psychological Integration of Hong
Kong and Macao People in the Greater Bay Area?
—*A Survey in Hengqin Guangdong-Macao*
Deep Cooperation Zone as an Example
Liao Liao, Zhu Xingbin, Fu Chengzhe and Xu Jinfei / 115

Abstract: Since the introduction of the Outline of the Development Plan of Guangdong, Hong Kong and Macao Greater Bay Area in 2019, the construction of Guangdong-Hong Kong-Macao Greater Bay Area has been progressing at a fast pace, and cross-border mobility and settlement of Hong Kong and Macao residents in the Mainland has become the regular trends. As the main place where residents live, the community undertakes the important responsibility in providing community public services. In communities where Hong Kong and Macao residents live mixed with mainland residents, how can cross-border governance of public services promote the psychological integration of Hong Kong and Macao residents? In this study, the community residents of Hengqin Guangdong-Macao Deep Cooperation Zone were investigated to show their evaluation of community public services, their interaction with community institutions, their sense of identity and psychological integration. The regression analysis reveals that satisfaction with community public services has a significant positive impact on the degree of identity and psychological integration of Hong Kong and Macao residents in the community. Therefore, in the process of integration and development of cross-border communities in the Greater Bay Area, communities should create a higher quality public service system, pay attention to the life demands and psychological needs of Hong Kong and Macao residents, and help promote the integration of residents in cross-border communities.

Keywords: Guangdong-Hong Kong-Macao Greater Bay Area; Cross-border Communities; Community Public Services; Psychological Integration.

Ⅳ Macau Chapters

Abstract: He Yicheng, the chief executive of the Macao Special Administrative Region, delivered the Policy address for the fiscal year 2023 at the Legislative Assembly of Macao. Through a comparative analysis of the New Year's Policy address of the Macao Special Administrative Region in terms of the administrative ideas, directions and work priorities, this article clarifies the highlights of future governance, to help Guangdong-Macao In-Depth Cooperation Zone in Hengqin better meet Macao's demands in the next stage of accelerating the construction of a new system of high-level integration and opening-up with Macao; improving the new system of joint consultation, extensive construction and shared benefits between Guangdong and Macao; supporting Macao to better integrate into the overall development of the country; laying a good foundation for accelerating the realization of integrated development with Macao.

Keywords: Macao; Policy Address; Guangdong-Macao In-Depth Cooperation Zone in Hengqin

B . 11   Construction of Macao Cultural Exchange and

Cooperation Base: Current Situation, Advantages and

Development Path   *Liu Jingsong* / 155

Abstract: To build a cultural exchange and cooperation base in Macao, we can not only rely on its rich cultural heritage and cultural advantages, but also make good use of the institutional advantages of "one country, two systems" and a series of timely policy advantages. We should adhere to the strategic layout of cultural opening to the outside world, give full play to the leading and coordinating role of the government, and encourage social forces to actively participate in and jointly build. At the same time, adhering to the concept of harmony but difference, mutual learning and mutual benefit, respecting the spiritual creation and cultural tradition of Chinese civilization, Macao culture and western civilization, and taking innovation as the driving force, using new scientific and technological means to promote the deep integration of diverse cultures. We should take into account the interests of all parties, follow international rules and market rules, and closely integrate culture with diplomacy and economy and trade, and coordinate development.

Keywords: Macao; Hengqin; Cultural Exchange and Cooperation Base

B . 12   Analysis of Talent Policy for Macao Youth from the

Perspective of Policy Tools: A Case Study of Guangdong-

Macao In-Depth Cooperation Zone in Hengqin

Cai Qihai, Chen Shu, Zhang Xue and Hu Xueya / 172

Abstract: Guangdong-Macao In-Depth Cooperation Zone in Hengqin is the most important channel for Macau to participate in the construction of Guangdong-Hong Kong-Macao Greater Bay Area. Hengqin has introduced a series of initiatives to promote the integration of Macau youth, including stimulating innovation and entrepreneurship, promoting employment, and providing supporting measures. Yet there are still many pressing challenges to be solved. Adopting the policy tool perspective, this study systematically analyzes the talent policies for Macao youth to answer the following questions: What is the current status of the talent policies for Macao youth in Hengqin? What are the respective strengths and weaknesses? What are the possible improvement paths? By comparing the talent policies of Zhuhai Hengqin, Shenzhen Qianhai and Guangzhou Nansha, this study finds that the current talent policies generally suffer from overflowing supply-oriented policies, restricted environment-oriented policies and lack of demand-oriented policies. Based on the above findings, this study recommends optimizing the combination of different policy tools to establish a complementary talent policy system to achieve the policy goals of "attract, retain, and utilize". The specific policy recommendations include strengthening the top-level design of talent strategy, enhancing the synergy effect of the policies of Hengqin and Macao, utilizing the dislocation of regional development, optimizing the combination of different policy tools, and deepening cooperation with the associations in Macao.

Keywords: Supply-Oriented Policy Tool; Environment-Oriented Policy Tool; Demand-Oriented Policy Tool; Talent Policy; Guangdong-Macao In-Depth Cooperation Zone in Hengqin

B.13 Cross-border Practice Facilitation for Professionals

—*A Case Study of Lawyers Practicing in Macau in the*

Cooperation Zone　　　　　*Xiong Lizi, Xuan Jianguo* / 202

Abstract: The Report to the 20th National Congress of the Communist Party of China emphasizes the implementation of a more active, open and effective talent policy; focus on creating top innovative talents and gathering talents from all over the world; improve the strategic layout of talents and focus on forming a comparative advantage in international competition for talents; strengthen international exchanges of talents and make good use of all kinds of talents. Allowing foreign professionals to practice across the border is a key initiative to promote the international exchange of talents. China issues plan for building Guangdong-Macao in-depth cooperation zone also proposes to support Macau professionals to facilitate their practice in the Zone. This article focuses on the current situation and problems of cross-border practice of Macau lawyers in the Cooperation Zone, and puts forward targeted countermeasure suggestions.

Keywords: Joint Venture Law Firm; Cross-border Practice; Talent Exchange

B.14 Research of Building Child-friendly Citiy in Collaboration with Macao in Hengqin

Xu Jiabo, Wang Han and Chen Xiaodong / 210

Abstract: The importance of children's development in the national development strategy has increased significantly. The national and local governments have successively issued a series of special plans and policies in the past few years, involving social policies, public services, rights protection, urban space and development environment, to strengthen the construction of child-friendly cities. By jointly creating a child-friendly city, Hengqin would strengthen the integration with Macao in both infrastructure and policy making. Macao has a coherent policy system for children's development and protection, while urban spaces for children have always been in shortage. Adhering to the principle of integrated development, this report hereby suggests that Hengqin and Macao should cooperate to create a child-friendly city by drawing on the advantages of Macao's children's policies and making up for the shortage of Macao's children spaces.

Keywords: Integration of Hengqin and Macao; Child-friendly; Urban Planning Guidelines; Policy Convergence

Abstract: SMEs play a very important role in promoting the moderate
diversification of Macao's economy and maintaining economic and social stability,
and the Macao SAR Government attaches great importance to the development of
SMEs and has issued a number of support policies and special support plans. The
development of the Co-operation Zone has provided Macao's SMEs with a broader
space for development. Macao SMEs should seize the opportunity of the
development of the Co-operation Zone, make use of the Co-operation Zone to
expand its development space, and make use of the multiple advantages of the two
markets of Macao and the Co-operation Zone to accelerate their market
competitiveness. The Co-operation Zone should create a business environment
suitable for the development of Macao's SMEs, provide good carrier platform
support, increase policy support, provide more high-quality services for Macao
SMEs to develop in the Co-operation Zone, stimulate the vitality and momentum
of Macao's SME development, and make Macao SMEs an important supporting
force for the co-operation Zone to support the moderate diversification of Macao's
economy.

Keywords: Guangdong-Macao In-Deep Cooperation Zone in Hengqin;
Macao; Small and Medium-sized Enterprises

Abstract: Drug safety is a major issue of people's livelihood and public
security. Building a sound and perfect drug safety governance system is an

important basis for ensuring and improving people's livelihood. This study is based on the development status of the Guangdong-Macao In-Depth Cooperation Zone in Hengqin and the Macao drug safety governance system. Through the method of comparative analysis, it discusses and explores the main differences in the supervision system and drug operation links of the two places. On the basis of comparative analysis and research , put forward the main obstacles to the establishment of a new model of drug supervision in the cooperation zone and Macao, and put forward suggestions for improving the drug safety governance system in the cooperation zone from four aspects: relaxing market access, broadening practice channels, innovating regulatory models, and improving regulatory capabilities.

Keywords: Drug Safety Governance System; Supervision System; Drug Operation Link; New Model of Drug Supervision

社会科学文献出版社

皮 书

智库成果出版与传播平台

✦ 皮书定义 ✦

皮书是对中国与世界发展状况和热点问题进行年度监测，以专业的角度、专家的视野和实证研究方法，针对某一领域或区域现状与发展态势展开分析和预测，具备前沿性、原创性、实证性、连续性、时效性等特点的公开出版物，由一系列权威研究报告组成。

✦ 皮书作者 ✦

皮书系列报告作者以国内外一流研究机构、知名高校等重点智库的研究人员为主，多为相关领域一流专家学者，他们的观点代表了当下学界对中国与世界的现实和未来最高水平的解读与分析。截至 2022 年底，皮书研创机构逾千家，报告作者累计超过 10 万人。

✦ 皮书荣誉 ✦

皮书作为中国社会科学院基础理论研究与应用对策研究融合发展的代表性成果，不仅是哲学社会科学工作者服务中国特色社会主义现代化建设的重要成果，更是助力中国特色新型智库建设、构建中国特色哲学社会科学"三大体系"的重要平台。皮书系列先后被列入"十二五""十三五""十四五"时期国家重点出版物出版专项规划项目；2013~2023 年，重点皮书列入中国社会科学院国家哲学社会科学创新工程项目。

皮书网

（网址：www.pishu.cn）

发布皮书研创资讯，传播皮书精彩内容
引领皮书出版潮流，打造皮书服务平台

栏目设置

◆ **关于皮书**
何谓皮书、皮书分类、皮书大事记、
皮书荣誉、皮书出版第一人、皮书编辑部

◆ **最新资讯**
通知公告、新闻动态、媒体聚焦、
网站专题、视频直播、下载专区

◆ **皮书研创**
皮书规范、皮书选题、皮书出版、
皮书研究、研创团队

◆ **皮书评奖评价**
指标体系、皮书评价、皮书评奖

◆ **皮书研究院理事会**
理事会章程、理事单位、个人理事、高级
研究员、理事会秘书处、入会指南

所获荣誉

◆ 2008 年、2011 年、2014 年，皮书网均
在全国新闻出版业网站荣誉评选中获得
"最具商业价值网站"称号；
◆ 2012 年，获得"出版业网站百强"称号。

网库合一

2014 年，皮书网与皮书数据库端口合
一，实现资源共享，搭建智库成果融合创
新平台。

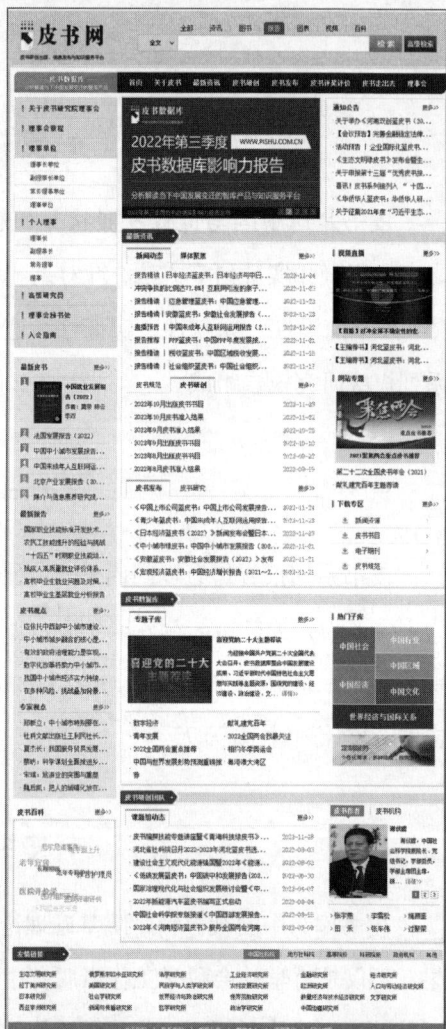

皮书网　　"皮书说"　　皮书微博
　　　　微信公众号

权威报告·连续出版·独家资源

皮书数据库
ANNUAL REPORT(YEARBOOK)
DATABASE

分析解读当下中国发展变迁的高端智库平台

所获荣誉

- 2020年，入选全国新闻出版深度融合发展创新案例
- 2019年，入选国家新闻出版署数字出版精品遴选推荐计划
- 2016年，入选"十三五"国家重点电子出版物出版规划骨干工程
- 2013年，荣获"中国出版政府奖·网络出版物奖"提名奖
- 连续多年荣获中国数字出版博览会"数字出版·优秀品牌"奖

皮书数据库　　"社科数托邦"
微信公众号

成为用户

　　登录网址www.pishu.com.cn访问皮书数据库网站或下载皮书数据库APP，通过手机号码验证或邮箱验证即可成为皮书数据库用户。

用户福利

- 已注册用户购书后可免费获赠100元皮书数据库充值卡。刮开充值卡涂层获取充值密码，登录并进入"会员中心"—"在线充值"—"充值卡充值"，充值成功即可购买和查看数据库内容。
- 用户福利最终解释权归社会科学文献出版社所有。

数据库服务热线：400-008-6695
数据库服务QQ：2475522410
数据库服务邮箱：database@ssap.cn
图书销售热线：010-59367070/7028
图书服务QQ：1265056568
图书服务邮箱：duzhe@ssap.cn

社会科学文献出版社　皮书系列
SOCIAL SCIENCES ACADEMIC PRESS (CHINA)
卡号：431412139881
密码：

S 基本子库
SUB DATABASE

中国社会发展数据库（下设 12 个专题子库）

紧扣人口、政治、外交、法律、教育、医疗卫生、资源环境等 12 个社会发展领域的前沿和热点，全面整合专业著作、智库报告、学术资讯、调研数据等类型资源，帮助用户追踪中国社会发展动态、研究社会发展战略与政策、了解社会热点问题、分析社会发展趋势。

中国经济发展数据库（下设 12 专题子库）

内容涵盖宏观经济、产业经济、工业经济、农业经济、财政金融、房地产经济、城市经济、商业贸易等 12 个重点经济领域，为把握经济运行态势、洞察经济发展规律、研判经济发展趋势、进行经济调控决策提供参考和依据。

中国行业发展数据库（下设 17 个专题子库）

以中国国民经济行业分类为依据，覆盖金融业、旅游业、交通运输业、能源矿产业、制造业等 100 多个行业，跟踪分析国民经济相关行业市场运行状况和政策导向，汇集行业发展前沿资讯，为投资、从业及各种经济决策提供理论支撑和实践指导。

中国区域发展数据库（下设 4 个专题子库）

对中国特定区域内的经济、社会、文化等领域现状与发展情况进行深度分析和预测，涉及省级行政区、城市群、城市、农村等不同维度，研究层级至县及县以下行政区，为学者研究地方经济社会宏观态势、经验模式、发展案例提供支撑，为地方政府决策提供参考。

中国文化传媒数据库（下设 18 个专题子库）

内容覆盖文化产业、新闻传播、电影娱乐、文学艺术、群众文化、图书情报等 18 个重点研究领域，聚焦文化传媒领域发展前沿、热点话题、行业实践，服务用户的教学科研、文化投资、企业规划等需要。

世界经济与国际关系数据库（下设 6 个专题子库）

整合世界经济、国际政治、世界文化与科技、全球性问题、国际组织与国际法、区域研究 6 大领域研究成果，对世界经济形势、国际形势进行连续性深度分析，对年度热点问题进行专题解读，为研判全球发展趋势提供事实和数据支持。

法律声明

"皮书系列"（含蓝皮书、绿皮书、黄皮书）之品牌由社会科学文献出版社最早使用并持续至今，现已被中国图书行业所熟知。"皮书系列"的相关商标已在国家商标管理部门商标局注册，包括但不限于LOGO（▥）、皮书、Pishu、经济蓝皮书、社会蓝皮书等。"皮书系列"图书的注册商标专用权及封面设计、版式设计的著作权均为社会科学文献出版社所有。未经社会科学文献出版社书面授权许可，任何使用与"皮书系列"图书注册商标、封面设计、版式设计相同或者近似的文字、图形或其组合的行为均系侵权行为。

经作者授权，本书的专有出版权及信息网络传播权等为社会科学文献出版社享有。未经社会科学文献出版社书面授权许可，任何就本书内容的复制、发行或以数字形式进行网络传播的行为均系侵权行为。

社会科学文献出版社将通过法律途径追究上述侵权行为的法律责任，维护自身合法权益。

欢迎社会各界人士对侵犯社会科学文献出版社上述权利的侵权行为进行举报。电话：010-59367121，电子邮箱：fawubu@ssap.cn。

社会科学文献出版社